# 理

## 那些事儿

老荃○著

# 财

U0361758

清华大学出版社

北京

## 内 容 简 介

本书以武侠江湖类比理财世界，用情景对话辅助理财研讨，共分 5 篇、16 个章节。

第 1 篇、第 2 篇，从理财认知和心态调整入手，重塑理财思维，加强心法修炼。

第 3 篇，用 3 张表格帮助读者梳理自身的财务状况，有序地提升江湖地位。

第 4 篇，花大量笔墨探究金融场所，让读者领略各大武林门派的教规、绝学，为修炼外功打基础。

第 5 篇，参照理财树脉络，围绕"底层逻辑"和"避坑防损"两大核心，带领读者综合学习理财实践技能，精进外功技战术。

本书用故事讲理财，措辞通俗易懂、有趣易记，根据不同财富阶层设计人物角色，以问答形式串联知识点，真实模拟现实中人们遇到的各类理财问题，并给予针对性解答和实操指导。

理财初学者可以代入角色，边学边成长，先了解概念，再理解逻辑，慢慢建立金融思维，积累理财认知。

建议理财进阶者精读全文，根据金融框架对感兴趣的知识点进行延伸拓展，将投资理财的底层方法论运用到实践中。

**图书在版编目（CIP）数据**

理财那些事儿 / 老荃著 . -- 北京：清华大学出版社 , 2024. 10. -- ISBN 978-7-302-67436-8

Ⅰ . F830.59

中国国家版本馆 CIP 数据核字第 2024VM7069 号

责任编辑：张立红
封面设计：毛　木
版式设计：方加青
责任校对：卢　嫣
责任印制：刘　菲

出版发行：清华大学出版社
　　　　网　　　址：https://www.tup.com.cn，https://www.wqxuetang.com
　　　　地　　　址：北京清华大学学研大厦 A 座　　　　邮　　编：100084
　　　　社 总 机：010-83470000　　　　　　　　　　　邮　　购：010-62786544
　　　　投稿与读者服务：010-62776969，c-service@tup.tsinghua.edu.cn
　　　　质 量 反 馈：010-62772015，zhiliang@tup.tsinghua.edu.cn
印 装 者：小森印刷霸州有限公司
经　　销：全国新华书店
开　　本：170mm×240mm　　　印　　张：18.75　　　字　　数：335 千字
版　　次：2024 年 10 月第 1 版　　　印　　次：2024 年 10 月第 1 次印刷
定　　价：79.80 元

产品编号：101664-01

# 前言

## 写书的初衷

作为一个平凡人，我能深刻体会理财对于普通老百姓的重要性和必要性，然而这块内容往往洒落在广阔深邃的"金融海洋"之中，有的人捞几个上来给众人匆匆看一眼，随即引出私货重点推荐，有的人捞起来不经加工就让人咀嚼，难免有些晦涩难懂。

能不能更纯粹、更通俗、更系统、更本质、更实用地讲一讲理财，让老百姓能真正看得懂、看得全、看得透、用得着？

作为一个过来人，我经历过、领教过一些弯路和险坑，总希望其他人能少走、少踩。既然做不到让人世间的套路减少，那就将看破的、悟到的内容大声说出来，点醒梦中人。

基于这些思考和爱折腾的性格，加上自以为略懂些"水性"，我给大家留下了一些粗浅的认知，希望能有一点价值，摆渡有缘人。

## 这本书的特色

- **通俗有趣**：以故事情景的方式辅助讲解全文知识点，通俗易懂、有趣易记。
- **中立严谨**：阐述事实、观点，以官方数据和客观现象为依据，力求中立、严谨。
- **小白避坑**：通读全书可提升理财小白的防骗避坑能力，减少悲剧发生的概率。
- **进阶可究**：全书理财架构比较完整，有一定基础的读者可精读全文、延伸拓展。

## 本书读者对象

- 理财小白
- 有一定理财基础的投资者
- 财务状况混乱、有理财需求的朋友
- 想全面了解金融常识的朋友
- 其他有缘人

# 第1篇 人在江湖

# 目录

# 第2篇 内功心法

## 第5篇　外功技战术

第 1 篇

# 人在江湖

人在江湖，无论你理财还是不理财，理财都在那里。但凡要和钱打交道，都会有它的影子，与其等到因无知而使财务状况陷入混乱，不如主动面对它、了解它、辨识它、用好它。

# 第1章
# 重识理财

人们对理财一直都存在着某些根深蒂固的误解。有的人终会纠正误解，只是时间问题；而有的人则不会，因为缘分未到。但无论怎样，不同的人群有着各自不同的理财门路和生存之道。现状归现状，想不想改变、能不能改变又是另一回事，它取决于你的悟性、能量和运气。

你真的想改变现状吗？那就先重置你的大脑，重识理财。

## 1.1 主流误区

"这位姑娘，你是遇到什么困难了吗？"严飞走向一位女子，蹲在她身边询问道。大桥边，一个穿着连衣裙的长发女子抱膝坐在地上，正在失声痛哭，引得路过的行人不住朝她这边张望。严飞平时为人仗义，见到别人有困难时就忍不住要关心帮忙，现在自然不能袖手旁观。听到有人询问，女子抬起头，眼里泛着泪光和绝望，嘴里喃喃自语："我该怎么办？我已经走投无路了……"

严飞是我的初中同学，一家外贸公司的销售经理，在开车过桥时偶遇了路边这位女子，梁亭，一个在酒吧做服务员的农村女孩。严飞一边稳定她的情绪，一边打电话叫老婆来一起救场，经过严飞夫妻俩一夜的开导，梁亭的情绪好转了很多。

其实人到了生无可恋的地步无非是为了3件事情：一件为情，一件为财，一件为病。梁亭占了两个半，先是被人骗了感情，接着杀猪盘骗走了她所有的积蓄，还背了10万元的债，原本3万元的积蓄是老家的父亲做心脏支架手术的医药费和弟弟大一的学费，现在，所有的希望都破灭了。

严飞带她来见我，按照他的话是，他擅长开导、化解感情问题，但对"丢财欠债"的经济问题一窍不通。

"荃老师您好，我是梁亭……呃，飞哥说您懂理财，能帮帮我吗？我，我现在真的一团乱……"梁亭站在办公室门口，眼神显得急切又沮丧。

"你是想赚钱吗？"我问。

"嗯嗯，我想赚钱给爸爸做手术……"

"对不起梁小姐，理财赚不了钱，如果想通过理财赚钱，你找错人了。"我回答她。严飞知道我性子直，说话也直，赶紧打圆场："小梁啊，其实理财就是赚钱，一样的一样的！"

"严飞你可别误导别人，理财和赚钱是两码事，不能混淆概念！"我严肃地纠正道。

人们对理财一直都存在着某些根深蒂固的误解，主要有以下 4 个误区。

## 1.1.1　误区 1：理财的目的是赚钱甚至发财

我："就像梁小姐你想的这样，想通过理财赚钱的人占很大的比例……"

产生这种误解的根源大多是受到网络媒体过度宣传和炒作理财的影响，今天哪个散户通过什么工具或理论赚了几个涨停板，明天哪个操盘手期货进账几十万元，又或是某个投资大神投资的几家企业上市。面对这种宣传，我们却从未根据发布信息的动机进行辨别。

虽然不排除上述小概率事件存在的可能性，但作为非专业人士的你，一定要有自知自明——这些事跟你没有任何关系。一旦一只猫照着镜子以为自己是老虎的时候，它就已经具备了"韭菜"的潜质。

理财是用来规划现金流的工具和方法，目的可以是让财富保值、增值，但绝对不能是赚钱，更不能是一夜暴富。

## 1.1.2　误区 2：理财得保本保息，至少要保本

有这类误区的人年纪大的偏多，对理财的认知总有意无意地往储蓄靠。

一些机构夸大营销，"暗示"保本，甚至销售经理私下签订"保底协议"，这类违规行为严重误导了投资者的理财认知。在这种风气下，一旦出现损失，老百姓打坐、拉横幅、曝光媒体等要求机构赔钱和补偿的行为也就自然发生了，最终结果

则是监管部门和法院出来收拾残局，从机构的合法性、资金使用的合法性以及销售行为的合规性等方面搜集证据，进行定性、判决。

总之，无论有理还是无理，关起门来扪心自问，还是人们对于理财的认识过于简单。你可以厌恶风险，但你永远躲不掉风险，聪明的做法是，尽可能多地认识风险。

### 1.1.3　误区 3：理财？不就为了卖理财产品吗？

说实话理财的名声曾经在很长一段时间内并不怎么好，人们一谈到理财，就一般在警惕中带着反感。理财等于理财产品的认识误区使得本身能对人生起到非常重要的质变作用的财富管理，看起来显得异常廉价和一厢情愿。

其实，理财产品只是属于理财当中的工具范畴，是当中的一小部分。

> Tips：理财是财富管理，既然是管理，就不只有工具，更重要的是有管理理念、投资逻辑、风控措施和具体的管理实操方法等。

我们控制不了外部世界如何包装、促单、营销理财产品，我们能控制的就是加深对理财客观的、系统性的理解。它不好不坏，一直存在着，从古代到现在，只是内容和工具发生着变化，从简单演化到复杂，风险也从明险进化到隐匿。唯有通过正规的渠道不断学习，让自己系统地建立起金融逻辑架构，才能在漫长的人生中运用好各种财富工具，让自己的生活质量朝越来越好的方向改善和提升。

"老同学，还真别说，我对理财确实有偏见，听你这么一解释还真有道理。之前没想这么深，看到卖理财产品的就烦，以后理财方面有不懂的就问你了，可别嫌我烦！"严飞点着头说道，"但有个问题，理财终究还是要有钱才能理，人家小梁现在一屁股债，赚钱是当务之急，你能给出出主意不？"

我："最后一个误区就是你讲的这个——有钱人才能理财。"

### 1.1.4　误区 4：有钱人才能理财

很多人认为理财是有钱人的特权，没钱拿什么理财？这是一大误解。一方面，我们对什么算有钱人、什么算没钱人并没有具体的划分标准；另一方面，不管钱多钱少，对理财来说都有不同的应对工具和方法，也就是说钱多有钱多的理法，钱少有钱少的理法，怎样用好你口袋里的 1000 元、100 元，都是理财。即使负债，也可以进行财务规划，它属于广义理财的一种。

况且，对一个人或者家庭的可投资资产（金融资产和投资性房产）按照金额多少进行划分，可以更有针对性地制定适合不同资产人群的理财方案。

严飞："什么是可投资资产？"

我："可投资资产就是除去自住性房地产和流动性较差的资产后，将现金或存款、股票、基金、债券、房产、另类投资品等界定为私人可投资资产。"

为便于区分说明，我们在这将理财的人群分为 6 种，根据可投资资产，从负债到超高净值客户依次为：沙子、苔藓、小草、灌木、藤蔓、大树，如表 1-1 所示。

表 1-1　财富群体分层表

| 群体 | 可投资资产 / 元 |
| --- | --- |
| 沙子 | 负债 |
| 苔藓 | 0—100 万 |
| 小草 | 100 万—500 万 |
| 灌木 | 500 万—3000 万 |
| 藤蔓 | 3000 万—2 亿 |
| 大树 | 2 亿以上 |

相对于灌木、藤蔓和大树，沙子、苔藓和小草其实更需要培养正确的理财认知，因为前者更容易获取优质的信息源和投资渠道。具体方法论和实操案例会在接下来的章节中陆续展示。

# 1.2　理财机缘

## 1.2.1　怎样算有缘？

梁亭："荃老师，刚才真的对不起，不该让你教我赚钱……"

我："别在意，刚才是我给你下套呢，除了极少数投资人和金融人士以外，真的不建议把理财当作一个赚钱的方式，那不是它该有的属性。每个人都想赚钱，也希望有人教他怎么赚钱，所以才有了各种教人赚钱的书、课程、培训机构，形成了一个产业。我这里只是教人理财的方法、金融的常识，教人怎么运用金融工具做好自己的财务规划。"

"但您刚才说的这些我以前怎么一点都没听过？"梁亭表现出强烈的求知欲，皱着眉头说，"我身边的人每天打牌，聊八卦，有钱了买买买，没钱了到处借，乖一点的会把钱存在银行或寄回老家……突然感觉自己的生活一点规划都没有。"

"这个可以理解，并不是所有人都有系统的理财认知，即使有了理财意识，每个人接触的信息渠道也各有不同，如果遇到唯利是图的机构，最后的下场只能是做'韭菜'。本身存款不多的人反而不会被盯上，但那些有钱的人身边围满了金融机构的销售经理，如果自身不具备以底层投资逻辑为基础的金融辨识力，就很容易被洗脑。"梁亭的话让我想起身边几个做实业的老板，"一辈子勤勤恳恳，创业起家，积累了上千万元的财富，最后有的毁于金融诈骗，有的虽没有被诈骗，却因为盲目自信而乱投资，把养老钱亏没了。"

"他们要是早点遇到你，估计就不会亏得这么惨了。"严飞感慨道。

"老严你错了，他们之前就认识我，这和认识早晚没关系，可能是'缘分'未到吧……最后栽跟头的大概有两类人：一类人在自己熟悉的行业赚到钱了，然后开始膨胀，你提建议，他会觉得你不够资格，反过来给你讲道理，过于相信自己的判断；还有一类人，他只相信自己的小圈子或推销过几次不错的理财产品的老销售员。这两类人有着共同的特点：有封闭的自信心，缺乏开放的思维、逻辑思考习惯和对金融风险的敬畏。"

"哈哈，我老板的老婆就是你说的第二种人，之前一直在银行的一个理财经理那买理财产品，后来人家辞职去了财富公司，老板娘问也不问清楚就把钱都转到财富公司了。她说这个理财经理人很好的，不会骗自己，利息也比银行高很多，结果那家财富公司的老板跑路了。我老板气得不得了，整整赔进去500万元啊！"严飞突然激动起来。

（1）真正认识到理财对于人生的重要性，而不是为了赚钱，为了高收益；
（2）能接触到规范的渠道学习理财，而非相信某个人、某家机构。

"做到上述两点的人，可以说，他和理财有缘分。"

"得，看来老板娘和理财没缘分"严飞接上话。

"不能这么简单地判断，如果她从此悔恨当初，再也不谈理财，又或是过了段时间好了伤疤忘了痛，仍然和之前一样容易相信别人，而不是想着多学习金融知识，这才是和理财无缘。但是如果她从此深刻认识到加强金融知识学习的重要性，并且开始沉下心来系统学习理财，这就是缘分到了。有些人的理财机缘早，比如接触正规圈子的人，或从事相关金融行业的人，或运气好、悟性高的人，他们意识到理财对人生的价值的同时也能接触到正规系统的学习资源；有些人兜兜转转，有理财意识，但中间被不正规的机构'截胡'割了'韭菜'，失败过，跌倒过，最后才等到缘分；更多的人一辈子没有过对这方面的系统学习和意识培养。无论哪种人，没有好与不好，只能说掌握一定理财知识的人能规划好自己财富的概率更大，更容易独立思考、理性做事，同时理财作为人生规划的一个组成部分能够让自己和家人的生活更加自由、安全。"我尽量说得通俗易懂，梁亭一直在努力消化我所说的内容，"梁小姐，还是叫你小梁吧，你有哪里听不懂可以随时打断我。"

"好的，谢谢荃老师，您说的我能明白，嗯……那您觉得我有理财缘分吗？我之前没怎么接触过理财，以为它离我很远，飞哥带我认识了您，现在才知道原来理财能影响一个人的一生。"梁亭褪去刚进来时的低沉和沮丧，眼里有了一丝憧憬。

严飞："当然有缘分了，你这叫因祸得福，还得谢谢我啊！"

"谢谢飞哥，不，谢谢严老师！"梁亭起身朝严飞深深地鞠了一躬，"我一直以为那些老板一辈子都会有钱，原来不懂理财会这么倒霉。我自己虽然没什么钱，但是如果不学习理财，将来我的经济状况肯定更加一塌糊涂，我还有爸爸、妈妈和弟弟要养……"说着说着，梁亭的表情严肃了起来。

## 1.2.2　你是哪三类人？

有三类人容易与理财结缘：富余之人、智慧之人、反省之人。

第一类：富余之人。

富余之人，通俗地说就是富人、有钱人，在收获财富之后如何守住财富是所有富余之人自然会考虑的问题。有句话叫"富人越来越富，穷人越来越穷"，为什么会这样？其中一个原因就是富人能更容易地接触到高门槛的理财渠道。理财的金额越大，能够使用的理财工具就越多，能够投资的领域也越广，能够承担的风险越大，能够得到的回报也越多。

第二类人：智慧之人。

我："老严，问你个问题，你认同'能合法合规创造大量财富的人一定是有智慧的人'这句话吗？"

"等等。让我想想……不犯法，还能赚到大钱……当然了！绝对是有智慧的！"老严琢磨了一下，非常肯定地说。

"那这句话反过来还成立吗？有智慧的人一定能合法合规地创造大量财富吗？"我接着问道。

"那肯定不成立啊，你看我，我有智慧吧，为什么没有赚大钱？"严飞想都没想地说。

"噗嗤！"一旁的梁亭憋笑失败，"对的对的。"

我："确实，反过来说不成立，因为有智慧的人不一定都求财，有智慧的人也不一定都有财运。但有一点是肯定的：有智慧的人更容易与理财结缘，他们通过学习更容易打理好自己的资产，打理好人生。"

"老荃，被你这么一说，我的自信心爆棚啊，好像马上就要成为理财专家了。"严飞自我陶醉的状态很难让人相信他后来居然会得抑郁症。

理财不是一门金融技术，而是对财富规划的一种认知和态度。智慧之人大多未雨绸缪、考虑长远、处事周全。理财从某种意义上来讲帮我们在财产方面做了重要的"风险控制"，聪明人更不会忽视这一点。

第三类人：反省之人。

如果说富余之人天然能与理财结缘，智慧之人能主动发现"理财"的重要性，那么反省之人则是被动悟到理财的价值。

Tips：不一定所有人都要很聪明，但是所有人都要学会反省：在成功中反省，在失败中反省，在平淡中反省，在动荡中反省，在顺风顺水时反省，在吃亏倒霉时反省。

正如我们遇到的很多朋友，一开始被洗脑，想靠理财发财，被怂恿着做一些"投资"，最后被骗了钱财，好在他们懂得反省，反思自己前半辈子走过来的心路历程，反思自己上当受骗的每一个连环细节，最后兜兜转转开始了系统的学习。

有些会反省的人在反思他人经历的时候触类旁通地接触到了财富规划的领域，这也是一种缘分。有的人的缘分来得早，有的人的缘分则来得晚。总之，只要能沉下心来学习理财的底层逻辑，任何时候都不晚，它都能在我们的人生中发挥重要作用。

# 1.3  理财金字塔

在这个世界上，不同财富层级的人对应着不同的理财门路，就像两个金字塔，如图1-1所示。一个是财富层级金字塔，普通老百姓占绝大多数，沿着金字塔底向上，随着财富增多，人数逐渐减少；另一个是理财门路金字塔，财富越多，接触到的渠道越高端，可运用的理财工具越丰富，它们在塔底，而越接近塔尖，财富越少，接触到的理财渠道、可使用的理财工具也越匮乏。

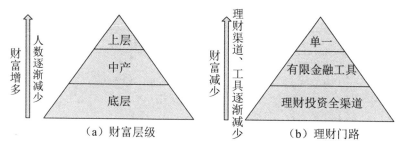

图 1-1 理财金字塔

如表 1-2 所示,根据可投资资产的多少,不同群体各自拥有对应的常用理财渠道。它们并非严格一一对应,上一层级可包含其下所有层级的理财渠道。

表 1-2 不同人群理财门路对照表

| 称谓 | 常用理财渠道 | 可投资资产 / 元 |
|---|---|---|
| 大树 | 家族办公室 | 2 亿以上 |
| 藤蔓 | 私人银行、另类投资 | 3000 万—2 亿 |
| 灌木 | 私人银行、私募基金、金融衍生品、信托、券商 | 500 万—3000 万 |
| 小草 | 银行、券商、保险、金交所 | 100 万—500 万 |
| 苔藓 | 银行、公募基金 | 0—100 万 |
| 沙子 | "家用理财 3 张表" | 负债 |

需要说明的是另类投资和金融衍生品这类的理财渠道并非百万元资金以上才能投资,但从风险承受能力角度来看,建议可投资资产不足百万元的人谨慎参与。

接下来,我将对家族办公室和私人银行这两类理财渠道做一个简单的介绍和比较,其余的理财渠道会在后面的篇章里详细讨论。

## 1.3.1 家族办公室

顶级富豪们多通过设立自己的家族办公室来打理财富,家族办公室是理财界的天花板、金融业顶端的皇冠。

根据前述人群划分,"大树"级别的富豪多选择用家族办公室来理财,它不仅仅是我们理解的狭义理财,即财富规划,还包括广义理财,比如投资咨询与管理、家族治理、家族信托、艺术品收藏、家族传承、慈善管理、风险控制、遗产规划、身份规划及教育等。它是为财富第一代及其后世世代代做全方位理财管理的组织机构,最主要的目的是让财富在家族中保值、增值且永续代际传承。说通俗点,是为打破"富不过三代"做的各种投资、筹划和安排,如表 1-3 所示。

表 1-3　家族办公室主要服务内容

| 类目 | 服务内容 |
|---|---|
| 家族治理 | 1. 家族宪章制定<br>2. 家族大会、家族委员会（投资、发展、治理）<br>3. 家族理事会（组织架构搭建及运作）<br>4. 家族宗旨、目标、愿景统一<br>5. 部分涉及家族企业的管理 |
| 家族信托 | 1. 家族信托框架设计<br>2. 成立家族信托、保险金信托或家族基金会<br>3. 运营和维持家族信托或基金会<br>4. 突发事件处理（如核心成员变更等） |
| 资产配置 | 1. 投资计划制订、投资工具选择<br>2. 资产盘点分类、配置策略选择<br>3. 内部人员聘用管理及外部渠道合作<br>4. 资产托管、监督执行<br>5. 投前、投中、投后管理<br>6. 实物投资、艺术品收藏 |
| 法税财筹划 | 1. 家族宪章监督执行<br>2. 内聘或外联法务、税务机构<br>3. 财务规划、报表分析、现金流管理<br>4. 婚姻管理、退休计划、遗产规划、传承法税筹划<br>5. 日常法税财咨询、预警 |
| 身份规划及教育 | 1. 国籍身份设计及相关置业配合<br>2. 教育规划、传承培养、财商训练<br>3. 演讲及领导力提升<br>4. 公关礼仪教育 |
| 公益慈善 | 1. 慈善和公益宗旨、方向、方式确立<br>2. 基金或信托运营（设立、托管、运作、监督）<br>3. 公益活动组织 |
| 风险控制 | 1. 人身安保防控<br>2. 投资及财产风险监控<br>3. 声誉、影响力、公共关系管理 |

　　家族办公室最早是从 19 世纪的欧洲兴起的，典型代表就是洛克菲勒的家族办公室。家族办公室现在主要分布在欧美，美国大约有 3000 多家，欧洲有 1000 多家。根据所有者、服务对象等不同角度，家族办公室有不同的类型，主流类型可分为两大类，一类是单一家族办公室，另一类是多家族办公室。

　　单一家族办公室，只为一个家族服务，相应的运转成本也非常高，需要资金体量足够巨大，投资收益远超其运作成本，例如国外通常可投资资产在 1 亿美元以上的家族适用此种模式，否则一般会选择成本相对较低的多家族办公室模式。

比尔·盖茨家族就是采用了单一家族办公室模式，他的家族办公室实体名称鲜为人知，为瀑布投资（Cascade Investment），有超过 100 名雇员。一般家族办公室取名都尽量低调且和家族名称没有关联，"瀑布"一词就相当不起眼。家族办公室在资产配置上并不以赚钱为目的，一切"稳字当头"，投资策略也并不神秘，以价值投资、长期持有为主。

> **Tips：** 根据研究公司 Wealth-X 的估计，比尔·盖茨的净资产约 1460 亿美元，甚至超过了很多机构的基金规模。通过家族办公室将其财富分散投资于酒店、地产、铁路等实体企业以及股票、基金、债券等金融资产，可以充分降低系统风险，保证财富的安全性。

另外，对于顶级富豪的家族办公室来说，最重要的一个追逐点是隐秘性。比尔·盖茨已经算是很出名的富豪了，我们尚不得其投资细节，其他更多的神秘富豪就更不为人所知了，甚至从未出现在大众的视野中，其所有投资行为通过进行了缜密架构设计的各种不起眼的公司进行运作、交易，千方百计躲避各类媒体、记者的追踪报道。因为他们更偏好幕后操控。

多家族办公室，顾名思义是服务多个家族的办公室。单一家族办公室通常由家族自己设立，所有权属于家族，多家族办公室多为第三方独立机构，少部分归属于某家族，它还能细分为联合家族办公室、独立家族办公室、机构类家族办公室。

联合家族办公室：由单一家族办公室通过吸收其他与之关系密切且投资风格相似的家族办公室转变而来，用于分摊运营成本、共享信息、共享投资机遇。

独立家族办公室：通常由专业金融人士、第三方财富机构、律师事务所或会计师事务所发起创立，独立于各家族之外，是为多个家族服务的第三方家族办公室。

机构类家族办公室：大型银行、信托、基金等金融机构为了更好地服务超高净值客户，在私人银行的基础上演化出了具有独立法律主体的机构类家族办公室。机构类家族办公室一方面利用机构自身强大的金融大数据、全球资讯网络及完善的产品体系，另一方面在客户来源及个性化服务上有现成的群体及团队可供融合提升，因此相较其他类型具有成本低、效率高等特点。

"我只知道有私人银行，没怎么听说过家族办公室？"严飞插了一句。

我："我们国家的家族办公室起步比较晚，所以很多人不了解，私人银行也是理财的一个渠道，一会儿我会讲。"

随着我国超高净值人群的迅速增长，家族办公室正处于试探性发展阶段。2015年青岛市财富管理金融综合改革实验区进行了一次试水，发放了3张家族办公室的牌照，但在那以后，牌照便停止发放了。这3张牌照的持有机构为诺亚财富、青岛睿璞和宜信青岛。

目前涉及家族办公室性质的机构多通过营业执照标注的经营范围开展业务，国内家族办公室大致分为3类。

（1）由超高净值人士自己设立的单一家族办公室。该类家族办公室自己组建团队，学习西方模式为自己家族提供个性化服务，绝大多数的家族资产规模超过10亿元。

（2）由银行、券商、信托等金融机构设立的家族办公室。该类机构较为正规且在财富规划方面有天然优势，但鉴于行业与客户特点及内部考核等因素影响，产品销售仍然是其底层业务方向，很难完全站在客户的立场上进行服务。

（3）由各类中介设立的家族办公室。由于国内对于家族办公室还没有成熟的法律体系，也缺少相应的监管，市面上很多本土机构以家族办公室的名义开展各类业务，机构数量据说一度达到上万家，民间甚至流传"中国的家族办公室比家族还多"的玩笑。稍做了解不难发现，这些机构表面以"家族办公室"做头衔，实际还是从事留学、移民、保险代理、海外购房等中介业务，或者从事法律、税务、财务筹划等咨询业务。这些机构注册时多以咨询公司作为经营实体，前期注册时经营范围包括"家族企业传承服务咨询"等涉及"家族"的项目，随着审批政策的收紧，多地工商部门也提高了注册的门槛。

## 1.3.2　私人银行

公开资料显示，私人银行的起源早于家族办公室，前者起源于16世纪的瑞士日内瓦，专门为欧洲的贵族阶层提供一种私密性极强的金融服务。

和普通银行相比，富人在私人银行中可以购买到普通人无法接触到的股票、债券，还可以享受定制化投资、法律、税务咨询服务，购买为其量身定做的金融投资产品等。

什么层级的人群会更倾向于选择私人银行呢？

"灌木"和"藤蔓"这两个级别的人群一般选择私人银行的比较多。

在我国，私人银行的起步要求一般是600万元，也就是说，在国内你想办理私人银行业务，最低开户额是金融资产 600 万元，有的要 800 万元甚至 1000 万元起步。如果是在海外知名的私人银行开户，起步最少 200 万美元，比如瑞士宝胜、星展银行，起步高的至少要 500 万美元。

梁亭："荃老师，我怎么没见到过私人银行，我们国内都有哪些私人银行呀？"

"私人银行其实就在你身边，在我国它不是单独挂块牌子叫'某某私人银行'，而是银行的一个部门或者由银行设立的私人银行专营机构。我国的私人银行业务是从 2000 年以后才发展起来的，标志性事件是 2007 年 3 月，中国银行和苏格兰皇家银行合作，在北京、上海两地设立私人银行部，推出了私人银行业务。目前工商银行、中国银行、农业银行、招商银行等银行针对高净值客户都有私人银行服务。"我解释道，"私人银行只服务高净值人群，符合我刚才说的这个起步要求的人群就可以享受私人银行的服务，不符合的、钱不够多的不行。"

梁亭："专门为有钱人服务的私人银行主要都服务些什么？和您刚才说的家族办公室有什么区别吗？"

我："知道私人银行和家族办公室的区别在哪里，自然就明白私人银行主要有哪些服务……"

两者的区别除了面向的客户层级不一样，最核心的区别是"立场不同"。

家族办公室存在的意义是站在家族长远发展、世代传承的立场上为家族提供综合性服务，考虑家族的长远利益，看重对资产的保护、延续、传承。

私人银行隶属于金融集团，它的根本利益是自身机构的发展，考核规模和利润，更看重短期的关联收益，追逐业绩，所以它往往摆脱不了销售金融产品的终极目标。

此外，服务内容不一样。

家族办公室之所以运作费用高昂（国外家族办公室每年服务费为数百万美元），是因为它的服务是全方位的、定制化的，以法律、税务、财富规划为主，资产配置只是其中一部分，另外还涉及教育、遗产筹划、礼仪等。它更多是以团队专业技能为核心，帮助家族选择合作的银行、保险、法务等外部渠道，独立判断投资风险，进行投资决策和其他综合服务。

私人银行也有个性化的定制服务，如图 1-2 所示，比如对客户的财务状况和需求进行分析，制定相应的财富管理策略，但主要还是针对制定出的财富规划方案在本银行体系内的现成金融产品和服务中进行选择、匹配。这一点在国内尤其明显，服务还是以资产管理、投资规划为主，也有通过设立家族信托、离岸公司等来帮客户筹划税务、规避风险。

图 1-2　私人银行服务流程

> **Tips**：随着私人银行在国内的发展，它的服务内容涉及面越来越广，有朝家族办公室看齐的趋势，很多私人银行也推出教育、医养、传承等金融以外的衍生服务，只是在服务深度方面与专业的家族办公室还有较大差距。

严飞盯着不同人群理财门路对照表足足看了 10 分钟。

梁亭："飞哥，你怎么还一直在看？"

严飞回头瞥了她一眼，将目光移向窗外："小梁啊，从这张表中我看到了人间众生相，最右边这一列冰冷地将人划分成好几个层级，虽然刺眼但也现实，我脑子里一下出现了好多场景：既有锦衣玉食的富人游走私人银行，享受高级服务，也有普通百姓穿梭于银行中存钱取钱，还有不幸买了暴雷产品的人们拉着横幅，流着泪……"

"飞哥，我看这张表格的时候跟你的感觉可不一样，我觉得更加清醒和兴奋了，虽然我现在欠着钱，但是我一定会通过努力一点一点往上爬，就像我弟弟玩网络游戏打怪升级一样，既有趣又有挑战！"梁亭的想法很有感染力，面对同一个事物，她能看到积极的一面，也能激励自己前进。

梁亭："荃老师，负债的人用'家用理财 3 张表'是什么意思？我不太明白。"

"所有人都可以用这 3 张表格来为自己做一个'体检'，负债人虽然没有资金进行其他渠道的理财投资，但可以从这3张表格做起，优化自己的财务状况。你可以填一下，不急，回去慢慢填，填完我再来分析你就明白了。"我递给她3张表格：家用资产负债表、家用收支记录表、理财目标规划表。

严飞接着我的话："小梁，这3张表格你收好了，回去好好填，改天我再带你来向荃老师学习。"梁亭见状，心领神会地起身向我辞行。"我和老同学还要谈点事情，就不送你啦，有事儿随时联系！"严飞说。

只剩我俩的时候，严飞告诉我，他提到的不幸买了暴雷产品的"老板娘"就是他妈妈，其实和我也没有什么事要谈，只是突然想起他妈妈被骗的事，心情很沮丧，想单独和我聊聊。

他妈妈买了某个所谓财富公司的理财产品。这家公司的办公地点在上海的市中心，装修富丽堂皇，对外声称公司有央企背景，实力雄厚，运作规范，理财产品安全可靠，投的是政府项目和大型上市公司融资项目。直到"暴雷"时，他们才发现公司资金早已被带到海外，受害者涉及数百人。老人家辛苦攒下的110万元养老钱就这样没了，整天以泪洗面。事情虽过去两三年了，但要想追回钱财希望渺茫，每每想起，老人家心里总是揪心地疼。

这也是我要写这本书的初衷之一，愿天下人都能感悟到认真学习理财的必要性。

# 第2章
# 理财的本质

　　也许是有几年没见了，那天我和严飞聊了很多，除了他妈妈的事还聊起了其他同学的近况。大家都在为生活忙碌奔波，人到中年，上有老、下有小，平平淡淡已是万幸，若碰到什么不测，一家人都会过得提心吊胆……聊着聊着，严飞停顿了几秒，问道：理财的本质到底是什么？

## 2.1　理财和人生

　　关于理财的本质，不同的书有不同的解释，这似乎更多是一个哲学问题。

　　梳理人的一生，我们会发现无外乎围绕5件大事：教育、职业、婚姻、生活、传承。

　　●教育：教育几乎贯穿人的一生，小时候读书上学，长大后为职业充电，再大一些了开始操心孩子的教育，循环往复。

　　●职业：从20多岁工作开始直到退休，三四十年的职业生涯，也是人生最重要的黄金岁月。

　　●婚姻：婚姻是组建家庭的关键步骤，对于每一个人来说都是最重要的人生转折点。即使选择不婚，这个决定也足以成为你生命中的里程碑。这里所说的婚姻是广义的，包括结婚一族和不婚一族围绕婚姻做的一切决定和所有情感经历。

　　●生活：除了上述3件事之外的日常生活，包括旅游、交友、聚会、就医、购物等。

　　●传承：除了对后人进行经验传授，让其继承发扬外，此处还包括为子孙后代所做的遗产安顿。

　　既然5件大事构成了整个人生，那么哪些因素能够影响这5件大事，以至于影响人的一生呢？找到这些因素，再加以研究和引导，便能使人生轨迹朝自己想要的方向发展。

以上是一条完整的逻辑链，像是在做数学公式推导，这里不存在欺骗和阴谋，如果你认同，我们就继续往下。

影响一个人一生的因素往大了说逃不出两类：精神和物质。

精神：由学识、经验所形成的思想信仰，包括知识体系、人生观、价值观、世界观等。

物质：维持生命和生活所需的一切吃穿用度，所有物质又都能以货币的形式进行交换，所以把物质简化为货币。理财是对货币进行统筹配置的方式和工具。

在精神层面，思想信仰和人生互为影响，人们在生活中累积的经验和智慧浓缩升华成思想信仰，思想信仰反过来指导人们更好地生产、生活，推动文明前进。

在物质层面，几千年来，人们通过劳动进行生产建设和社会服务，并在此过程中积累起社会财富和个人财富。然而回顾整个文明发展史，人类开始科学规划个人财富的理财历史非常短暂。20世纪30年代是理财的萌芽期，当时的理财只是作为保险公司销售产品的一种营销方式；随着20世纪60年代国际理财协会的成立，理财开始系统化发展起来；直到20世纪90年代，理财行业才在美国逐渐成熟。

> **Tips:** 在我们国家，理财的兴起只有短短的二三十年，中国经济在这期间快速增长，先富起来的人群积累了财富，老百姓手上有钱了，自然而然形成了理财的意识和需求。而且由于风险认知的局限和市场的波动，不少人赚得了钱却守不住财，理财规划的重要性日益凸显。

理财规划需要根据人生的不同阶段进行调整，同时，规划的好坏直接影响到人一生的各个阶段，理财规划和人生也是互为作用，如图2-1所示。

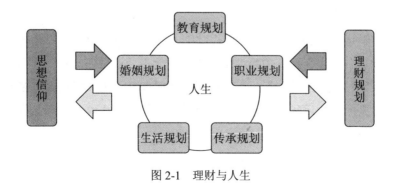

图2-1 理财与人生

回到刚才的问题，可以用一句话解释理财的本质：**从财务角度服务人生**（即使是公司理财行为，最终落脚点也是人）。如果再具体一点，记住 12 个字：**开源节流、资源配置、风险控制。**

人的一生只要和钱有关，就离不开理财。无论你主观上理财还是不理财，它都存在。

## 2.2　货币的时间价值

理财的本质是从财务角度服务人生，之所以要服务人生，它的底层动机和可行性的前提是货币存在时间价值。

"'货币存在时间价值'是什么意思？是不是说货币放的时间越长越值钱？"严飞不解地问。

我："你说的'货币放的时间越长越值钱'，货币'放'在哪里？放在家里枕头底下，还是放在银行里？是放在成立的公司里，还是放在股票市场或投资基金里？如果单纯地放在家里，货币放的时间越长越不值钱，因为通货膨胀的存在，也就是印的钱越来越多，钱会越来越不值钱。但是如果你把钱用来投资，创造社会财富，货币就会增加价值。"

严飞："等等，我有点晕……货币存在时间价值，但是因为通货膨胀，钱又越来越不值钱，这到底是有时间价值还是没有时间价值？"

我："在解释货币时间价值的时候应该把通货膨胀和风险报酬两个因素排除掉。其中，通货膨胀通俗的理解就是钱印得多了，造成物价上涨，从而导致货币贬值；风险报酬是针对投资产生风险的可能性而要求得到的相应补偿。从定义来看，除去这两个因素后，货币经过一定时间投资和再投资所增加的价值，就是货币的时间价值。"

图 2-2 是 1987—2022 年中国和美国的通胀走势对比，然而货币的时间价值不考虑风险和通货膨胀情况下的社会平均投资报酬率。通俗理解是：货币通过投资促进生产，经过一定的时间后（生产建设需要时间），生产创造出更多的社会财富，社会财富的增加用货币来表示就是货币通过投资产生收益，因此货币具有时间价值。

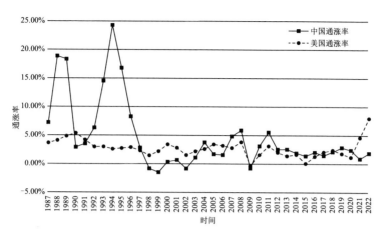

图 2-2　1987—2022 年中国和美国通胀率走势图

严飞："你说的是理论上的，但是现实中没法忽略掉通货膨胀和投资风险，它们是肯定存在的啊，对我们老百姓来说有什么现实指导意义吗？这才是我关心的。"

现实中，当我们决定把钱存到银行还是借给其他人，或者投到股票市场、债券市场、实体企业之前，都要算一笔账，那就是投资报酬率。在计算预期投资报酬率到底有多少自己才能接受时，要考虑 3 个要素：货币时间价值、通货膨胀率、风险报酬率。

> **Tips：投资报酬率 = 货币时间价值 + 通货膨胀率 + 风险报酬率**

货币的时间价值并不是具体固定的某个数值或比率，在日常生活中，我们通过利率、收益率、回报率等来表示投资报酬率，它涵盖了通货膨胀率、风险报酬率和货币的时间价值。

举个例子，为什么有人会说钱存在银行里其实是在亏钱？假设银行一年期存款利率是 1.6%，通货膨胀率为 2%（这种现象其实挺普遍），因为存在银行，我们认为风险可以被忽略，也就是风险报酬率是 0，根据上面的公式：

投资报酬率（1.6%）= 货币时间价值（？）+ 通货膨胀率（2%）+ 风险报酬率（0）

很明显，钱存银行一年以后，1.6% 的利息连通胀都跑不赢，实际购买力下降了，而且根据公式，货币时间价值反而是负数。但我们不能就此论定货币不存在时间价值，只是在该例子中，货币的时间价值没有体现出来。

"既然存银行亏钱，我们为什么还要把钱放在银行呢？"严飞明显在抬杠。

我："有 3 个原因。第一，放在银行总比藏在家里安全，而且它比其他绝大多数的投资渠道都更能保证本金的安全；第二，流动性强，要用钱了随时可以把钱取出来；第三，如果没有其他更有把握的投资去处，把钱存在银行是明智的，至少还有活期、定期利息可以拿。"

言归正传，货币时间价值在实操层面到底是怎么量化的呢？答案是：单利和复利。

> **Tips：** 在这里我补充一点，免得大家钻牛角尖。现实生活中，我们在用单利或复利衡量货币时间价值时可以忽略通货膨胀率和风险报酬率，把前文公式化繁为简——投资报酬率＝货币时间价值，顶多拿投资报酬率和当下的通货膨胀率进行对比，跑赢通胀了至少说明自己没有亏。

怎么理解单利和复利呢？

假设你拿 10000 元去投资，每年收益率是 10%，第一年收益为 1000 元（10000元×10%=1000 元），第一年底本金和收益一共 11000 元，接着你每次都把收益部分取出，只用本金 10000 元继续投资，这就是单利。为了方便理解，我们假设每年的收益率不变，一直是 10%，第二年你还是赚到 1000 元，第二年年底本金和收益一共 12000 元，以此类推。

另一种方式是，你把赚到的收益放在本金里面一起投资，那就是复利。其他条件不变，假设每年收益率还是 10%，那么第一年收益为 1000 元（10000 元×10%=1000 元），第一年底本金和收益一共 11000 元，第二年收益为 1100 元（11000×10%=1100 元），年底本金和收益一共 12100 元，以此类推，如表 2-1 所示。

表 2-1　10000 元本金单利、复利终值对比（10% 年化收益率）　　　　单位：元

| 时间 | 单利终值 | 复利终值 |
| --- | --- | --- |
| 第 1 年底 | 10000×(1+10%)=11000 | 10000×(1+10%)=11000 |
| 第 2 年底 | 10000×(1+10%×2)=12000 | $10000×(1+10\%)^2$=12100 |
| 第 3 年底 | 10000×(1+10%×3)=13000 | $10000×(1+10\%)^3$=13310 |
| 第 4 年底 | 10000×(1+10%×4)=14000 | $10000×(1+10\%)^4$=14641 |
| 第 5 年底 | 10000×(1+10%×5)=15000 | $10000×(1+10\%)^5$=16105.1 |

我们把本金设为 $P$，计息期数设为 $n$（一般以年为单位），利率设为 $i$，利息设为 $I$，本金和利息之和称为"终值"，设为 $F$，就得出以下单利和复利的终值公式：

单利终值：$F=P(1+i×n)$

复利终值：$F=P(1+i)^n$

"我知道'复利',爱因斯坦说'复利'是世界第八大奇迹。它的魔力故事说的是,在1626年,荷兰殖民者用价值24美元的小珠子从印第安人那里买下了现在的纽约曼哈顿,到2000年,曼哈顿已经成为世界的金融中心,价值高达2.5万亿美元。有人做了一个类比,如果印第安人当时用这24美元去做理财,平均每年有7%的收益率,用复利计算,经过374年,到2000年居然也能累积到2.34万亿美元,和现在曼哈顿的价值差不多了。从24美元到2.34万亿美元,如果用单利计算,到2000年才只有652.32美元,一个是万亿元,一个是元,复利增长太可怕了!"严飞拿手机看着网上的资料跟我说,但又觉得哪里不对,"可是从你的这个表里看,第5年底,单利终值15000元,复利终值16105.1元,复利终值才比单利终值多了1105.1元,没多大区别嘛!"

我:"那是因为时间不够长!根据公式可以知道,有3个因素影响终值大小:本金、利率、期限。这里其实还有第4个因素,那就是'计息频率',每年计息一次、每月计息一次、每天计息一次和每秒计息一次是不同的。但通过比较发现,每月计息一次相对最优,频率再高,即使每天计息、每毫秒计息,算出来的结果也差别不大,所以'计息频率'这个因素可以忽略掉。"

表2-2分别从利率、期限对单利和复利进行比较。

表2-2　10万元本金的单利、复利终值对比（10%/11%年化收益率）　　　单位:万元

| 时间 | 10%单利终值 | 10%复利终值 | 11%单利终值 | 11%复利终值 |
|---|---|---|---|---|
| 第1年底 | 11 | 11 | 11.1 | 11.1 |
| 第5年底 | 15 | 16.11 | 15.5 | 16.85 |
| 第10年底 | 20 | 25.94 | 21 | 28.39 |
| 第30年底 | 40 | 174.49 | 43 | 228.92 |
| 第60年底 | 70 | 3044.82 | 76 | 5274.57 |

表2-2是表2-1的延展,虽然第5年底单利和复利差别不大,但是时间拉长到30年、60年的时候,两者天差地别。第60年底,利率为10%时,复利计息终值为3044.82万元,而单利计息终值只有70万元。

当调整利率的时候也会有惊人的发现,仅提高1%的利率,60年后,11%利率的复利终值就比10%利率终值多了2229.75万元,而单利终值只多了6万元。

"你确定没有算错吗?"严飞用质疑的口气问道。

我:"千真万确,不信你自己算一下,现在网络很方便,你上网查找'复利/单利计算器',直接把本金、利率、期限输入,就会得到准确的答案。"

严飞立马操起手机验证了一通，果然还是这个结果，这可把他惊到了。"等等，我再算一下，如果我把攒的 50 万元存起来，会有多少钱……"严飞来劲了。

我："你可以假设几档现实中可能实现的利率分别算一下，模拟不同投资类型的收益情况，比如 5%、8%、10%。"

10 分钟后，严飞自己列出了一张表，如表 2-3 所示。

表 2-3　50 万元本金的单利、复利终值对比（5%/8%/10% 年化收益率）　单位：万元

| 时间 | 5% 单利终值 | 5% 复利终值 | 8% 单利终值 | 8% 复利终值 | 10% 单利终值 | 10% 复利终值 |
|---|---|---|---|---|---|---|
| 第 1 年底 | 52.5 | 52.5 | 54 | 54 | 55 | 55 |
| 第 5 年底 | 62.5 | 63.81 | 70 | 73.47 | 75 | 80.53 |
| 第 10 年底 | 75 | 81.44 | 90 | 107.95 | 100 | 129.69 |
| 第 30 年底 | 125 | 216.1 | 170 | 503.13 | 200 | 872.47 |
| 第 40 年底 | 150 | 352 | 210 | 1086.23 | 250 | 2262.96 |
| 第 60 年底 | 200 | 933.96 | 290 | 5062.85 | 350 | 15224.08 |

"太厉害了！复利竟然能让 50 万元变成 2000 万元、变成 1.5 亿元！"严飞兴奋地喊道。

"但是……"没等我说完，严飞打断我："我突然想起一个事情，我得先走了，回头聊，今天谢谢你啊！"他一边说着一边起身急匆匆地离开了。

## 2.3  钱不一定生钱

晚上刚送走一批客人，我就接到严飞的电话，电话里的他语气兴奋："老同学，还在公司呢？你猜猜我下午后来干什么去了？"

我："听你这口气应该是捡到钱了吧。"

严飞："这话说得，我下午去了当地最大的鞋业集团，见了他们的老板郑总，同事介绍的，我本来还犹豫着，听了你的'复利课'，我觉得钱生钱这事得把握机会！"

我："你指的机会是？"

严飞："郑总的工厂缺点流动资金，想借点钱周转，借 1 到 5 年都可以，为了让我们放心，还拿他工厂的股权作为质押，每个月都给利息。我和他谈到每月两分利，就是你说的影响终值的因素之一'利率'，还跟他提了一个条件，借他 50 万元，每月按复利结算，5 年后本息一起给我。因为我算过，单利 5 年总收益一共 60 万元，复利的话一共 114.05 万元，相当于本金的 2 倍多！他最后同意了，也就只有我和我同事他答应按复利算。听你讲完我还是有启发的，怎么样？我的执行力很强吧！"

我："借款协议签了吗？"

严飞："还没有，协议模板我拍了，这不想让你帮我看看协议有没有问题，有没有什么坑嘛。"

我："还好你没签……我先不说这个项目的好坏，先回答我几个问题。一是你知道这家公司目前真正的负债率吗？这个负债率不仅仅是银行贷款，还包括可能存在的小贷公司借款、供应链融资、其他民间借贷等。二是真实的财务报表你拿得到吗？每年销售额多少？盈利还是亏损？三是真实的资金用途你能把控吗？确定你借的钱一定会投到工厂运营中吗？四是还你的钱从哪里来？就鞋业这行，净利润率很低，不超过 10%，拿什么支付每年 24% 的利息？"

严飞："这……我还真不知道，但是他说今年开发了很多国际客户，接到不少大单子，工人每天加班加点，再说这家工厂在我们这里已经开了 15 年了，老企业、老牌子，员工也有百来号人，老板全家都是本地人，跑不了吧？"

我："想想你妈妈的事，咱们都这个年纪的人了，做事还是多考虑一下风险，我的几个问题你去好好调查一下。不知道怎么调查，可以问问老板身边的人，打听一下当地政府，还可以去工厂门口蹲几天，看看物流情况，和员工打打交道，接触一下他的上游供应商和下游客户。如果有可能的话，也去当地银行探探消息，不要拍脑袋下结论。"

严飞："确实确实，我妈这事儿还没弄好，我这里也得谨慎点，我这两天就去打听一下！有消息再联系你！"

挂完电话，我开始自责，很后悔解释关于"复利魔力"的事情，我的出发点本是想普及复利的特性，分析影响复利的因素，结果"复利魔力"却成了发财致富的"心灵鸡汤"。这不是一个好的引导结果。

这件事情其实有代表性，不光是严飞，很多人都会迷信"复利魔力"，却忽视了最重要的因素——风险。在严飞借贷这件事情上，我担心的不是他的收益率有没有这么高，而是本金风险。

> **Tips：** 真实世界里，收益率不可能一直保持在8%、10%或者某一个固定数值，它是浮动的，也可能为0、为负数，现实并不像书里写得那么理所当然。

结果不出所料，严飞通过两个礼拜的蹲点调查和托人打听，得知这个郑总因经营不善外加儿子赌博败家，欠了3000多万元的外债，银行贷款已经逾期了，他正在拼命用民间借贷来补窟窿，听说还借了高利贷。这个调查结果着实令严飞吓出一身冷汗，庆幸躲过一劫。

事后我约了严飞见面，有3个注意点必须当面跟他说，因为太重要了。

（1）忘记"复利魔力"。它理论上成立，但现实中很难保证利率的持续性和稳定性。

表 2-2 看着很美好，10 万元，10% 利率，60 年后变成 3044.82 万元。但是实现它的前提是 10% 的利率一直保持 60 年，你知道这有多难吗？整个公募基金市场一共约有 2500 个基金经理，从业时间超过 10 年的只有 132 个，而这 132 人当中，年化收益率超过 10% 的只有 45 个，所占比例只有 1.8%。何况 60 年都要保持 10%，更不知能有多少了。

再从概率来分析，假设一个投资经理每年做决策的正确率高达 90%，这个已经非常靠谱了，但是 10 年下来，他的总体决策靠谱程度是多少呢？

$(90\%)^{10}=34.87\%$

（2）现实中的理财基本用不到复利。

除了年限很长的保险产品，其他的理财产品或投资渠道的年限基本都是半年、一年、两年，即使是周期较长的股权类投资，也不超过 10 年。除非理财产品到期后连带收益一起再买新的理财产品，手动模拟复利的效果，但收益的连续性和稳定性同样无法得到保障。

（3）钱不一定生钱。

风险没有把控好是导致亏损的最直接的因素。比收益率更重要的是安全性，钱生钱的前提首先是本金的安全，其次才是收益率。

很多人对于金融风险的态度就像马云说过的"看不见、看不起、看不懂、来不及"。

● 看不见：听说过理财有风险，但看不见风险在哪。
● 看不起：不是主观上的忽视，而是风险意识淡薄。
● 看不懂：缺乏金融相关知识，对底层风险看不懂。
● 来不及：中计了才醒悟过来，亏钱了才知道后悔。

# 2.4　实用理论

一个礼拜以后，严飞拿着一个笔记本来找我。

严飞："老同学，自从那次听你说复利在现实理财中用得不多后，我这两天整理了一些网上有关财富理论、效应、法则的名字，内容都写得文绉绉的，你用我听得懂的话帮我解释解释，我看看哪些能用得上。"

我："看来这次的'虎口脱险'给你的触动挺大，开始走实用主义路线了。这样挺好，我尽量往通俗了说。"

## 2.4.1 七二法则

这是一个有关复利的法则，用来计算本金翻倍所需要的时间。

本金翻倍年数 =72÷( 复利收益率 ×100)

打个比方，投资 10 万元本金，按照每年 1% 的复利计息，72 年以后，10 万元本金就变成 20 万元了（72÷1=72 年）。如果复利为 3%，10 万元本金变成 20 万元就需要 24 年（72÷3=24 年）。用七二法则计算的年数是一个大概时间，并不是很精确，其实把 72 换成 69.3 更准些，但 72 比较好记，也容易被整除，在做投资翻倍估算时用得比较多，如表 2-4 所示。

表 2-4　七二法则下本金翻倍所需时间

| 复利收益率 | 本金翻倍所需时间 |
| --- | --- |
| 4% | 18 年 |
| 5% | 14.4 年 |
| 6% | 12 年 |
| 8% | 9 年 |
| 10% | 7.2 年 |
| 12% | 6 年 |
| 15% | 4.8 年 |
| 20% | 3.6 年 |

## 2.4.2 资产配置

做理财投资时，为了控制风险，不能把鸡蛋放在一个篮子里。所谓资产配置，简单说就是通过投资不同类型和比例的资产，来实现一定风险控制范围内的收益最大化目标。关于资产配置有几个比较著名的理论或方法，比如现代资产组合理论、标普家庭资产配置四象限、美林投资时钟、耶鲁模式等。

Tips：现代资产配置的理论奠基人马科维茨曾说过一句名言：资产配置是投资市场上唯一的免费午餐。

（1）现代资产组合理论是马科维茨 1952 年提出来的理论，用数学模型来表达收益和风险的关系，这一理论提出时间较早，里面涉及的投资种类不多，只有股票和债券两种，比如经典的资产配置组合——60% 股票 +40% 债券。这个理论在现实中可操作性不强。

（2）标普家庭资产配置四象限对生活的各类型花销进行了分类，并有建议的比例，如图 2-3 所示，但具体的投资标的和配置比例需要根据个人情况进行调整。

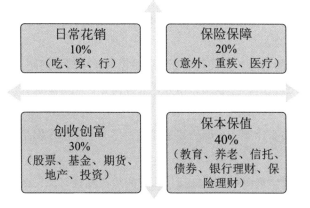

图 2-3　标普家庭资产配置四象限

（3）美林投资时钟表示在不同的经济周期中，应该如何调整资产配置的比例。它把经济周期分为 4 大类：过热期、停滞期、衰退期、复苏期，考虑了市场变化和经济大环境的因素，如图 2-4 所示。

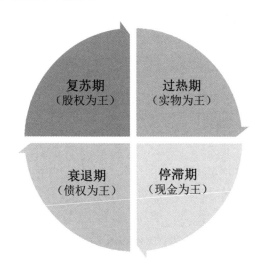

图 2-4　美林投资时钟

（4）耶鲁模式由耶鲁大学捐赠基金创造，这个基金是美国高等教学界里最成功的基金之一，在 1999—2019 年间的 10 年间，耶鲁大学捐赠基金的平均年化收益率达到 11.4%，远超市场基准收益，其投资策略以重视新兴行业的另类投资而备受瞩目，被称为"耶鲁模式"。

耶鲁模式主要包含两个关键点。

● 另类投资占比超过 60%，包括私募股权、房地产、自然资源、绝对收益（对冲基金）等。

● 以长期投资为主，放弃高流动性，做好资产配置的充分分散，以此提高收益预期、降低基金风险。

上述资产配置的理论、模式其实都围绕着以下 4 个核心问题。

（1）配置什么资产——股票、债券、公募基金、私募基金、保险、房地产还是贵金属？

（2）各配置多少比例——偏债还是偏股？另类资产的比例是多少？保险资产、储蓄又是多少？

（3）何时配置，何时退出——在什么时间阶段配置？在什么时点退出？一次性满仓还是分批次逐步入市？

（4）如何动态地调整配置比例——根据自身情况的变化和经济环境的波动，如何调整自身的资产配置比例及资产范围？

> Tips：对于这 4 个问题，我们在进行个人理财时同样需要根据自己的资产水平、风险承受能力、金融认知等实际情况作出符合实情的回答。

## 2.4.3  80 定律

80 定律是最简便的评估自身风险可承受能力的指标，它是按照年龄来推算的，越年轻表示能承受的高风险投资比重越大。

具体公式是：

高风险产品可投资比例 =（80 – 你的年龄 )÷100×100%

这里的高风险产品指的是股票、期货、另类投资等具有较高风险的金融产品。

举例一个 25 岁的年轻人，其高风险产品可投资比例 =（80 – 25)÷100×100%=55%；60 岁中老年人，其高风险产品可投资比例 =（80 – 60)÷100×100%=20%。

当然，这一公式只能作为一个参考，具体多少比例主要依据每个人的风险偏好。有些人年纪轻轻但相当求稳，厌恶风险，从来不买股票，只愿意接受银行存款，他的高风险产品可投资比例可能为 0。风险偏好是谨慎还是激进并无好坏之分。

## 2.4.4  价值投资理论

我们最熟悉的价值投资理论的践行者是"股神"巴菲特，他的投资核心理念是基于内在价值来投资。价值和价格不一样，价格可以被人为炒上去，股票价格涨涨跌跌，但是价值是企业真实实力的反映，基于企业真实财务报表、现金流、经营管理能力、商业壁垒等指标。巴菲特的价值投资理论除了注重企业的内在价值，还更苛刻地追求安全边际，这是他常年保持投资清醒的核心秘诀。

如何理解价格、内在价值和安全边际？

如图 2-5 所示，举个例子，A 公司的股票价格 200 元，通过一系列调研估值后发现其内在价值在 100—120 元之间。为什么是区间而不是确切数字？你可以简单理解为根据不同的估值方法，得出的企业估值是不同的，所以它有最高的内在价值和最低的内在价值，就像例子中的 120 元为最高内在价值，100 元为最低内在价值。那么安全边际又是什么呢？安全边际是在最低内在价值上再来一个"折扣"，比如打六折是 60 元，这 40 元（100 元 – 60 元 = 40 元）就是安全边际。真正的价值投资者只有当价格降到 60 元以下了才会买入股票，就是这么的苛刻和完美主义。

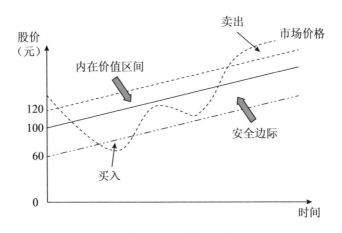

图 2-5　价格、内在价值和安全边际

正因为有安全边际，当市场动荡的时候，投资者才能够最大限度地降低损失甚至没有损失。因为当价格下跌的时候，你比其他人花费的成本更低，抵抗风险的能力更强。就好比是一杆秤最多能称 250 斤重量，但是标着最大限重 180 斤，当有个 210 斤重的胖子不小心踩了上去，秤还能完好无损。250 斤和 180 斤之间差的 70 斤，就是安全边际。

有人会问，市场傻吗？凭什么这么便宜卖给你？没错，如果这个市场是完全理性的，信息是完全透明的，那就没得玩了，不会出现这种 Bug。但现实是，人并不是完全理性的动物，情绪会有波动，预期会有偏差。市场是由人组成的，市场也不是完全理性的，更何况存在信息不对称，这就为价值投资创造了空间。需要注意的是，想找到适合价值投资者"捡漏"的企业不是一件容易的事情，你必须有足够的判断经验和足够的耐心，它不是每天都存在的，有时候一年都逮不到一个，可一旦出现了，就可以长期持有。

对我们平常人来说，需要注意以下几点。

（1）不要几个跌停板后杀进去，就说自己是价值投资。

（2）投资的时候不要随意做决定，股神都潜心调研，你凭什么草率？

（3）投资要理性，并耐心等待别人的不理性。

（4）沉下心来关注底层投资标的，不要被高收益和高回报洗脑。

（5）真正的价值投资不是看完上面所说的就能学会的，需要系统学习金融知识、掌握估值方法、具备良好心理素质等，它由一系列经过实践和时间磨砺的技能和经验构成。

第 2 篇

# 内功心法

　　武侠小说里，要想提高"江湖地位"，习武之人必须精通"内功心法"和"外功技战术"，二者缺一不可。

　　在这两者之中，更为重要的是"内功心法"。

　　一个人的招式练得再好、战术再纯熟，内功不行也成不了武林高手。相反，一个人内功深厚，即使外功略显单薄，也绝非等闲之辈，只要被人稍加指点，偷练些武林门派的绝招秘笈，功夫便会在短时间内突飞猛进。

# 第3章
# 成败关键

　　如果不出差，每个月我就都会举办一次小型的理财分享会，参加的都是一些朋友或客户，这次我叫上了严飞和梁亭，他们都想认真、系统地学习理财知识，而这次的主题——理财的内功心法，恰恰对于每一个从零开始的初学者来说都非常重要。

　　这次见到梁亭，她整个人的状态比之前好多了，有一种青春向上的气质。跟我打完招呼后，她从包里拿出3张纸："老师，这是您之前给我的家用资产负债表、家用收支记录表、理财目标规划表，这3张表格我填好了，还麻烦您帮我看看，指点一下！"

我："嗯，写得很认真！分享会要开始了，你们先找个位置坐吧，晚些时候我们再碰面。"

## 3.1 被忽略的人性

"为什么内功更重要？感觉有点虚无缥缈，我不是做金融的，不懂很多金融产品，所以对你说的外功技战术更感兴趣。"坐在第一排的宋小默说。她是一个抓住了自媒体红利风口的娱乐主播，从一开始的岌岌无名到现在的日进斗金，她一下子不知道该怎么办了，对自己理财知识的不足有些焦虑。

我："正因为虚无，很多人忽略了内功的修炼，尤其是对人性的驾驭。内在根基不稳，在面对外部诱惑、市场变化和心态波动的时候很容易迷失自己，容易被风险吞噬。"

驾驭人性是理财修行的第一步，也是"内功心法"的第一步，第一步走稳了才能养成科学的理财思维，进而在反复实践中形成为己所用的财富哲学。

说到对人性的拿捏，佛曰："勤修戒定慧，息灭贪嗔痴"。这句话对修炼理财心智非常实用，可以进一步归纳为八个字：贪嗔痴惰、戒定慧勤。

## 3.2 贪和戒

"贪嗔痴"被佛教称为三毒，是人的一切烦恼根源。贪，是对顺境的贪恋，执着于获得，否则，心不甘情不愿。

理财实践中的贪最主要表现在两个方面：对敛财的贪得无厌和对失去的恐惧，即收益越多越好，风险越小越好。比如在股市中运用"追涨杀跌"的方式进行交易，就一定要克制贪欲，没有人能估准了在顶点精准卖出、在最低点买入。

如何克制贪欲？从佛教"戒定慧"中的戒可以得到启示。

> **Tips：** 所谓的"戒定慧"合称为三学，也就是三项训练，通过修戒、修定、修慧，最终使自己持戒、禅定和智慧，来消除对应的贪婪、嗔怒、痴愚三毒。

用修戒来消除贪婪，就是用有德行、有约束的生活行为标准来要求自己，从而对因喜爱外物而起的贪念有拒止能力。

梁亭："老师，理财中的戒能举个例子吗？"

我："比如，投资大神巴菲特曾经在他的《致股东信》中提到为什么不跟风投资类似互联网这样的科技型企业，就因为他觉得自己看不懂，超出了他本人的能力边界。这是真正的戒和不贪。一个投资专家都认为自己有不懂的领域，我们却看到很多人在拍脑袋做决定。"

"做到不贪太不容易了，至少我还差远了，普通人又该怎么持戒呢？"严飞的问题很实在，但也很难回答，因为这和解数学题不一样，它没有标准答案，需要认知、思想、实践、教训、反思等一系列的经历、悟性以及意志力来实现。

我："从可操作性层面来说，在投资理财领域，戒是有所不为、做减法、宁缺毋滥、不懂不投。看不懂投资标的、不了解投资渠道、对投资风险没概念的人，千万不要因为外界的怂恿、诱惑和一时的贪念存在侥幸心理。再通俗点的建议是：如果你的资金不超过100万元，不要动脑筋参与复杂的投资理财，安心买银行的理财产品就可以了。这对绝大多数非专业普通人士来说是最好的保护，不要为了高2%、3%的看似可行的收益去冒险，去相信你没有听说过的机构。记住，不要想着通过理财发财。再退一步讲，即使遇到你认为非常难得的投资实体或不动产，也务必做好大量的调研工作，这是另外的话题，有机会我单独细讲。"

## 3.3 嗔和定

嗔也叫嗔怒、嗔恚，指心中的怨气、嗔怪、愤恨甚至仇视，以及其他对他人造成损害的心理和情绪，外在表现为容易发脾气、意气用事。

对自己嗔，容易破坏情绪和理智，甚至身患抑郁。

对外界嗔，若涉及他人，容易使本来就不顺的状态进一步恶化，轻则破环感情，重则起仇恨之心，甚至发生争斗。

定也叫禅定，达到内心平静、宁和、不起波澜的状态，心不散乱而收摄。

投资理财实践中经常会遇到市场行情的波动，获益或亏损都是常有的，控制好自己的喜怒哀乐，在激动、气愤的时候收摄内心的躁动，保持理性，是一名成功投资者的必备素养。

以定制嗔最有效的办法有如下两个。

（1）冥想。当遇事不顺或恼怒的时候，闭上眼睛，有条件的盘腿而坐，没条件的可以闭上眼睛平稳呼吸，进入冥想状态，努力将思绪清空。人在气头上无法做到没有杂念，这是正常的，即使这样，只要进行冥想，也会有很好的平心静气效果。

（2）内推，即向内求经验教训，养成第一时间从自身找问题而不是找别人对错的习惯。即使确是因外部原因导致了恼怒、嗔怪，也不要急着算账。先总结教训，思考将来如何避免同样问题，然后再思考如何从理性角度、可操作性角度向外部追责，一切以达到最终目的为导向。

# 3.4　痴和慧

痴即愚痴、愚昧无知，是非不分，善恶不辨，颠倒黑白，而且还很执拗。

"这个我深有体会。"严飞站起来说，"有的人听信无资质甚至诈骗性质的所谓财富公司的宣传，投入大量血汗钱进行理财投资，不进行客观调查或者听取正规机构的建议，对于好心的劝阻也一概听不进去，执意出钱，最终赔了养老钱，这是真痴啊！"听得出来他说的是他妈妈。

对于痴，我们需要加强学习理财方面的常识，提高认知，增长智慧。慧即智慧，它不等同于小聪明、记性好、学历高，而是指有良好德行，能在自我反思中成长，以及有站在大局观上用逻辑思维洞察世界本质的能力。

"戒定慧"三学是循序渐进、循环上升的关系，由戒生定，由定生慧，由慧进而促成深层次的戒、定、慧，就此螺旋升华。

怎么理解呢？比如炒股票，首先做好戒，不懂不碰，不要因为身边人都赚钱了，自己也慌忙跟进。先走完不懂到懂的过程，至少你得知道炒股的常识、选股的技巧、调查企业的方法、充足的反面教材案例、价值投资和投机的区别，切莫贪婪。在掌握理论进行实践的时候，定很重要，面对市场波动不激动、不慌张，在能承受的最大亏损范围内进行投资，控制好入市资金量。最后，需要足够长的时间，即经历过低谷和高峰，经历过几个大周期后，对经验教训进行总结升华，形成自己的投资智慧，并谦虚地认同眼前所有的智慧都是动态的。随着时间和阅历的提升，你再回头看之前的智慧，可能就会发现这些智慧只能算作小聪明，这个时候的你，已经在不断成长了。

## 3.5 惰和勤

惰即懒惰、好逸恶劳，缺乏思想和行动。人们对懒惰的理解有一个很致命的误区，即忽略了思想层面的偷懒，只把行动上的不作为称作懒惰，其实思想上的墨守成规是更深层次的懒惰。这个认识误区让大多数人只是看起来很努力，他们拒绝通过思考、学习和改变让自己进步。

勤即勤奋，除了勤快、不怕吃苦，还要具备奋发向上的精神。理财实践中，勤能补拙，即使我们不是金融专业人士，也可以通过后天的勤奋努力让自己成为某一方面的专家。它就像一把钥匙，开启"戒定慧"三学的修炼。

> **Tips:** 到处打听内幕消息，常常参加财富沙龙，出入各种金融机构，都不是真正的勤，而是用勤来安慰自己、寻求依赖的惰。真正的勤是努力挖掘底层真相。

"我要自我忏悔！"严飞站起来说，"我之前因为贪、痴、惰，差一点损失 50 万元。一个老板向我借钱，我贪图高利息，没有去仔细调查和思考，做起了发财梦，差一点就把钱打给他了，真是太傻了。后来，我花了两个礼拜去收集信息、调查真相，才知道这个老板已经在准备跑路了。我之所以说出来，是希望大家能以我为鉴，不管做什么类型的理财都偷不得懒，得勤奋，自己下功夫学习和搞清楚底层的东西，不要碰弄不懂的东西，心态一定要放平，不是每一个机会都是机会，也不是每一个机会你都有能力把握住！"严飞深刻的反思赢得了全场的掌声。与其听一百次成功经验的分享，不如一次失败的教训来得中肯实在。

# 第4章
# 重塑你的理财思维

在接下来的理财思维头脑风暴中，大家畅所欲言，气氛活跃，提出了一些有意思和有意义的问题。比如：到底什么是理财思维？为什么感觉身边都是有钱人，但又听说很多人拖了"平均月薪"的后腿？为什么经常把投资和理财放到一起叫投资理财？两者有什么关系和区别？理财有统一的标准方法吗？学习理财有哪些注意点？理财有没有段位？等等。

> **Tips:** 思维，是人脑对客观现实的本质属性、内部规律的自觉、间接、概括的反映。理财思维反映的对象则限定在理财领域。

本书将理财思维分解为财富分布、理财视角、学习思路、边界误区、独立辩证5个模块进行具体阐述，如图4-1所示。重塑理财思维对修炼内功心法至关重要，它能破除人们对于理财认知的诸多误解，打通财富管理的"任督二脉"，让你的理财实践得以终生受益。

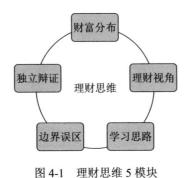

图4-1　理财思维5模块

## 4.1 财富的幂率分布

先讲一下我们身边普遍存在的正态分布现象。正态分布也叫常态分布、高斯分布，具体公式就不说了，用曲线表述更加直观些。如图4-2所示，正态分布的曲线两头低，中间高，像一个钟的形状，也叫钟形曲线，它是统计学术语。

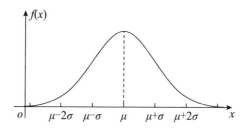

图 4-2　正态分布曲线图

我们熟知的很多事物和现象都表现出正态分布的特征，比如身高、体重、考试成绩、员工绩效等。拿考试成绩来举例，不管哪个班级，不管考几次试，成绩发下来都会发现考 100 分、99 分的总是少数几个，不及格甚至二三十分的极差生也就那么一两个，大多数学生的分数都在 60 到 90 分之间。也就是说，最好和最坏的两个极端是少数，中间普通的学生占大多数，这就是正态分布。身高也一样，成年男性的身高180 厘米往上走，身高越高，人数越少，165 厘米往下走，身高越矮，人数越少，大多数男性身高在 170 厘米上下，同样符合正态分布。

那么财富分布是怎么样的呢？

理想世界中，社会财富也应该是正态分布的，如图4-3 所示，非常有钱的和特别没钱的这两个极端人群很少，拥有中等财富的人占绝大多数。

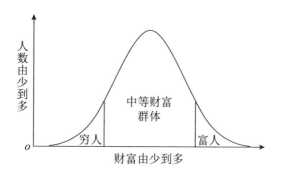

图 4-3　理想世界中的财富分布

然而，现实中 20% 的人掌握了 80% 的财富，拥有中等财富的人远没有你想象的这么多。

财富的多少和身高是两个概念，一个班级长得高的人顶多也就有 200 厘米，不可能长到 300 厘米、400 厘米，矮的人至少也有 150 厘米，不可能只有 20 厘米、30 厘米，所以它的平均身高和大部分人的身高差不多，在 155—175 厘米的范围内。但是财富不一样，贫富差距可以悬殊到让你怀疑人生，富人的财富没有上限，可以是 1000 万元、1 亿元、100 亿元，甚至 1000 亿元，而穷人最穷的可以是 0 元，也可能负债 1000 万元、几亿元、上百亿元。

举例比较有代表性的 7 个人的月薪，分别为 10 万元、5 万元、2 万元、1 万元、8000 元、5000 元、3000 元。他们的平均月薪是 2.8 万元。按照正态分布，大多数人的月薪应该都在 2.8 万元左右，但是现实是月薪 3000—8000 元的人占据了绝大多数。我们之所以觉得自己拖了"平均月薪"的后腿，是因为那 20% 的人太有钱了，他们的财富和穷人一平均，直接拉高了平均收入水平。

> **Tips**：现实中，财富在人群中的分布不是正态分布，而是幂律分布。著名的二八定律就是简化版的幂律分布。

通俗来说，幂律分布可以理解为在某个特定生态中，极少数关键事物产生绝大多数效应，其他绝大多数事物只产生少数效应。比如在商业社会中，极少数富人占据了大量的财富，而大多数普通人与之相比收入远少于他们。它的分布曲线是一条凹形曲线，从最高处开始极速下降，后面拖了一条长长的尾巴，如图 4-4 所示。

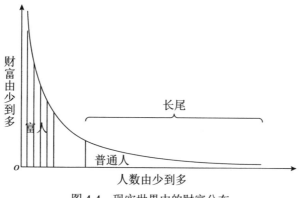

图 4-4　现实世界中的财富分布

幂律分布向我们揭示了头部效应。在某个赛道里，只有挤到前几名，才会获得更多的关注，拥有更多的资源，剩余大部分长长的尾巴能获得的资源非常有限，即"赢者通吃"。

"就像我们做主播的，头部的大主播粉丝成百上千万，开场直播每天轻轻松松赚钱过万。但这些大主播也就那么一小撮，只是那巨大的冰山露出海面的一点点，小主播的数量才是海平面下冰山的真面目，他们能养活自己都已经不错了。只有做成头部的网红才会被人追捧，没人会关心那些'长尾'小主播的不容易，这就是现实。"宋小默深有感触地说道，她从底层主播一路熬到现在的小有名气，切身体会到什么叫幂律分布的头部效应。

"别的行业也一样，我们做销售的，头部销售赚的钱比十个小销售加起来赚的还多，还有各种别人没有的资源，什么参加展会、出国旅游、公司股权……"作为老外贸销售的严飞感慨道。

"飞哥，这么说你每年赚很多钱哦！"梁亭很快接上话。

严飞："惭愧啊，我属于长尾的那一拨，每天看似忙忙碌碌的，其实好好想想，确实远不如我们公司那些金牌销售有拼劲、有头脑。"

幂律分布的特征还告诉我们，决定一件事情成败的关键在于其中核心的20%部分，把它做好了，就能成功80%。这20%里面还有20%更核心的要点，分解下去，最终抓住事物的本质，即抓住4%的关键点（20%×20%=4%），能产出64%的回报（80%×80%=64%）。如果还不够聚焦，再继续寻找核心点，会发现掌握0.8%的核心竞争力（20%×20%×20%=0.8%），就能够产出51.2%的回报（80%×80%×80%=51.2%）。

"本来我一直想不通，我好歹是堂堂985本科毕业生，懂得也不比那些有钱人少，上知天文地理，下知政治时事，会办公软件，学心理管理，能说英语，会讲日语，可工作这么多年，收入还是这么点。而我们老板高中都没毕业，现在开了5家公司，每年赚几百万元。"严飞说，"今天我明白了，以前我的精力用得太散，不聚焦，以至于没有形成自己的核心竞争力。我懂的都只是些皮毛、雕虫小技，跟各个领域的专家比什么都不是。倒也不是学历高低问题，主要还是能不能在一个行业里面做成专家、做到头部！"

后来严飞跟我说，他一定要在自己的本职工作中做出成绩，销售岗位的天花板高，自己也做了十多年了，有一定基础，就当在公司自我创业。自从他想明白后，站在和公司共赢的角度工作，整个人都变得特别有冲劲，公司自然乐见这样的转变，这是一个良性循环。之后的两年里，他的销售业绩翻了一番，收入在20个销售经理里面从原来的第11名提到了第4名。

## 4.2 跳出来看自己

但凡要用到钱，就逃不开理财，只是每个人展现出来的理财的形态不一样。有些人用钱毫无计划，今朝有酒今朝醉，属于无意识的混乱理财；有些人未雨绸缪、精打细算，有意识、有计划地理财；再往深了看，有的人把钱积攒下来进行主动的投资、配置，以期保值增值和防范风险，这就是我们狭义范畴的理财。跳出来看看自己，你属于哪一种人。

如果你是最后一类人，有没有想过，在这些理财的人当中也分段位，从低到高依次为：防守层、逻辑层、圈投层。其中防守层由两类人组成，一类是防骗层，另一类是保守层，如图4-5所示。

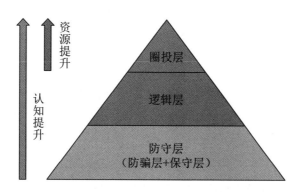

图4-5　理财段位金字塔

### 4.2.1 防守层

这一层的人数最多，有一定积蓄并有主动理财的意识，共同点是缺少相应的理财知识和金融常识。它包含了防骗层和保守层。

这一层的人根据性格不同可大致分为两类人：谨慎保守类型和积极进取类型。

前者厌恶风险，看不懂也不愿意学习新的知识和理念，习惯将钱存在银行或仅购买一些银行理财产品和稳健的货币基金，属于保守层。

后者，愿意接受新事物，尝试新变化，容易受外界影响，但又缺乏理财认知，导致辨别能力不足，从而极易上当受骗。他们以及他们的家人最大的祈祷就是"不要被骗就行"，这里的"骗"除了外部的恶意欺骗和歪曲引导外，还包括自身在制定理财计划时因不了解其底层逻辑而被自己的认知"欺骗"。

另外，横向上，防骗层和保守层并不是绝对不流通的，当保守层开始转变观念或者因为某事突然对财富有较大渴求时会转变成防骗层；同样，当防骗层理财失败，损失惨重的时候，也许会一瞬间一刀切地拒绝所有理财规划而转变为保守层。

纵向上，防守层通过系统学习理财知识，提升认知之后也可以升级为逻辑层。当然，说说简单，做起来不容易，因为同样的文字摆在拥有不同知识结构和领悟能力的人面前，接受和转化的效果是不同的，我们在保持事在人为的必胜信念的同时要认清付出真实努力的必要性。

## 4.2.2 逻辑层

这一层的人在面对外部干扰和复杂选项的决策时能够以金融底层运作规律为依据，通过理性分析而不是人为喜好进行数据分析和利弊预判。

> **Tips：** 逻辑层和防守层的最大区别是，前者不好骗。

下面举一个真实案例。

某平台："老板，我们这个投资产品收益率很高，投 10 万块钱，一个月后就能还你钱，利息还有 1 万块钱。很多人都买了，额度有限，先到先得！"

保守层："我听不懂，反正我就存银行，别人都是骗子，不用跟我说了。"

防骗层："真有这么高？王阿姨也在你们这里投了啊，她拿到 1 万块钱了吗？你们会不会是骗人的？"

逻辑层："你们是什么机构？钱打给哪个公司？有没有文字版的项目说明和合同版本？如何确保资金最终如实投到你所说的项目里？一个月收益 1 万元，一年赚 12 万元，投 10 万元的收益率有 120%，巴菲特怎么不投你们这么高收益率的项目？开玩笑！"

某平台："放心，不会骗你，这个是新能源电池项目，相当于短期众筹，很安全，就是某某公司。你也知道，这是很大的公司，下载他们这个App，在线上直接投就行。他们就这阵子在融资，过了这几天就没了。"

防骗层："这个公司我知道的，还能送我免费旅游吗？"

……

防骗层（听完话术后）："这个App怎么用？钱怎么打过来？"

逻辑层：已看清对方是人是妖，并全程收集好录音或聊天证据。为论证自己的判断，找到平台所说的某某公司官网，打电话核实是否有此项目，并提醒对方可能有人正假借其名义从事非法诈骗活动。

该案例属于明显的容易识别的诈骗活动，对于很多更为隐蔽的骗术，只要你具备缜密的逻辑思维能力和理财认知，同样能够找到其中的漏洞和矛盾点。

逻辑层可以再往上升级到圈投层吗？

说实话，如果逻辑层的人在做调研和决策时没有做到客观理性和勤勉审慎，而是被贪欲、惰性、自负左右，就会一不小心掉到防骗层。理论上，逻辑层的人很难再上升到圈投层。

### 4.2.3　圈投层

圈投层包含两类人：圈层投资人和圈层投资专家。这两类人分别有两个门槛，对于圈层投资人，第一个门槛是你得足够有钱，第二个门槛是你得有优质项目的直投圈子，如图4-6所示。

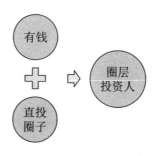

图4-6　圈层投资人门槛

"具体说说看，什么叫有钱？什么算是直投圈子？这个我感兴趣！"全场穿戴最豪气的餐饮店老板杜建国一边嚼着口香糖一边说。他不知道坐在他右后方的李辉其实就是圈层投资人，李辉早年靠房地产起家，是一家上市公司的二股东，来我这里参加分享会时从来不说话，也事先打好招呼让我不要介绍他。李辉打量了一下杜老板。

"具体需要有多少钱没有固定标准，少则几百万元，多则几千万元，甚至上亿元，除了有钱之外，还需要有优质项目的直接投资渠道。最快速简单地获取投资渠道的方法是将钱投资到排名靠前的私募股权投资机构或者私募证券投资机构。例如大家熟知的高瓴资本、红杉中国、景林资产等。再往上的圈层投资人，其拥有的财富更多，接触的投资渠道更为高端。什么叫高端？打个开玩笑的比方，你和前述三家顶级投资机构的老板或高管是好朋友，随时可以约茶聊天，或者直接认识独角兽企业的实控人，能单独约见他们本人，交流下一轮融资的具体细节。"我刚说完，杜老板举起右手调高嗓门："荃老师，我们会后单独交流吧！"一边说一边用眼睛扫了一下四周。

对于圈层投资专家，第一个门槛是你得足够专业，第二个门槛是你得有优质项目的操盘资历，如图4-7所示。

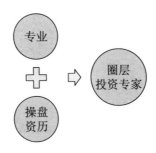

图4-7　圈层投资专家门槛

对这类人包括知名私募投资机构的老板及主要团队成员，当然，不一定只有私募投资机构，优质的公募基金、家族办公室、私募对冲基金、另类投资机构等的操盘团队都属于圈层投资专家，他们接触大量优质标的资产，有着丰富的投资经验，这些专业和阅历的积累需要付出巨大的努力和长时间成功与失败的金融实践。

## 4.3　如何学习理财?

前面已经提到，学习理财就像武侠小说里的修炼武功，分为内功心法和外功技战术两大体系。内功心法决定你的心态、思想和行为，它是修炼外功技战术的基本功，是理财成败关键中的关键。

内功心法分三大块:驾驭人性、理财思维、财富哲学。其中驾驭人性和理财思维是我们讨论的重点,财富哲学更多需要每个人在实践中感悟、总结、升华,为己所用。

在苦练内功的基础上，理财江湖的各大门派有各自的武功绝学，对应着各自不同的外功招式，将它们融会贯通，形成理财的系统战术，可以提高自身的综合理财能力，提升在江湖的地位。

至此，理财地图已渐渐展开，如图 4-8 所示。

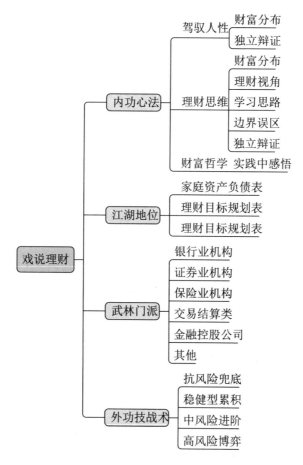

图 4-8　理财地图

梁亭："学习理财和修炼武功还真的很像，我觉得不仅学习理财如此，学习其他任何知识、技能也是一样的，都必须内外兼修才行。"

我："关于如何学习理财，你们觉得还有没有漏些什么？"

"我看挺全了，难不成你还藏着掖着些什么？"严飞笑着说完，其他人也跟着哈哈大笑。

"漏了源头。"我补充说，"武林门派的功夫很多，学哪个门派的功夫，哪个师傅教你功夫，区别可就大了，是祖师爷直接教你还是下面的弟子教你，拜的是名门正派的师傅还是歪门邪道的师傅，这些都直接影响你的修为，即通过什么渠道学习理财，直接影响一个人的理财建树，也是每个人必须做的首要选择。"

学习理财，必须正本清源

如果具备辨识能力，相信没有人会加入邪教，拜个无能师傅。可惜现实中真伪善恶高下难辨，"邪教"们打着"名门正派"的幌子招摇撞骗，无能之辈冒充大师招徒牟利，普通老百姓难免不踩坑。正本清源是当务之急。

理财没有统一的标准和方法。本书作为一本理财方法论的书，以摆渡人的角色定位为大家引路点拨、搭桥树塔，但大家建立理财框架和认知基础后仍需各自寻找针对某一门功夫的专业书籍或课程进行深入研习。

> Tips: 在阅读本书时，务必以独立辩证的思维来判读，取其精华，去其糟粕。

至于如何寻找靠谱的渠道学习，推荐以下四类供参考。

（1）考证渠道。

本着抓重点、打七寸的原则，理财涉及的传统金融知识点主要包括银行类、证券类、保险类。因此盯着这三类从业资格考试科目所要求掌握的知识大纲来学习，是深度自学理财非常有效的途径。比如银行从业资格考试、证券从业资格考试等，虽然有些资格考试已经取消，比如保险代理人、保险经纪人等，但同样可以找到由规范的机构推出的其他认证类考试。

有一点需要说明，除非对考证有兴趣或者想通过考证逼自己学习，否则不一定非要参加考证，买到某类资格考试指定书籍进行学习才是关键，即购买考证指定教材作为学习理财的教育用书。

此类渠道为非从业人员变为从业人员的过关考试，有较强的实用性，难度适中，比较适合初学者进行进阶学习，补充金融常识。

（2）官网及其他正规网络渠道。

中国人民银行官网、国家金融监督管理总局官网、中国证券监督管理委员会官网、中国金融期货交易所官网、中国银行业协会官网、中国证券业协会官网、中国保险行业协会官网、中国保险资产管理业协会官网、万德、彭博、Capital IQ、金融经济学网站、晨星资讯、天天基金网、巨潮资讯、理财教育网等。

以上仅选取了一小部分规范的网站，有些是金融行业监管网站，有些是金融资讯网站，也有理财学习网站。

（3）理财类书籍。

相较于网上鱼龙混杂的理财培训课程，书籍出版物更为规范严谨，阅读书籍建议做好笔记，将书本输出的内容通过自己的消化总结整理出框架来，把书读薄，然后对照目录把块状知识点串联起来，形成知识体系。书不在多，贵于精。

（4）知名金融人士自媒体。

知名金融人士的微博、公众号、抖音号等自媒体内容的优点是通俗易懂、时效性强、痛点鲜明，缺点是信息碎片化、文案焦虑化，对系统建立知识体系作用有限，适合在理论知识学习以外作为理财实践的补充。

# 4.4　理财的边界

理财分为狭义理财和广义理财，根据理财的本质来看它与投资、金融的关系，来界定它与我们生活链接的广度和深度。理财的边界感越清晰，理财思维就越能被准确地运用到生活的方方面面，服务我们的人生。

首先，如何认清金融、投资、理财三者的关联和区别？

用一堆概念、定义来解释它们之间的关联和区别可能不太容易理解，打比方或许更浅显易懂。

理财就像开车，好好理财相当于好好开车，不但要能准时到达目的地，还要开得稳、坐得舒服。根据钱的多少，所用的理财工具也不同，就像有钱人开好车，钱少的人开便宜点的车。另外，理财的目的不同，使用的理财工具也不同，想要稳一点、收益确定一些的人，用债券工具。想要分散风险、保住本金的人，买保险产品。这就像想要游山玩水的人开越野车，想要谈生意接客户的人开商务车。结果也很像，理财亏损就像车开着开着翻车了、出事故了，不管理财还是开车都必须做好风险管理。

投资和理财是一样的吗？经常听到"投资理财"4个字，把它们放一起说，它们之间又是什么关系？理财像开车，投资是懂车。投资专家就像汽车修理工、汽车工程师，他们知道发动机、变速箱的工作原理，知道车哪里出问题了、怎么修、怎么改装。如果是普通人，不一定要懂怎么修车，但至少要会开车，车子出问题了能知道大概的原因，知道如何保养汽车。这也就是我们说的，学习理财要知道它底层的投资标的是什么，怎么看投资标的的好坏。虽然你不需要对投资标的进行现场尽调、草拟投资协议，但你最好要了解你投的是什么，风险点在哪里。

那么金融是什么呢？金融就是车。

接下来讨论一下"你以为的理财"和"你忽略的理财"。

理财的边界在哪里？哪些是理财行为？——我在白板上写下这些字供大家讨论。

"炒股票、买基金、买理财、保险，不就是这些吗？还用问啊！"杜老板伸了伸懒腰说。

"既然能这么问，肯定不止这些，买房子、买黄金应该也算吧。"严飞补充了两点。

"你们说的都算，也是我们通常意义上狭义的理财，但理财其实远不止这些，明白理财的边界在哪里，就能让它更好地为我们服务。"

理财的边界可以从它的本质上找答案。之前我们讲到理财的本质是从财务角度服务人生，具体来说就是12个字：开源节流、资源配置、风险控制。但凡在生活中和钱有关的行为，也都和理财有关，开源节流对应收支，资源配置对应用处，风险控制对应防范。从本质来看，理财的边界很广，股票、基金、保险只是其中的一小部分，如表4-1所示。

表4-1　狭义理财和被忽略的理财

| 理财边界 | 狭义理财 | 被忽略的理财 |
|---|---|---|
| 开源节流（收支） | 1. 在风险可承受范围内，尽可能选择收益高的产品。<br>2. 在激进型、混合型、保守型产品类型之间做权衡选择。<br>3. 通过合理避税，减少税赋支出。<br>4. 在同类产品中选择管理费、认购费等费用较小者 | 1. 像治理公司一样对自己的收支进行表格记录和总结。<br>2. 通过提高主业工作的竞争力来提升收入。<br>3. 在主业收入达到天花板后，通过副业或复制主业来增加收入。<br>4. 对很多人来说，与其研究哪个产品收益更高，不如减少不必要的开支，后者更实际、效果更明显 |

| 理财边界 | 狭义理财 | 被忽略的理财 |
|---|---|---|
| 资源配置（用处） | 1. 在现金、债券、股票、基金、保险、期货等选项之间做配置。<br>2. 对是否进行衍生金融资产、另类资产投资做决策。<br>3. 各类型金融资产配置的时点、比例、金额、期限、组合等策略。<br>4. 国内资产和海外资产配置比例 | 1. 导致财富迅速减少的因素中，创业排第二，虽然创业成功可以让财富暴增，但概率太小，绝大部分人创业是失败的。好好想想自己是不是这块料，谨慎选择此项资源配置，即使非要创业，也务必从轻投资。<br>2. 子女是最大的财富，增加子女教育规划和子女保险投资比重。<br>3. 无子女的增加养老资产配置，但重点区分各保险产品之间的利弊。<br>4. 重新评估投资性房产的配置比例，降低负债率 |
| 风险控制（防范） | 1. 了解各金融资产的担保措施和风控条款并以此做出判断。<br>2. 通过买入与目标资产收益波动负相关的某种资产或衍生品，进行风险对冲。<br>3. 利用保险产品进行风险转移 | 1. 导致财富迅速减少的因素中，被骗排第一，可投资资产 100 万元以内最有效的风险控制方法是减少贪欲、少投少错。聚焦银行理财、知名基金和保险，其他不要多想。<br>2. 警惕币圈投资风险。<br>3. 影视投资等其他另类投资，不是直接、正规的渠道资源不要碰。<br>4. 避免与不正规的投资机构、培训机构或个人接触，有效方法是自上而下，主动去接触正规机构的财富顾问，屏蔽一切骚扰。<br>5. 通过学习专业知识、运用逻辑推理对拟投项目做判断，切勿感性投资 |

# 4.5 独立和辩证

用独立和辩证的思维看待万事万物一直是本书极力推崇的处事方式，世界太复杂，套路变化太快，只有不断提高自己的认知并抓住事物核心，才能尽可能地做出客观判断。

"很多人也想独立思考，但是他们懂得少，你让他们怎么独立？特别是老年人，像我这样的年轻人，不懂金融也只能听别人的意见，更何况年纪大的人。"宋小默想知道接地气的、马上能拿来用的方法。

"教你一个办法，每个人都能用。"我觉得她的问题很好，所有理论性的东西如果不能被拿来用，都是空谈，"如果我们自己知道得不多，没法独立思考，我们可以借用'别人的独立思考'。我们要做的是一五一十地记录下某个人的观点和建议，问清楚他为什么会得出这个观点。然后我们可以离开了，当场不做任何决定。紧接着我们可以拿着记录去问几个行业内的专家，听听他们对这个人的观点和建议持什么看法。打个比方，有人跟我们推荐一款理财产品，让他先尽情地发挥，你做记录，然后你拿着笔记去问银行的专业人士，或者其他持牌金融机构的专业人士，比如券商、信托的专家。最好问和此人有业务竞争关系的专家，多问几个，听取每个人的意见，让他们相互'切磋'、相互'揭短'，借用这些人的反馈，相信这款理财产品的真面目就已经被拼凑得七七八八了。如果我们有心，就再把这些专家的观点琢磨一下，看看里面的逻辑通不通，最后形成自己的判断。"

"我妈那个时候能这么做的话就不至于这样了，唉！"严飞感叹道。旁边的梁亭好奇地问："飞哥，你妈怎么了？""没，没什么，是我妈喜欢乱买保健品……"严飞打哈哈糊弄过去了，他不想让人知道他妈亏钱的事。

我："我说的这个方法是下策，上策还是建议大家进行系统的学习。比如理财知识、法律常识，独立思考需要有知识积累和经验积累做铺垫。"

---

Tips: 辩证思维要求我们用全面的眼光、发展的眼光来看待理财。

---

金融投资大师索罗斯发现人们对世界的观察永远都只是片面的、有偏差的，导致做的决策也容易以错误认知作为判断依据。这种易错性的存在需要我们重新理解自身认知的局限，辩证地看待曾经犯过的错误和在未来理财实践中的改进。

从现实指导层面来说，一方面，当理财认知处于初级阶段时，对应的理财工具应相对简单，随着认知的加深，再逐渐扩展到复杂的领域。另一方面，在不同的人生阶段，需要实现的理财目的是不同的，不同的资产水平所需的理财服务也是不同的，要通过辩证思维为自己找准定位，定位准了，差异化的理财战术才能奏效。

第 3 篇

# 江湖地位

　　一个人或一个家庭，其实就是一家迷你公司，同样存在着资金使用效率低下、核心竞争力缺失、自我管理混乱等问题，只是人们不习惯用管理公司的方式来管理自己，但这其实不失为一种很有效的、很酷的方法。

# 第5章
# 财务体检

记录和分析好家用资产负债表、家用收支记录表、理财目标规划表这3张表，能够让自己清楚地知道：钱是怎么到口袋里来，又是怎么从口袋里流出去的，都流去了哪里，该不该这么花钱，从哪些方面进行改善最为高效。

## 5.1 像管理公司一样管理自己

理财分享会结束后，动作最快的要数杜建国，他追着宋小默要了微信，宋小默走过来问问题，他跟在后面。

"杜老板，你这是要跟我会后单独交流？"我看看他再看看宋小默，开玩笑地说。

"宋小姐应该是有问题要问你，女士优先啊，我改天请你喝茶，再向你请教啦，今天先旁听一下！"杜老板油腔滑调地说。我看看宋小默，征询她的意见。

"呃，没关系荃老师，我想问一下，我看到坐我旁边的那个女生，刚才拿着几张表格在看，好像是什么理财规划的表格，她说是你给她的，我觉得挺有用的，能给我一份吗？"说曹操曹操到，宋小默正说着，梁亭跟着严飞走了过来，我顺便把他们介绍给了大家，在四个人相互寒暄之际，我给他们每人拿了一份空白表格。

"这个表格很像我们会计做的报表嘛，但好像又不一样，有什么用吗？"杜建国把手指放到舌头上蘸了一下，边翻纸边说。

一家企业用资产负债表、利润表、现金流量表等会计工具来反映它过去的生产经营情况以及资金的使用情况，为各个部门的绩效考核提供数据支撑，帮助老板找出企业存在的问题，把握企业经营决策的正确方向。我们也可以用适用于个人的表格来管理自己或家庭。

> **Tips：** 当我们像管理公司一样管理自己的时候，就会发现很多隐藏在表面之下的财富秘密。数字不会说话，但它比你更懂你。

我们不能直接把公司的报表用到自己身上，但可以根据个人和家庭的现实场景，用简化和改良后的家用资产负债表、家用收支记录表、理财目标规划表3张表格来记录和反映个人／家庭的经济状况，给自己做个全面的财务体检，如表5-1、表5-2、表5-3所示。

"太好了！这表格正是我想要的，是该好好梳理一下我的财务了，虽然每天粉丝打赏不少，但是总留不住钱。"宋小默接过表格，一边看一边说，"我身边的同行也有之前赚到钱的，后来稀里糊涂地被忽悠着开自媒体公司，又合伙做生意，结果把钱全砸进去了，还有一个大手大脚地买豪车、买包包，也没剩几个钱，我可不能像她们一样，这碗饭不知道还能吃多久……"

"之前你给梁亭的时候我还没注意。"严飞说，"这些表格挺实用，有空了我去理理。"

"管饭店、管厨师我拿手，管钱不行啊，以前离婚分财产的时候我真奇了怪了，赚来的钱都哪去了？早知道当时记一下帐了。"杜老板挠了挠头，皱着眉头说，"这些表好是挺好的，就是字有点多，我不习惯看字，你说给我听吧。"

我："这3张表格包括了不同家庭可能会涉及的资产类型和项目类别，实际操作中每个人可以根据自己的状态进行调整，没有涉及的删掉就行了……"

表 5-1 家用资产负债表

（单位：万元）

**资产**

| 类别 | 项目 | 备注 | 年初数 | 期末数 |
|---|---|---|---|---|
| A 流动资产 | 活期/现金 | 含手机余额 | | |
| | 货币基金 | | | |
| | 短期定存 | | | |
| | 预付账款 | 超市卡、美容卡等的金额 | | |
| | 短期债权等其他 | 借出钱等的金额 | | |
| | 流动资产总计 | | | |
| B 金融类资产 | 长期定存 | 本金、期限、利率 | | |
| | 股票 | 本金 | | |
| | 债券 | 本金、期限、利率 | | |
| | 基金 | 本金 | | |
| | 私募股权基金 | 本金、期限 | | |
| | 保单现金价值（预估转让价） | 借出钱等的简单概要 | | |
| | 实体股权（预估转让价） | 本金 | | |
| | 其他 | | | |
| | 金融类资产总计 | | | |
| C 固定及实物资产 — C1投资资产 | 投资性住宅 | | | |
| | 投资性商铺 | | | |
| | 黄金、藏品等实物 | | | |
| | 其他 | | | |
| C 固定及实物资产 — C2自用资产 | 自用住宅 | | | |
| | 自用汽车 | | | |
| | 其他 | | | |
| | 固定及实物资产总计 | | | |
| | 总资产 | | | |

**负债**

| 类别 | 项目 | 年初数 | 期末数 | 备注 |
|---|---|---|---|---|
| D 流动负债 | 信用卡欠款 | | | 金额、还款期限 |
| | 花呗欠款 | | | 金额、还款期限 |
| | 短期消费贷款 | | | 金额、还款期限 |
| | 短期债务等其他 | | | 欠钱金额、期限 |
| | 流动负债总计 | | | |
| E 长期负债 — E1投资负债 | 投资性住宅贷款 | | | 债权人、还款期限、利率 |
| | 投资性商铺经营贷款 | | | 债权人、还款期限、利率 |
| | 自住房抵押经营性贷款 | | | 债权人、还款期限、利率 |
| | 经营性信用贷款 | | | 债权人、还款期限、利率 |
| | 实体企业个人债务部分 | | | 概述要点 |
| E 长期负债 — E2自用负债 | 民间借款等其他 | | | 债权人、还款期限、利率 |
| | 自住房按揭贷款 | | | 债权人、还款期限、利率 |
| | 汽车按揭贷款 | | | 债权人、还款期限、利率 |
| | 装修贷款等其他 | | | 债权人、还款期限、利率 |
| | 长期负债总计 | | | |
| 实用指标 | 流动类资产净值 | | | 流动类资产净值=A-D |
| | 流动口资产负债率 | | | 流动口资产负债率=D/A |
| | 投资口资产净值 | | | 投资口资产净值=14+C1-E1 |
| | 投资口资产负债率 | | | 投资口资产负债率=E1/（14+C1） |
| | 自用口资产净值 | | | 自用口资产净值=C2-E2 |
| | 总净值 | | | 总净值=总资产-总负债 |
| | 资产负债率 | | | 资产负债率=总负债/总资产 |
| | 总负债 | | | |

# 表 5-2 家用收支记录表

20××年　单位：元

## 收入

| 项目名称 | 项目名称 | 备注 | 总额 | 月均 | 总占比 | 01月 | 02月 | 03月 | 04月 | 05月 | 06月 | 07月 | 08月 | 09月 | 10月 | 11月 | 12月 |
|---|---|---|---|---|---|---|---|---|---|---|---|---|---|---|---|---|---|
| A 主动收入 | A1. 工薪收入 | 1. 固定工资 | | | | | | | | | | | | | | | |
| | | 2. 绩效奖金 | | | | | | | | | | | | | | | |
| | | 3. 其他福利 | | | | | | | | | | | | | | | |
| | A2. 副业收入 | 4. 兼职收入 | | | | | | | | | | | | | | | |
| | A3. 经营收入 | 5. 生意进账 | 净利率 | | | | | | | | | | | | | | |
| | | 6. 股权分红 | 本金 | | | | | | | | | | | | | | |
| | 主动收入总计 | | | | | | | | | | | | | | | | |
| B 被动收入 | B1. 金融理财 | 7. 固定收益 | 本金 | | | | | | | | | | | | | | |
| | | 8. 股票浮盈 | 本金 | | | | | | | | | | | | | | |
| | | 9. 基金浮盈 | 本金 | | | | | | | | | | | | | | |
| | | 10. 其他浮盈 | 购价和市价 | | | | | | | | | | | | | | |
| | B2. 另类投资 | 11. 房租收入 | 本金 | | | | | | | | | | | | | | |
| | | 12. 私募股权浮盈 | | | | | | | | | | | | | | | |
| | | 13. 实体股权分红 | 本金 | | | | | | | | | | | | | | |
| | | 14. 其他另类收入 | | | | | | | | | | | | | | | |
| | B3. 其他 | 15. 版权费/稿费等 | | | | | | | | | | | | | | | |
| | | 16. 中奖/受赠 | | | | | | | | | | | | | | | |
| | 被动收入总计 | | | | | | | | | | | | | | | | |
| 可预期收入（A/A1/A2/A3+7+11+13+15） | | | | | | | | | | | | | | | | | |
| 可预期盈余（可预期收入-可预期支出） | | | | | | | | | | | | | | | | | |
| 财务自由度（被动收入-支出） | | | | | | | | | | | | | | | | | |
| 月均收入偿债比（29/A） | | | | | | | | | | | | | | | | | |
| 总收入（A+B） | | | | | | | | | | | | | | | | | |
| 总盈余（总收入-总支出） | | | | | | | | | | | | | | | | | |

## 支出台账

| 项目名称 | 项目名称 | 备注 | 总额 | 月均 | 总占比 | 01月 | 02月 | 03月 | 04月 | 05月 | 06月 | 07月 | 08月 | 09月 | 10月 | 11月 | 12月 |
|---|---|---|---|---|---|---|---|---|---|---|---|---|---|---|---|---|---|
| C 可预期支出 | C1. 衣 | 17. 服装支出 | | | | | | | | | | | | | | | |
| | | 18. 妆容首饰 | | | | | | | | | | | | | | | |
| | C2. 食 | 19. 日常吃饭 | | | | | | | | | | | | | | | |
| | C3. 住 | 20. 水电网气 | | | | | | | | | | | | | | | |
| | | 21. 房租/物业费 | | | | | | | | | | | | | | | |
| | C4. 行 | 22. 车辆维保 | | | | | | | | | | | | | | | |
| | | 23. 公共交通 | | | | | | | | | | | | | | | |
| | C5. 用 | 24. 日常用度 | | | | | | | | | | | | | | | |
| | | 25. 养儿教育 | | | | | | | | | | | | | | | |
| | C6. 养 | 26. 赡养老人 | | | | | | | | | | | | | | | |
| | | 27. 进修培养 | | | | | | | | | | | | | | | |
| | | 28. 运动养身 | | | | | | | | | | | | | | | |
| | C7. 融 | 29. 房贷/经营贷等 | | | | | | | | | | | | | | | |
| | | 30. 保险 | | | | | | | | | | | | | | | |
| | | 31. 理财/创业支出 | | | | | | | | | | | | | | | |
| | 可预期支出总计 | | | | | | | | | | | | | | | | |
| D 浮动支出 | C8. 医 | 32. 医疗支出 | | | | | | | | | | | | | | | |
| | C9. 社 | 33. 人情往来 | | | | | | | | | | | | | | | |
| | | 34. 社交公关 | | | | | | | | | | | | | | | |
| | C10. 娱 | 35. 吃喝游玩 | | | | | | | | | | | | | | | |
| | C11. 购 | 36. 大件支出 | | | | | | | | | | | | | | | |
| | 浮动支出总计 | | | | | | | | | | | | | | | | |
| 总支出（C+D） | | | | | | | | | | | | | | | | | |
| 浮动比率（总支出/总收入） | | | | | | | | | | | | | | | | | |
| 结余比率（总盈余/总收入） | | | | | | | | | | | | | | | | | |

表 5-3　理财目标规划表

单位：万元

| 序号 | 目标项 | 去年底<br>（20××年） | 第 1 年底<br>（20××年） | 第 2 年底<br>（20××年） | 第 3 年底<br>（20××年） | 第 4 年底<br>（20××年） | 第 5 年底<br>（20××年） |
|---|---|---|---|---|---|---|---|
| 1 | 核心竞争力 | | | | | | |
| 2 | 行动概述 | | | | | | |
| 3 | 主动收入 | | | | | | |
| 4 | 被动收入 | | | | | | |
| 5 | 总收入 | | | | | | |
| 6 | 总支出 | | | | | | |
| 7 | 总盈余 | | | | | | |
| 8 | 财务自由度 | | | | | | |
| 9 | 月均收入偿债比 | | | | | | |
| 10 | 总资产 | | | | | | |
| 11 | 流动资产 | | | | | | |
| 12 | 金融类资产 | | | | | | |
| 13 | 投资类资产 | | | | | | |
| 14 | 自用资产 | | | | | | |
| 15 | 总负债 | | | | | | |
| 16 | 流动负债 | | | | | | |
| 17 | 长期负债 | | | | | | |
| 18 | 资产负债率 | | | | | | |

## 5.2  我的 3 张表格

### 5.2.1  家用资产负债表分析

第一张家用资产负债表，反映你的家底都由哪些类型的财富组成，资产结构合不合理，能不能给你带来额外收入，负债有哪些，负债类型是否会影响到你的生活。

其中，资产方面主要分流动资产、金融类资产、固定及实物资产。

流动资产包括手机微信和支付宝里的余额，买的货币基金，办的健身会员卡、美容卡、理发卡、超市卡、洗车卡等已经预付过现金的款项，还有借给亲戚朋友，期限在一年以内的借款。这块要注意预付账款和借款的金额不宜太高，前者是生不了利息还有可能跑路的充值金额，即使消费有折扣，也尽量注意期限不要过长，后者是借给别人的钱，在实际统计中成为坏账的概率比银行坏账的概率要大很多，追讨难度也较大。

金融类资产有比较典型的理财属性，要关注各产品在总资产里的比重，做好风险分散，例如不要把所有的金融类资产都投向股票或者只选择长期存款，这是两个极端。

> Tips：金融类资产要注意它的底层投向是什么，投资的渠道是不是正规，例如私募股权基金，该基金管理人是否在业内知名，投资历史业绩如何，底层投向是投单个企业还是多家企业，行业之间有多少风险相关性等。

固定及实物资产又细分为两类，一类是自己用的、住的，比如自己开的家用汽车，自己住的房子；还有一类是投资用的，如投资的店铺、住宅等，目的主要是用来收租金并等着它涨价，现阶段投资房地产的收益已经不像之前那么高了，很多非核心城市中非核心地段的房子处于有价无市的状态，成交价比挂牌价低很多的现象层出不穷。店铺的投资更需谨慎，即使是原先的旺铺也正在受到网络的冲击和经济下行的影响。如果买下店铺后自己经营，则在此处归为自用类。黄金、藏品类目可以将购入时的金额记录在备注栏上，在年初和期末记录当时的市价预估值，不一定要非常精确，以适当低估变现金额为原则，这样往往更符合实际情况。

流动负债以一年内短期负债为主，在备注栏注明信用卡、花呗等的消费日期和还款日期。该透支类产品都存在一定时间的免息期，少则 20 天，多则 50 多天，可以巧妙利用好免息期。能在不支付利息的情况下延长现金的支出时间，相当于变相赚到了存款利息。

长期负债也分为投资类负债和自用类负债。自用类负债好理解，如住房按揭、家用车按揭等。投资类负债中因投资房产、商铺而申请的商业贷款较为常见，对于创业者或者经营企业的人来说会涉及用个人的资产做抵押，把钱贷出来用于创业或者企业经营，这类的贷款也被记录在此类目中。

再说一下实体企业个人债务部分，它指的是企业产生负债时，个人在该笔负债中需要承担的债务比例。举个例子，甲和乙合开 A 公司，甲是老板，占股 60%，乙占股 40%，注册资本 100 万元，但这是认缴的注册资本，双方都没有实缴到位，后来的某一天，A 公司向银行申请贷款 1000 万元，银行没有让个人签无限连带责任担保，就给 A 公司放款了 1000 万元，那么，万一最后 A 公司还不上这 1000 万元，倒闭了，甲需要补足注册资本 100 万里的 60%，也就是 60 万元。这 60 万元即是甲需要记录在实体企业个人债务部分当中的金额。话又说回来，除非你的企业非常优秀，银行求着放贷款给你，否则银行都会拉上实际控制人夫妻俩，也就是老板和老板的配偶，签订无限连带责任担保。这个时候，万一企业还不了 1000 万元，对不起，你作为老板跑不了，你的老婆也跑不了，都得承担这 1000 万元的债务。在这种情况下，实体企业个人债务部分这栏里，你需要填上 1000 万元。切记这个例子，现实中很多老板都栽在这里。

关于民间借款，我要提醒一下人家，不要向很多人借钱，不要乱来。如果还不上容易被定性为非法集资。这里友情贴出非法集资罪的立案标准。

（1）个人非法吸收或者变相吸收公众存款三十户以上的，单位非法吸收或者变相吸收公众存款一百五十户以上的。

（2）个人非法吸收或者变相吸收公众存款数额在二十万元以上的，单位非法吸收或者变相吸收公众存款数额在一百万元以上的。

（3）造成恶劣社会影响的。什么是非法什么是合法？怎么样算造成恶劣社会影响？这里没有精确的量化标准……总之，别乱来。

严飞："原来一张表格能反映这么多东西，还顺带上了堂法律课，哈哈！收获不小！"

杜建国："想不到贷款还有这些门道，我以前也签过无限连带责任担保，当时怎么没人跟我说这些……还好我后来还上钱了。"

宋小默："实用指标……这个是什么？"

实用指标中的资产类别根据其使用目的，被划分为投资性资产和自用性资产，之前划分的金融类资产、固定及实物资产是以资产状态来区分的，两种划分方法是从不同的角度来分析财富的分布结构。

流动类净值是维持自身日常生活开支现金流的重要指标，如果出现负值，一定要关注流动负债的各个还款期限和利息支出，防止家庭出现债务危机。

流动口资产负债率的比例在 30%—70% 之间属于正常范围。

投资类净值 = 实体股权 + 投资资产 − 投资负债

做好实体股权的转让估值，也可以按照企业净资产的对应股权比例来计算，尽量保守估计，以免盲目乐观导致数据失准。

投资口资产负债率 = 投资负债 /（实体股权 + 投资资产）

该负债率保持在 60% 以下是较为良好的状态，切勿负债过高甚至以资不抵债的方式来进行投资。很多家破人亡的教训都是掏空了所有积蓄，抵押了自己的房子甚至加上民间外债进行创业或投资，失败后无家可归，让家人和孩子失去了最后的保障。

家用住房、车辆等的贷款在收入改善的情况下优先偿还，过去房地产热的时期，很多家庭有钱就去买房付首付，这一做法在经济回落、地产降温的周期需格外谨慎。

> **Tips：** 部分地方出现的房地产有价无市的局面很可能导致一个家庭的固定资产隐性缩水，一旦再遭遇下岗失业，整个家庭遭受的打击将是致命的。

总之，在没有快速增值的固定资产或优质实体项目可投的情况下，优先将收入用于偿还负债，金融类资产的持有以还清高利息贷款为前提，除了住房按揭贷款，在尚未还清其他贷款之前不要惦记着股市、债市、私募基金。

## 5.2.2　家用收支记录表分析

第二张家用收支记录表，对你的收入和支出进行记录和分类，让你更清晰地知道自己靠什么赚钱、离财富自由还有多远、钱都花在了哪里、每个月的开支情况，对自己的现金流能有一个直观的监测和分析。

第二张表和第一张表一样的"赤裸裸"，第一张表把你的财富家底扒得一清二楚，第二张表把你的家底是怎么积累起来的暴露得一览无遗。

每个人的收入，可以大致分为主动收入和被动收入。

主动收入，指你主动追着钱跑才能得到的收入，需要花时间来换取金钱。比如上班族每天花 8 小时、10 小时，甚至 "996" 的时间工作来获得薪水，不上班就没有钱拿；开店的老板每天得守着店里的生意或花时间进货、搞促销才能有钱赚。

主动收入还能细分为工薪收入、副业收入、经营收入。职场人士、兼职跑腿、企业老板等都可以自动对号入座。

被动收入，指钱自己跑来找你的收入，前期投入过资金或付出过努力，后期不需要花多少时间和精力就能有现金源源不断地流入。比如房租收入，买了房子出租或者干脆不买房子做二房东，都能有机会实现被动收入；投资有潜力的公司股权，等着它发展壮大享受分红或者等待上市赚取高额回报；写书赚稿费或编曲子赚版权费，等等。

在填写被动收入时可以在备注栏记录当时付出的成本，以便和收益作对照。

在主动收入和被动收入之间还有一类收入值得我们"测量"，那就是可预期收入。

可预期收入，代表你能预见的、稳定的现金流入，这对于规划开支有重要意义。意外之财何时砸中自己谁也不知道，可预期收入是你打仗时候的"正规军"，也是值得重点培养提升的一类收入，包括主动收入、投资固定收益的金融产品、房租收入、实体股权的分红以及版权费、稿费等。

> **Tips：** 一个人的被动收入能覆盖他所有支出时，即代表他实现了财富自由。这是很多人的终极理想。

支出大体分为两类，可预期支出和浮动支出。右边的流水栏可以写上每个月对应项目开支的金额，记录你的钱都去哪儿了。

可预期支出，指的是可以预料的支出金额，肯定得支付的钱，而且基本不会有什么大的变化，比如汽油费、地铁费、买菜钱、孩子兴趣班的花销、贷款利息支出等。

可预期盈余，是可预期收入减去可预期支出部分，它和总盈余作对比，是在没有预料外收入和支出的情况下能节省出来的钱，这些钱一部分放入流动资产，备着作浮动支出，剩余部分可以考虑投入金融类资产。

浮动支出，指预料外或者较难估计的花销，比如朋友结婚要随份子，请客应酬，趁天气好出去玩一下等。

这张表格有一个指标比较关键，即"月均收入偿债比"，指的是每月所有债务支出占所有收入（按主动收入来计算更保险）的比例。通常来说，对于单身的人，这一比例最高不超过60%，对于已婚已育的人，这一比例建议不超过40%，否则会影响生活质量。另外，随着年龄增长，比例应下调直至为零，以减小不确定风险。比如一个单身青年月收入1万元，每月还贷款的支出最好控制在6000元以内，如果一个家庭月收入2万元，每月还贷款的支出应保持在8000元以下。

### 5.2.3　理财目标规划表分析

当填写完第一张表和第二张表，对自身财务情况做完彻底体检之后，可以着手制定第三张理财目标规划表。

以 5 年为一个大周期，根据前两张表格的数据调整未来各项经济指标，就像一个公司或一个国家制定阶段性目标和实现步骤，用管理公司的方式管理小家。

静下心来想一下自己的核心竞争力是什么？靠什么养活自己？靠什么赚钱致富？这是每个人做理财目标规划首先要回答的问题。有一门专长？适合干销售？家里有矿？勤劳肯干？擅长管理？在体制内工作？还是长得好看？想好后诚实地把它填在第一行，之后几年里，可以为提升自己的核心竞争力制定阶段性目标，作为收入增长的理论支撑。

行动概述，指为实现理财目标计划采取的行动。例如，从第 2 年开始从事健身教练的兼职工作，从第 4 年开始兼职工作，由线下辅导转型为线上健身授课等。

表格内的各项指标除了第一项和第二项，其他均来自于前两张表格，通过既定表格数据来调整未来的目标数值，并在每年年终时将实际的数据与原先的目标数值作对照，看看完成的进度离计划有多大的差距。

杜建国："五十多年了，自己去了医院 100 多次，自己的经济状况还一次都没'体检'过，以后就用这些表了！"

"就像医院量血压、做心电图、抽血化验、拍 X 光，用不同的指标来反映身体不同部位的情况。谢谢老师，我马上回去填表格，好好整理整理。我先告辞了，今天有幸认识大家！"宋小默说完，起身和我们道别。

"我也先回去自己填一下，如果有不会的地方，下次喝茶的时候再一起请教荃老师！"杜建国也急忙跟我们道别，夹起包去追宋小默了。

# 5.3 用数字看破假象

宋小默和杜建国离开后，梁亭拿出她填的表格给我。

"小梁，这个表格里填的都是个人的隐私……"我提醒她是不是希望单独沟通，毕竟严飞还在场。

"没关系的，飞哥和飞嫂都知道我的糗事，我也想听听他的意见。"梁亭边说边笑着看看严飞。

严飞："嗨！老同学，知道你做事严谨重规矩，我也不是那种情商低的人，她但凡有一点点尴尬，我肯定消失！"

梁亭："我对第 3 张表格没有头绪，只填了第一列，想和您沟通完了以后再填上去。"

我："好的，没关系，我先看前面两张。"

仔细看过她填的表后，我基本明白了梁亭为什么会觉得压力大。

第一张家用资产负债表对梁亭来说比较简单，因为没有什么固定资产和金融类资产，负债类目也很单一，如表5-4所示。

表5-4　梁亭的家用资产负债表　　　　　　　　　　单位：元

| | 项目 | 年初数 | 期末数 | 备注 | | 项目 | 年初数 | 期末数 | 备注 |
|---|---|---|---|---|---|---|---|---|---|
| A 流动资产 | 活期/现金 | 不知道 | 18300 | 贷款余额 | D 流动负债 | 花呗欠款 | 3000 | 3000 | 下个月15日 |
| | 预付账款 | | 7200 | 剪头发、SPA会员卡余额 | | 短期借款 | 100000 | 100000 | 本金10万，每月3000利息，1年期 |
| | | | | | | | | | |
| | | | | | | | | | |
| | | | | | | | | | |
| 流动资产总计 | | | 25500 | | 流动负债总计 | | 103000 | 103000 | |
| 总资产 | | | 25500 | | 总负债 | | 103000 | 103000 | |

比较麻烦的是她目前的存款其实都是贷款的余额，并不是自己的结余，总资产2.25万元，而总负债有10.3万元，完全处于资不抵债状态。另外，仅有的2.25万元资产里面，消费充值卡有7000多元，占了将近三分之一。

到底是什么导致她如此窘迫？答案应该在第二张表格里。

第二张家用收支记录表果然信息量巨大，如表5-5所示。从左边的收入类目来看，梁亭的收入全部来自她在酒吧做服务员的薪水收入，月均收入7280元，一年赚8.7万元。最大的问题来自右边的支出类目，月均总支出9258元，去年总共花了11.1万元。支出远远超过收入，严重的入不敷出，压力不大才怪。

梁亭："不算不知道，一算真的吓我一跳，去年居然花了这么多钱，可想想我已经比我的小姐妹节省很多了啊！"

严飞："我还以为你每天过得很勤俭呢，原来比我活得潇洒多了啊……

梁亭："我做美容的频率比以前少了很多，我以为已经够节约了……确实要反省了。老师，你帮我看看，我需要调整哪些开支，我一定改！"

我："你还有笔10万元的负债，这种'节省'确实做得远远不够，数据不会说谎……等等，你这笔贷款每个月还的3000元是连本带息的按揭还款还是只还利息？是向金融机构借的贷款还是向其他机构借的？"

**表 5-5　梁亭的家用收支记录表**

20××年　单位：元

### 收入

| | 项目名称 | 备注 | 总额 | 月均 | 总占比 |
|---|---|---|---|---|---|
| A 主动收入 | A1.工薪收入 1. 固定工资 | | 48000 | 4000 | 54.95% |
| | 2. 绩效奖金 | | 32160 | 2680 | 36.81% |
| | 3. 其他福利 | | 7200 | 600 | 8.24% |
| | A2.副业收入 4. 兼职收入 | | | | |
| | A3.经营收入 5. 生意进账 | | | | |
| | 6. 股权分红 | 净利率 | | | |
| | 主动收入总计 | 本金 | 87360 | 7280 | 100.00% |
| B 被动收入 | B1.金融理财 7. 固定收益 | 本金 | | | |
| | 8. 股票浮盈 | 本金 | | | |
| | 9. 基金浮盈 | 本金 | | | |
| | 10. 其他浮盈 | 本金 | | | |
| | 11. 房租收入 | 购价和市价 | | | |
| | B2.另类投资 12. 私募股权浮盈 | 本金 | | | |
| | 13. 实体股权分红 | 本金 | | | |
| | 14. 其他另类收入 | 本金 | | | |
| | B3.其他 15. 版权费/稿费等 | | | | |
| | 16. 中奖/受赠 | | | | |
| | 被动收入总计 | | | | |
| 可预期收入（A/A1/A2/A3+7+11+13+15） | | | 87360 | | |
| 可预期盈余（可预期收入－可预期支出） | | | -13285 | | |
| 财务自由度（被动收入－支出） | | | -111098 | | |
| 月均收入偿债比（29/A） | | | 41.21% | | |
| 总收入（A+B） | | | 87360 | 7280 | 100.00% |
| 总盈余（总收入－总支出） | | | -23738 | | |

### 支出　支出台账

| | 项目名称 | 总额 | 月均 | 总占比 | 备注 | 01月 | 02月 | 03月 | 04月 | 05月 | 06月 | 07月 | 08月 | 09月 | 10月 | 11月 | 12月 |
|---|---|---|---|---|---|---|---|---|---|---|---|---|---|---|---|---|---|
| C 可预期支出 | C1.衣 17. 服装支出 | 2547 | 212 | 2.29% | | 770 | | | 490 | | | 219 | | | | 618 | 450 |
| | C2.食 18. 美容首饰 | 26748 | 2229 | 24.08% | | | 9999 | | | 2589 | 880 | | 3850 | | 650 | 8780 | |
| | 19. 日常吃饭 | 16594 | 1383 | 14.94% | | 1345 | 1408 | 1385 | 1389 | 1412 | 1350 | 1375 | 1393 | 1416 | 1298 | 1417 | 1406 |
| | C3.住 20. 水电网气 | 1730 | 144 | 1.56% | | 106 | 175 | 118 | 98 | 109 | 124 | 267 | 284 | 95 | 103 | 121 | 130 |
| | 21. 房租/物业费 | 27600 | 2300 | 24.84% | | 2300 | 2300 | 2300 | 2300 | 2300 | 2300 | 2300 | 2300 | 2300 | 2300 | 2300 | 2300 |
| | C4.行 22. 车辆维保 | 166 | 14 | 0.15% | | 19 | | 19 | | 90 | | | | | 19 | 19 | |
| | C5.用 23. 公共交通 | | | | | | | | | | | | | | | | |
| | 24. 日常用度 | 1260 | 105 | 1.13% | | 142 | 124 | 88 | 79 | 99 | 132 | 105 | 84 | 96 | 120 | 115 | 76 |
| | C6.养 25. 养儿教育 | | | | | | | | | | | | | | | | |
| | 26. 赡养老人 | | | | | | | | | | | | | | | | |
| | 27. 进修培养 | | | | | | | | | | | | | | | | |
| | 28. 运动养身 | | | | | | | | | | | | | | | | |
| | C7.融 29. 借款利息 | 24000 | 3000 | 21.60% | | | | | | 3000 | 3000 | 3000 | 3000 | 3000 | 3000 | 3000 | 3000 |
| | 30. 保险 | | | | | | | | | | | | | | | | |
| | 31. 理财/创业支出 | | | | | | | | | | | | | | | | |
| | 可预期支出总计 | 100645 | 8387.083333 | 90.59% | | 4682 | 14006 | 3910 | 4356 | 9599 | 7786 | 7266 | 10911 | 6907 | 7490 | 16370 | 7362 |
| D 浮动支出 | C8.医 32. 医疗支出 | 500 | 42 | 0.45% | | | | | | | | | | | 500 | | |
| | C9.社 33. 人情交际 | 2366 | 197 | 2.13% | | | 627 | | 566 | | | 328 | | 390 | | 455 | |
| | 34. 社交公关 | | | | | | | | | | | | | | | | |
| | C10.娱 35. 吃喝游玩 | 2007 | 167 | 1.81% | | 80 | 80 | 49 | | 500 | 49 | 95 | 49 | 49 | 750 | 88 | 218 |
| | C11.购 36. 买手机 | 5580 | 465 | 5.02% | | | | | | | | | 5580 | | | | |
| | 浮动支出总计（C+D） | 10453 | 871 | 9.41% | | 80 | 707 | 49 | 566 | 500 | 49 | 423 | 5629 | 439 | 1250 | 543 | 218 |
| | 总支出（C+D） | 111098 | 9258 | 100.00% | | | | | | | | | | | | | |
| | 结余比率（总盈余÷总收入） | -27.17% | | | | | | | | | | | | | | | |

梁亭："只还利息，去年 5 月份借的，今年 5 月份还本金，借款合同上是一家服务公司。"

我："10 万元本金，每月还 3000 元，贷款年化利率有 36%（3000×12÷100000×100%=36%），按照国家规定，利息超过合同成立时一年期贷款市场报价利率 4 倍的属于高利贷，你怎么会去借高利贷？"

梁亭："之前有一个网上刷单赚钱的生意，投入很少，回报很高，不知道怎么的就陷进去了，这贷款也是他们介绍的。"

我："像你去年这样还款，你的月均收入偿债比远远不止 41.21%，因为你没把贷款本金算在每月归还计划里，按照实际计算，10 万元平均到每个月，再加上当月利息，合计作为你真正应该承担的债务支出，再除以每月收入，这么算下来你真实的月均收入偿债比是 155.68%[（100000÷12+3000）÷7280×100%=155.68%]，

这是非常可怕的比例，说明你每个月的收入远远不能支付当前的债务。"

梁亭："那怎么办啊，我听说高利贷追债什么手段都使得出来，我，我……"梁亭急得边跺脚边哭……

# 5.4 负债人的开源节流

我："不要急，我们一条一条地梳理，办法总比困难多。先解决贷款问题，超过 4 倍利率部分的利息不受法律保护，新规出来后，不要说 36%，连 24% 都不受保护，按现在的标准 14.8% 是司法保护的上限。我介绍一个律师朋友给你，让他帮你和对方交涉，要求退还已支付的超额利息，并对未支付的利息进行减免，如果他们不同意，我们直接走法律途径。"

梁亭："这样他们会不会找上门来，我怕……"

严飞："看他们收的这个利息，在高利贷里面算温和的，不至于太出格。再说了有什么好怕的？都什么时代了，还敢放高利贷！这些人都是严打对象，他们就欺负你不懂法。"

我："另外，要做好两手准备，按照你的个人情况，通过正规渠道申请贷款是没有问题的，只是金额大小看机构对你的评估。把高息贷款置换成低息贷款是财务优化的第一步，接下来就是压缩你的各项开支，我们现在一起调整一下这个表格，我问你答。"

梁亭："好好好，太谢谢了！"

我："收入方面还有没有增加的可能？"

梁亭："呃，在酒吧做服务员的收入很难提高，除非做销售，但是这不是我的强项……我以前学的是幼师专业，会跳舞，这个可以赚钱吗？"

严飞听罢，拿起手机默默地走了出去。以他的性格准是去联系培训机构了。我一边看着表格一边对梁亭说："尽量挤一下时间去找找兼职，比如当舞蹈老师，用兼职增加收入是目前可以去努力的方向，不管你喜不喜欢这样，先度过这段时间再说。"

梁亭："嗯，我晚上上班，白天下午会有时间。"

我："去年你花了2000多元买衣服，接下来几年可以压缩一下，2000对你来说确实有点多。"

梁亭："接下来我不买衣服了，现有的足够了！"

我："妆容首饰占了你支出的近四分之一，如果能减少，会让你宽裕很多。"

梁亭："SPA的卡我会转让掉，这方面……我保证降到最低。"

我："现在你的房租每个月2300元，建议你找便宜点的，按照你工作所在地周边的租房市场，拼租每个月1200元还是可以找到的。"

梁亭："嗯，我也可以不包宽带，每个月的手机流量还有很多，应该够用。"

关于社交公关和吃喝玩乐部分，根据实际需求和效率原则，在详细沟通必要性后都成功地降低了90%。另外在我的建议下，增加了消费型的意外险和医疗险，前者的受益人是梁亭的父母，后者的受益人是她本人，费用加起来每个月几十元。这些钱从她做美容的开支里面轻轻松松就能够节省出来，但是起到的作用却是做SPA无法替代的，这也是为梁亭以及她父母筑起的最后一道防线。

3周后，梁亭的贷款和兼职在周折中都敲定下来。

（1）通过两家银行申请贷款合计6万元，期限3年，年化利率7.8%，还款方式为等额本息还款，每月归还1874.65元。3年后还清所有本金和利息，解决了到期一次性还本的压力，如表5-6所示。

表5-6　梁亭的银行小额贷款还款计划（等额本息）　　　　单位：元

| 期次 | 偿还本息 | 偿还利息 | 偿还本金 | 剩余本金 |
|---|---|---|---|---|
| 1 | 1874.65 | 390 | 1484.65 | 58515.35 |
| 2 | 1874.65 | 380.35 | 1494.3 | 57021.05 |
| 3 | 1874.65 | 370.64 | 1504.01 | 55517.03 |
| 4 | 1874.65 | 360.86 | 1513.79 | 54003.24 |
| 5 | 1874.65 | 351.02 | 1523.63 | 52479.61 |
| 6 | 1874.65 | 341.12 | 1533.53 | 50946.08 |
| 7 | 1874.65 | 331.15 | 1543.5 | 49402.58 |
| 8 | 1874.65 | 321.12 | 1553.53 | 47849.04 |
| 9 | 1874.65 | 311.02 | 1563.63 | 46285.41 |
| 10 | 1874.65 | 300.86 | 1573.79 | 44711.62 |
| 11 | 1874.65 | 290.63 | 1584.02 | 43127.59 |
| 12 | 1874.65 | 280.33 | 1594.32 | 41533.27 |
| 13 | 1874.65 | 269.97 | 1604.68 | 39928.58 |
| 14 | 1874.65 | 259.54 | 1615.11 | 38313.47 |
| 15 | 1874.65 | 249.04 | 1625.61 | 36687.86 |
| 16 | 1874.65 | 238.47 | 1636.18 | 35051.68 |
| 17 | 1874.65 | 227.84 | 1646.81 | 33404.86 |
| 18 | 1874.65 | 217.13 | 1657.52 | 31747.34 |
| 19 | 1874.65 | 206.36 | 1668.29 | 30079.05 |
| 20 | 1874.65 | 195.51 | 1679.14 | 28399.91 |
| 21 | 1874.65 | 184.6 | 1690.05 | 26709.86 |
| 22 | 1874.65 | 173.61 | 1701.04 | 25008.82 |
| 23 | 1874.65 | 162.56 | 1712.09 | 23296.73 |
| 24 | 1874.65 | 151.43 | 1723.22 | 21573.51 |
| 25 | 1874.65 | 140.23 | 1734.42 | 19839.08 |

| 期次 | 偿还本息 | 偿还利息 | 偿还本金 | 剩余本金 |
|------|---------|---------|---------|---------|
| 26 | 1874.65 | 128.95 | 1745.7 | 18093.39 |
| 27 | 1874.65 | 117.61 | 1757.04 | 16336.34 |
| 28 | 1874.65 | 106.19 | 1768.46 | 14567.88 |
| 29 | 1874.65 | 94.69 | 1779.96 | 12787.92 |
| 30 | 1874.65 | 83.12 | 1791.53 | 10996.39 |
| 31 | 1874.65 | 71.48 | 1803.17 | 9193.21 |
| 32 | 1874.65 | 59.76 | 1814.89 | 7378.32 |
| 33 | 1874.65 | 47.96 | 1826.69 | 5551.63 |
| 34 | 1874.65 | 36.09 | 1838.56 | 3713.06 |
| 35 | 1874.65 | 24.13 | 1850.52 | 1862.54 |
| 36 | 1874.65 | 12.11 | 1862.54 | 0 |

注：贷款金额 60000 元，期限 3 年，年利率 7.8%（等额本息），累计本息 67487.4 元，累计利息 7487.4 元。

（2）通过正规互联网小贷平台申请一笔 4 万元贷款，期限 1 年，年化利率 9%，还款方式为先息后本，即每月支付利息 300 元，1 年后归还本金 4 万元。

（3）经过多次沟通，原贷款方同意在当月归还本金后不再收取其他任何利息及费用。

（4）通过面试，梁亭以兼职的形式担任一家培训机构舞蹈老师的助理，月收入约 3000 元。

梁亭根据优化后的方案重新做了一张目标家用收支记录表，如表 5-7 所示。

优化后增加了两项非常有意义的开支：一项是帮助弟弟支付两个学期的学费，合计 9600 元，另一项是投保了意外险和医疗险，给父母和自己加了一重保障。

在贷款方面，6 万元的贷款在还款方式上选择了 3 年期的等额本息还款，通过延长贷款期限，减少了每月还贷压力，并且消除了期末本金还款的顾虑；另外 4 万元以先息后本的方式还款，每月仅支付 300 元利息，至于期末本金的归还，因为 1 年后减去所有开支能省下来约 5.2 万元，用其中 4 万元归还贷款本金，最后还能有 1 万多元的结余。

梁亭很满意这一优化方案，对生活和工作充满了信心，并将自己的未来规划写在了第三张表格上，如表 5-8 所示。

表5-7 梁亭的目标家用收支记录表

单位:元

**收入**

| 分类 | 项目名称 | 总额 | 月均 | 总占比 | 备注 |
|---|---|---|---|---|---|
| A 主动收入 | A1. 工薪收入 1. 固定工资 | 48000 | 4000 | 38.91% | |
| | 2. 绩效奖金 | 32160 | 2680 | 26.07% | |
| | 3. 其他福利 | 7200 | 600 | 5.84% | |
| | A2. 副业收入 4. 兼职收入 | 36000 | 3000 | 29.18% | 舞蹈助教 |
| | A3. 经营收入 5. 生意进账 | | | | |
| | 6. 股权分红 | | | | |
| | 主动收入总计 | 123360 | 10280 | 100.00% | |
| B 被动收入 | B1. 金融理财 7. 固定收益 | | | | |
| | 8. 股票浮盈 | | | | |
| | 9. 基金浮盈 | | | | |
| | 10. 其他浮盈 | | | | |
| | 11. 房租收入 | | | | |
| | B2. 另类投资 12. 私募股权浮盈 | | | | |
| | 13. 实体股权分红 | | | | |
| | 14. 其他另类收入 | | | | |
| | B3. 其他 15. 版权费/稿费等 | | | | |
| | 16. 中奖/受赠 | | | | |
| | 被动收入总计 | | | | |
| | 可预期收入（A/A1/A2/A3+7+11+13+15） | 123360 | | | 4万元金需平摊至每月贷款支出 |
| | 可预期盈余（可预期收入-可预期支出） | 53512 | | | |
| | 财务自由度（被动收入-支出） | -70948 | | | |
| | 月均收入偿需比（29/A） | 53.58% | | | |
| | 总收入（A+B） | 123360 | 10280 | 100.00% | |
| | 总盈余（总收入-总支出） | 52412 | | | |

**支出**

| 分类 | 项目名称 | 总额 | 月均 | 总占比 | 备注 |
|---|---|---|---|---|---|
| C 可预期支出 | C1. 衣 17. 服装支出 | 600 | 50 | 0.85% | |
| | 18. 妆容首饰 | 1200 | 100 | 1.69% | |
| | C2. 食 19. 日常吃饭 | 14400 | 1200 | 20.30% | |
| | C3. 住 20. 水电网气 | 1200 | 100 | 1.69% | 省上网费 |
| | 21. 房租/物业费 | 14400 | 1200 | 20.30% | |
| | C4. 行 22. 车辆维保 | | | | |
| | 23. 公共交通 | 240 | 20 | 0.34% | 多一趟公交 |
| | C5. 用 24. 日常用度 | 1080 | 90 | 1.52% | |
| | 25. 弟弟学费补助 | 9600 | 800 | 13.53% | 两学期学费 |
| | C6. 养 26. 赡养老人 | | | | |
| | 27. 进修培养 | | | | |
| | 28. 运动养身 | | | | |
| | C7. 融 29. 贷款支出 | 26096 | 2175 | 36.78% | 两笔贷款 |
| | 30. 意外险+医疗险 | 1032 | 86 | | 消费型保险 |
| | 31. 理财/创业支出 | | | | |
| | 可预期支出总计 | 69848 | 5735 | 96.99% | |
| D 浮动支出 | C8. 医 32. 医疗支出 | | | | |
| | C9. 社 33. 人情往来 | 500 | 42 | 0.70% | 备用 |
| | 34. 社交公关 | | | | |
| | C10. 娱 35. 吃喝游玩 | 600 | 50 | 0.85% | 暂停社交 |
| | C11. 购 36. 大件支出 | | | | |
| | 浮动支出总计 | 1100 | | 1.55% | |
| | 总支出（C+D） | 70948 | 5912 | 98.55% | |
| | 结余比率（总盈余/总收入） | 42.49% | | | |

单位：元

表 5-8 梁亭的理财目标规划表

| 序号 | 目标项 | 去年底（20××年） | 第1年底（20××年） | 第2年底（20××年） | 第3年底（20××年） | 第4年底（20××年） | 第5年底（20××年） |
|---|---|---|---|---|---|---|---|
| 1 | 核心竞争力 | 不知道 | 舞蹈特长 | 培养营销技能 | 继续提升销售技能 | 葡萄酒销售＋舞蹈 | 做深葡萄酒市场，兼职舞蹈自媒体 |
| 2 | 行动概述 | 上班 | 做兼职舞蹈助教 | 为转行做销售准备，继续兼职舞蹈助教 | 转葡萄酒行业做销售，尝试网上推广舞蹈课程 | 做深葡萄酒市场，兼职舞蹈自媒体 | 做深葡萄酒市场，兼职舞蹈自媒体 |
| 3 | 主动收入 | 87360 | 123360 | 130000 | 150000 | 200000 | 300000 |
| 4 | 被动收入 | 0 | 0 | 0 | 4000 | 10000 | 20000 |
| 5 | 总收入 | 87360 | 123360 | 130000 | 154000 | 210000 | 320000 |
| 6 | 总支出 | 111098 | 70948 | 75000 | 77000 | 80000 | 85000 |
| 7 | 总盈余 | -23738 | 52412 | 55000 | 77000 | 130000 | 235000 |
| 8 | 财务自由度 | -111098 | -70948 | -75000 | -73000 | -70000 | -65000 |
| 9 | 月均收入偿债比 | 155.68% | 53.58% | 30.33% | 17.40% | 3.75% | 0.00% |
| 10 | 总资产 | 25500 | 33000 | 88000 | 165000 | 295000 | 530000 |
| 11 | 流动资产 | 25500 | 33000 | 8000 | 12000 | 15000 | 15000 |
| 12 | 金融类资产 | 0 | 0 | 80000 | 150000 | 290000 | 515000 |
| 13 | 投资类资产 | 0 | 0 | 0 | 0 | 0 | 0 |
| 14 | 自用资产 | 0 | 0 | 0 | 0 | 0 | 0 |
| 15 | 总负债 | 103000 | 88000 | 28000 | 7400 | 0 | 0 |
| 16 | 流动负债 | 103000 | 40000 | 0 | 0 | 0 | 0 |
| 17 | 长期负债 | 0 | 48000 | 28000 | 7400 | 0 | 0 |
| 18 | 资产负债率 | 403.92% | 266.67% | 31.82% | 4.48% | 0.00% | 0.00% |

这张表格在符合实际的基础上分阶段实现核心竞争力挖掘、收入提升、负债归零、资产增长以及财富结构优化的目标，为梁亭自己确立了具体的、可期许的奋斗方向。

> **Tips：** 对于负债人来说，开源节流至关重要。做好贷款优化、全力压缩日常开支，想尽办法增加收入来源，只要坚持，总会上岸的那一天。
>
> 当你再回首现在努力爬起来的样子，会发现涅槃重生，原来真的很酷！

## 5.5　等额本息、等额本金、等本等息

梁亭在理财目标规划表中计划把未来结余下来的钱几乎全部放在金融类资产里，对于这一点，在微信交流时，我提醒她要关注不同风险等级的金融类资产的投资比重，并趁现在还没有开始进行理财投资，多学习这方面的知识。

梁亭："谢谢老师的提醒，我还有一个问题想请教，关于我那笔6万元等额本息偿还的贷款，为什么年化利率是7.8%？我算来算去也没有这么高。"

我："你是怎么算的？"

梁亭："这笔贷款的期限是3年，每月还1874.65元。3年后还清，本金加利息一共67487.4元（1874.65元/月×3年×12个月=67487.4元），其中利息7487.4元，年化利率不是应该等于4.16%（7487.4元÷60000元÷3年×100%=4.16%）吗？"

我："这样算法不对，因为你的还款方式是等额本息，每个月除了归还利息，还有一部分还的是本金，所以你本金60000元并没有给你用满3年，实际上平均下来只有大概55%的本金贷足了3年时间。所以年化利率应该在4.16%的基础上再除以55%，这样才和真实的贷款利率相近，即4.16%÷55%=7.56%，或者可以简单化，直接乘以1.82，即4.16%×1.82=7.57%，与7.8%已经很接近了。"

梁亭："之前接到很多贷款电话，他们都是这么算给我看的，原来是偷换概念，让人以为他们家的贷款很便宜。"

我："银行相对规范，在给你做按揭贷款的时候会告诉你真实的年化收益率，但别的社会上的贷款机构或中介机构就不一定了。只有自己会算，才能看破套路。很多人忽略了资金的实际占用情况，金额大了，期限长了，两者的区别还是很大的。"

"等额本息每月的还款额和7.8%的年利率之间到底是怎么计算的？有什

么公式吗？"梁亭不依不饶地问。

我："我先讲一下概念，然后把公式和它的推导过程告诉你，乍一看会比较复杂，但不一定要看懂它，了解一下就行。它的推导过程用到了高中等比数列的知识点。"

### 1. 等额本息

等额本息是一种还款方式，即每个月按相同的金额偿还贷款本金及利息，最后一期支付完毕后，本金和利息正好全部还清。随着本金的逐渐归还，每个月剩余贷款本金在减少，支付的利息也相应减少。由于每个月归还的金额是相等的，所以等额本息还款的时候，每月偿还金额中的利息部分占比逐渐减少，本金部分占比逐渐增加。

> **Tips**：假设每月归还本金和利息一共 103 元，随着还款期数的推移，每个月偿还的 103 元里面，本金 + 利息的占比变化呈现如下规律：95+8，96+7，97+6，98+5，99+4，100+3······总数 103 不变。

等额本息还款的计算公式：

$$每月还款额 = 贷款本金 \times \frac{月利率 \times （1+ 月利率）^{还款月数}}{（1+ 月利率）^{还款月数}-1}$$

公式推导如下。

设每月还款额为 $M$，贷款本金为 $A$，月利率为 $i$，还款月数为 $n$，第 $n$ 期还款后，剩余欠款金额为 $Wn$。

上述计算公式可以写成：

$$M=A \times \frac{i(1+i)^n}{i(1+i)^n-1}$$

还完第 1 期后，剩余欠款 $W=A(1+i)-M$

还完第 2 期后，剩余欠款 $W_2=W_1(1+i)-M=[A(1+i)-M](1+i)-M$

$$=A(1+i)^2-M(1+i)-M$$

$$=A(1+i)^2-M[1+(1+i)]$$

还完第 3 期后，剩余欠款 $W_3=W_2(1+i)-M$

$$=A(1+i)^3-M[1+(1+i)+(1+i)^2]$$

还完第 $k$ 期后，剩余欠款 $W_k=W_{k-1}(1+i)-M$

$$=A(1+i)^k-M[1+(1+i)+(1+i)^2+\cdots+(1+i)^{k-1}]$$

其中 $1+(1+i)+(1+i)^2+\cdots+(1+i)^{k-1}$ 为等比数列 $S_n$。

根据等比数列求和公式 $(q\neq1)$：

$$S_n=\frac{a_1(1-q_n)}{1-q}$$

公比 $q=(1+i)$，因为首项为 1，因此 $a_1=1$，代入得：

$$S_n=\frac{1-(1+i)^n}{1-(1+i)}$$

即

$$W_k=W_{k-1}(1+i)^k-M[1+(1+i)+(1+i)^2+\cdots+(1+i)^{k-1}]$$

$$=A(1+i)^k-M\times S_n$$

当第 $k$ 期为最后一期时，还完第 $k$ 期后，剩余欠款 $W_k=0$，即

$$A(1+i)^k-M\times S_n$$

$$A(1+i)^k-M\times\frac{1-(1+i)^k}{1-(1+i)}=M\times\frac{(1+i)^k-1}{i}$$

$$M=A\times\frac{i(1+i)^n}{(1+i)^n-1}$$

我："与等额本息类似的还有两种还款方式，经常容易被混淆——等额本金和等本等息。这 3 种还款方式都是每个月归还部分本金和利息，但又有不同……"

## 2. 等额本金

等额本金是把贷款本金按照贷款总的偿还期数平均分，每月归还贷款的本金相同，当月归还的贷款利息根据剩余本金在该月所产生的利息计算，两者相加即当月的还款金额。最后一期支付完毕后，本金和利息正好全部还清。

> **Tips：** 假设每月归还本金 100 元，利息随着还款期数的推移、本金的减少而逐渐减少，本金 + 利息的占比变化呈现如下规律：100+6，100+5，100+4，100+3，100+2……

和等额本息相比，采用等额本金的方式还款，利息总体来说比等额本息要少，但是前期每月归还金额较多，还款压力较大，之后才会慢慢减少。具体哪种方式适

合自己，需根据自身情况做出选择。

等额本金还款的计算公式：

$$每月还款额 = \frac{贷款本金}{还款月数} + （贷款本金 - 累计已归还的贷款本金）\times 月利率$$

梁亭 6 万元等额本息的贷款如果换成按等额本金还款，其他条件不变，每月的还款明细见下表，如表 5-9 所示，通过表 5-6 和表 5-9 两张表格的对比，更容易理解这两种还款方式之间的区别。

表 5-9　梁亭的银行小额贷款还款计划（等额本金）　　　　单位：元

| 期次 | 偿还本息 | 偿还利息 | 偿还本金 | 剩余本金 |
| --- | --- | --- | --- | --- |
| 1 | 2056.67 | 390 | 1666.67 | 58333.33 |
| 2 | 2045.84 | 379.17 | 1666.67 | 56666.67 |
| 3 | 2035 | 368.33 | 1666.67 | 55000 |
| 4 | 2024.17 | 357.5 | 1666.67 | 53333.33 |
| 5 | 2013.34 | 346.67 | 1666.67 | 51666.67 |
| 6 | 2002.5 | 335.83 | 1666.67 | 50000 |
| 7 | 1991.67 | 325 | 1666.67 | 48333.33 |
| 8 | 1980.84 | 314.17 | 1666.67 | 46666.67 |
| 9 | 1970 | 303.33 | 1666.67 | 45000 |
| 10 | 1959.17 | 292.5 | 1666.67 | 43333.33 |
| 11 | 1948.34 | 281.67 | 1666.67 | 41666.67 |
| 12 | 1937.5 | 270.83 | 1666.67 | 40000 |
| 13 | 1926.67 | 260 | 1666.67 | 38333.33 |
| 14 | 1915.84 | 249.17 | 1666.67 | 36666.67 |
| 15 | 1905 | 238.33 | 1666.67 | 35000 |
| 16 | 1894.17 | 227.5 | 1666.67 | 33333.33 |
| 17 | 1883.34 | 216.67 | 1666.67 | 31666.67 |
| 18 | 1872.5 | 205.83 | 1666.67 | 30000 |
| 19 | 1861.67 | 195 | 1666.67 | 28333.33 |
| 20 | 1850.84 | 184.17 | 1666.67 | 26666.67 |
| 21 | 1840 | 173.33 | 1666.67 | 25000 |
| 22 | 1829.17 | 162.5 | 1666.67 | 23333.33 |

| 期次 | 偿还本息 | 偿还利息 | 偿还本金 | 剩余本金 |
|------|----------|----------|----------|----------|
| 23 | 1818.34 | 151.67 | 1666.67 | 21666.67 |
| 24 | 1807.5 | 140.83 | 1666.67 | 20000 |
| 25 | 1796.67 | 130 | 1666.67 | 18333.33 |
| 26 | 1785.84 | 119.17 | 1666.67 | 16666.67 |
| 27 | 1775 | 108.33 | 1666.67 | 15000 |
| 28 | 1764.17 | 97.5 | 1666.67 | 13333.33 |
| 29 | 1753.34 | 86.67 | 1666.67 | 11666.67 |
| 30 | 1742.5 | 75.83 | 1666.67 | 10000 |
| 31 | 1731.67 | 65 | 1666.67 | 8333.33 |
| 32 | 1720.84 | 54.17 | 1666.67 | 6666.67 |
| 33 | 1710 | 43.33 | 1666.67 | 5000 |
| 34 | 1699.17 | 32.5 | 1666.67 | 3333.33 |
| 35 | 1688.34 | 21.67 | 1666.67 | 1666.67 |
| 36 | 1677.5 | 10.83 | 1666.67 | 0 |

注：贷款金额：60000 元 期限：3 年 年利率．7.8%（等额本金）

累计本息：67215 元 累计利息：7215 元

### 3. 等本等息

等本等息指贷款的本金按照还款期数平摊到每个月等额归还，利息按照贷款年化利率乘以贷款本金再平摊到每个月等额支付。它虽然与等额本息一样每个月还款金额都不变，但是等额本息的利息随着贷款本金的逐渐减少相应减少，而等本等息每一期的利息都按贷款的初始本金来计算，等本等息比等额本息需要支付的利息更多。

> **Tips：**假设每月归还本金 100 元，每月利息 3 元，即使随着还款期数的推移，贷款本金在减少，但是月利息 3 元不变，本金 + 利息的占比不变：100+3，100+3，100+3，100+3，100+3……

再拿梁亭 6 万元、3 年期、年化利率 7.8% 的银行小额贷款举例，按照等额本息计算，每月还款金额为 1874.65 元，3 年累计支付本息 67487.4 元，其中利息支付总额为 7487.4 元。

按照等本等息计算，每月还款本金为 1666.67 元（60000 元 ÷3 年 ÷12 个月 =

1666.67 元），每月还款利息为 390 元（60000 元 ×7.8%÷12 个月 =390 元），两者之和即为等本等息还款方式下每月的还款金额：2056.67 元（1666.67 元 +390 元 = 2056.67 元）。3 年下来，累计支付利息 14040 元，累计本息 74040 元。

注意，按照等本等息的还款方式，每月本金在减少，但实际支付的利息始终按照最初的贷款本金计算，没有相应减少，因此所谓的年化利率 7.8%，其实是名义上的利率，实际利率更高。可以用内部收益率 IRR 来测算，在此不再赘述，只要记住惯用的换算方法就行，即实际利率大约为名义利率的 2 倍（其实是略小于 2 倍，约 1.82 倍）。

等本等息通常用于信用卡的分期业务、消费分期业务、非银机构消费贷款、民间贷款等。我们在申请贷款时务必弄清楚还款方式是哪一种，最好能让对方提供完整的还款计划表及合同模板。心中有数，才能防范套路。

最后，以梁亭的这笔 6 万元贷款为例，3 种还款方式的对比如表 5-10 所示。

表 5-10　3 种还款方式对比

单位：元

| 类别 | 等额本金 | 等额本息 | 等本等息 |
|---|---|---|---|
| 每月还款额 | 2056.67—1677.5 | 1874.65 | 2056.67 |
| 累计利息 | 7215 | 7487.4 | 14040 |
| 累计本息 | 67215 | 67487.4 | 74040 |
| 实际利率 | 7.80% | 7.80% | 14.21% |

注：贷款金额 60000 元，期限 3 年，利率 7.8%。

第 4 篇

# 武林门派

# 第6章
# 分类和监管

我们作为金融市场参与者，对于业务和金融相关的机构至少要能分辨它是做什么的，属于哪一职能分类，拥有什么金融产品，正不正规，风险性如何，把这些弄明白了，才最实在。

## 6.1　金融人货场

"叮铃铃……"一个陌生的手机号码。

"喂，你好，是荃老师吗？我叫方眉，是李辉的朋友。"

我："方总你好，李总刚才微信跟我打过招呼了，说有一个做电商的朋友想向我了解一些事情。"

方眉："是啊，是啊，李总是我邻居。我孩子今年大四了，学的是经济学，他想毕业后干金融。金融行业范围挺大的，我也不知道哪个机构适合他，孩子自己也有些迷茫。我和李辉提起这事，他推荐了你，让我来请教你！"

我："经济学和金融有相关性，现实中金融行业具体做些什么和书本上教的知识点确实有很大的不同。在回答自己适合做什么、想做什么之前，先了解和金融相关的机构都有哪些，然后看看这些机构都做些什么，再和自己的情况对照一下，答案就有了。"

"嗯，了解之后再做选择才会考虑全面。"方眉说，"老师，你什么时候有空？我和我儿子来拜访你！"

我："你的问题挺有代表性，很多人不太了解金融机构，大家熟悉的大多是银行、保险、证券公司……这样吧，我整理一下你的问题，这部分的内容会有点多，我做个关于金融场所的专题系列分享会，它对学习理财也会很有帮助。我这里有不少朋友正在学习理财，一直想让我讲讲怎么选择金融产品，我想有必要让大家先了解一下金融场所。"

方眉："想理财的人、金融产品、金融场所……这不就是我们电商行业和零售行业经常提到的'人、货、场'吗？挺有趣！"

我："金融行业和电商行业、零售行业在营销本质上没什么区别，都可以理解为：用对的产品、通过对的场景匹配到对的人。但是分享会不讨论金融的营销问题，而是解决理财认知框架的搭建问题。了解'金融场所'很有意义，能让我们深刻了解金融产品的出身背景、演变逻辑、条线分类、监管现状等金融'卸妆后'的模样，还能帮助我们在面对形形色色的理财产品、营销话术的时候做到心中有数。下下周分享会的具体时间确定后我会提前邀请你和孩子参加的。"

方眉："那太好了，谢谢！我正好也想学习一下怎么理财，以前就闭着眼睛买房子，现在想投别的也看不明白，怕被骗……我一定带我儿子过来，让他自己了解一下！唉，孩子小的时候操心他学习，长大了还得操心他工作……"

## 6.2　泛金融机构的分类

理财分享会这一天，方眉和她的儿子小贺早早到场，坐在第一排正中间，小贺拿出本子和笔，摆出了大学里认真听课的架势。严飞出差了，特地让老婆徐晓岚代他参加，再三叮嘱要全程录音拿回去给他听。梁亭挽着徐晓岚的胳膊进来，两人有说有笑。经过"大桥事件"，严飞夫妻俩已经把梁亭当自己的侄女看待了。

这次的分享主题是"金融场所"，屏幕上放着本期话题——"聊一聊金融相关机构（一）"。

我："本期话题最早定的是'聊一聊金融机构（一）'，经过再三考虑，最后还是改成了'聊一聊金融相关机构（一）'，虽然只是多了两个字，但严谨了不少。因为目前业内对'金融机构'的定义是笼统的、不明确的，监管机构没有对它作出细致划分，法律法规中也找不到对此的清晰定义。"

"老师，那他们为什么不明确定义一下呢？"小贺举起手问道。

我："原因比较复杂，可能是科技发展推动金融形态演变的速度快于政策和制度的出台，也可能是分业监管和统一协调之间需要时间来磨合与平衡，也许还有其他原因……行了，对于我们普通人来说，重要的不是如何界定金融机构，那不是我们要操心的。我们作为金融市场参与者，凡是业务和金融相关的机构，我们至少要能分辨它是做什么的，属于哪一职能分类，包装出什么金融产品，正不正规，风险性如何。把这些弄明白了，才最实在。"

根据《金融机构编码规范》中的分类方法，我们先从侧面了解一下官方部门对金融机构分类的思路，如图 6-1 所示。

> **Tips：** 中国人民银行于 2010 年 5 月 25 日发布《金融机构编码规范》，并于 2013年 11 月 14 日对其作进一步说明。

为尽可能全面地把目前市场上与金融相关的机构做一个梳理归类，以《金融机构编码规范》中的分类作为基础框架，增加、调整部分机构后对泛金融机构进行分类。该分类图中的部分机构目前尚未被监管当局认定为"金融机构"，或者界定模糊，但不影响我们按照职能对它们进行辨别、定位，如图 6-2 所示。

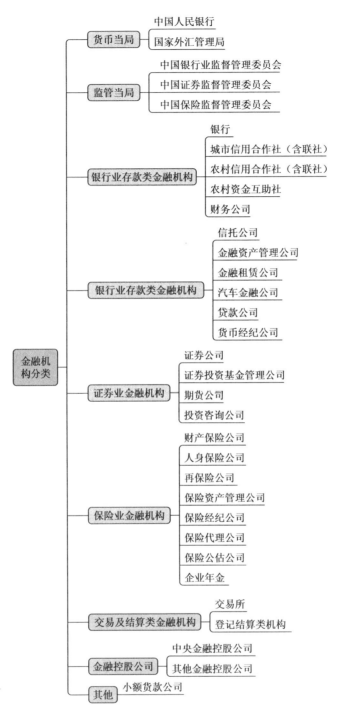

图 6-1 《金融机构编码规范》中的金融机构分类

（数据来源：中国人民银行官网）

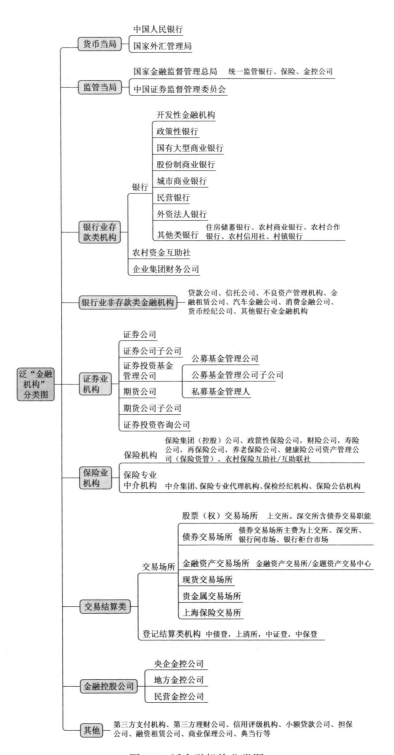

图6-2 泛金融机构分类图

## 6.3　金融管理部门

2023 年 3 月，《党和国家机构改革方案》正式下发，其中包含了金融监管体系的重塑。在我们国家，无论是金融机构还是金融相关的机构，都必须接受金融管理部门的监督管理。以前一提到金融管理部门，人们想到的便是"一行两会"，即中国人民银行（简称"人行"）、中国银行保险监督管理委员会（简称"银保监会"）、中国证券监督管理委员会（简称"证监会"），这一监管架构在运行 5 年之后迎来了大的改革。为顺应时代的发展，应对日益变化的复杂的金融环境，提高监管效率，原来的"一行两会"改为新的"一行一局一会"的格局，即中国人民银行、国家金融监督管理总局、中国证券监督管理委员会，不再保留银保监会。

> **Tips:** 国家金融监管总局（简称"金监局"）的成立集机构监管与行为监管于一身，能更有效地避免之前多级别、多部门之间的多重监管现象，解决监管真空甚至监管套利问题，对于老百姓来说，遇到金融消费者权益保护问题直接找金融监管总局就行，不会出现分头监管模式下责任不清的问题。

中国人民银行在改革后将部分监督管理职能统一划入金监局，更加突出自身的宏观调控职能，专注作为货币当局的货币政策调控、货币发行与流通工作，专注利率、汇率和人民币国际化等宏观性的金融业务，发挥好中央银行的职能。

同有货币当局属性的国家外汇管理局是人行下设的一个分支机构，主要承担经营国家外汇储备，制定外汇政策、管理办法，参与国际金融活动等职能。

证监会在改革后由原来的国务院直属事业单位升级为国务院直属机构，加强了对资本市场的监管属性，统一监督管理全国的证券市场、期货市场，维护证券期货市场有序运行。

除了"一行一局一会"，地方金融监管也是我国金融监管体系重要的组成部分，从 2017 年以来确立了中央为主、地方为辅的双层金融监管模式，对"银证保"体系之外的地方金融进行监督管理，主要是针对"7+4"类机构，"7"指的是小额贷款公司、融资担保公司、区域性股权市场、地方资产管理公司、商业保理公司、融资租赁公司、典当行，"4"指的是地方各类交易所、投资公司、农民专业合作社、社会众筹机构。这些机构也是我们常说的类金融机构。图 6-2 将类金融机构根据职能不同归入对应的类别，方便理解。

# 第 7 章
# 银行业机构

银行业机构不等于银行，它的范围比你想象的要广得多。根据是否能够吸收存款，分为银行业存款类机构和银行业非存款类机构两大分支，而银行只是银行业存款类机构的一部分，至于银行业非存款类机构，种类则更多。

## 7.1　熟悉又陌生的银行

谁是你最熟悉的陌生人？银行或许算一个。

> **Tips：** 我们在马路上见得最多的，除了吃饭的地方，可能就数银行了，但我们平时见到的银行几乎都是"工、农、中、建、交、招"这种大行或者城市商业银行，还有很多类型的银行对我们来说却很陌生。

银行在泛金融机构分类图中和农村资金互助社、财务公司，以及其他非存款类机构都属于银行业存款类机构，如图 7-1 所示。

根据官方资料显示，截至 2022 年 12 月 31 日我国各类银行数达到 4000 多家，具体数据见表 7-1。随着银行转型、改制、新设等不断变化，不同年份的机构名单和数量都会有所微调，例如图 6-1 中的城市信用合作社在表 7-1 中已经看不到了。

表 7-1　银行类型及数量（截至 2022 年 12 月 31 日）

| 银行 / 信用社类型 | 数量 |
| --- | --- |
| 开发性金融机构 | 1 |
| 政策性银行 | 2 |

| 银行 / 信用社类型 | 数量 |
| --- | --- |
| 国有大型商业银行 | 6 |
| 股份制商业银行 | 12 |
| 城市商业银行 | 125 |
| 民营银行 | 19 |
| 外资法人银行 | 41 |
| 住房储蓄银行 | 1 |
| 农村商业银行 | 1606 |
| 农村合作银行 | 23 |
| 农村信用社 | 548 |
| 村镇银行 | 1645 |
| **合计** | **4029** |

数据来源：国家金融监督管理总局官网

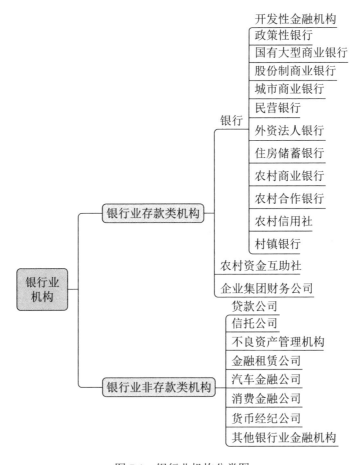

图 7-1　银行业机构分类图

**1. 开发性金融机构和政策性银行**

表 7-1 中排在第一、第二位的银行与老百姓见面的机会比较少，开发性金融机构指的是国家开发银行（简称"国开行"），政策性银行指中国进出口银行和中国农业发展银行。有时候会提到三家政策性银行，这时，另外一家即国家开发银行。2015 年，国务院明确把国开行定位为开发性金融机构。三家金融机构的职能如表 7-2 所示。

表 7-2　开发性金融机构和政策性银行职能概要

| 银行类型 | 银行 | 主要职能 |
| --- | --- | --- |
| 开发性<br>金融机构 | 国家开发银行<br>（1994 年成立） | 通过国家投资和中长期信贷业务服务国家战略，比如对内大基建、大开发、改善环境等，对外进行海外投资，为国家发展打基础、破瓶颈、争红利等 |
| 政策性<br>银行 | 中国农业发展银行<br>（1994 年成立） | 通过开展农业政策性金融业务来支持国家农业发展，促进农业基础设施建设，提高农业生产力 |
| | 中国进出口银行<br>（1994 年成立） | 以出口信贷为主业的政策性融资渠道，支持企业到境外投资办厂、引进高新技术和设备、对外承包工程，促进企业产品出口 |

国有大型银行、股份制银行和城商行是我们最为熟悉的银行，不再赘述。

**2. 民营银行**

很多人对近些年才出现的民营银行较为陌生，从国家金融监督管理总局官网中能看到全国民营银行名单。截至 2022 年 12 月 31 日，已有 19 家民营银行，是 2014 年才开始陆续成立的，其中 2014 年国家批了 5 家，2016 年批了 12 家，2019 年批了 2 家，主要由民营资本发起设立，资本金也主要来自民间。

民营银行在自身定位上各有特色，例如微众银行、网商银行、众邦银行、新网银行这 4 家定位为互联网银行，已推出多种多样的互联网金融产品，这些产品以贷款为主，面向个人或企业，利率相比其他商业银行更高，门槛也相对较低。北京中关村银行定位为创业者的银行，针对创新型企业和创业者推出各种贷款产品和融资工具。苏宁银行定位为科技驱动型 O2O 银行，凭借苏宁丰富的消费场景，深耕消费金融和供应链金融，为小微企业提供多样化金融服务。

Tips：总的来说，民营银行还是以存款和贷款为核心主业，借助互联网平台、消费大数据、人工智能算力等新型科技赋能客户的筛选、营销、风控和成交。存款利息普遍略高于其他商业银行，贷款准入相对宽松，产品设计灵活丰富，贷款利率也相应的高于其他银行。

"我刚下载了两个银行的 App，果然里面的存款利息比其他商业银行高，会不会不安全啊？民营银行会不会不正规？"方眉用手指着手机屏幕说。

我："但凡在我们国家能开出银行来，都要符合各种各样严格的规定，满足资金、资质等一系列要求，机构的合法性可以放心。另外所有银行都需要接受监管机构的持续管理，再者，在民营银行存钱也是有存款保险保障的，保障额度单个银行 50 万元。就算银行倒闭，你存钱不超过 50 万的，都能得到偿付。"

"妈，你真担心的话，每家银行存 50 万元不就万无一失了！"小贺打趣道，接着话锋一转，"老师，我想问一下，外资法人银行是不是就是外资银行？"

### 3. 外资法人银行

我："以前国外的银行在我们国家开分行，因为只是分行，不享有民事主体资格，所以叫外资银行。后来我们允许外资银行在中国注册成独立法人后可以从事人民币业务，业务范围和中资商业银行保持一致，享受国民待遇，外资分行开始陆续改制为外资法人银行，截至 2022 年 12 月 31 日，外资法人银行一共有 41 家，可以在国家金融监督管理总局官网上看到名单。"

外资银行的主要业务包括跨境融资、衍生品交易、高净值个人和家庭财富管理、企业资产管理等，客户定位为机构客户、高净值个人客户、有跨境业务需求客户、跨境联系密切的客户组成。在经营风格上不以规模扩张为目标，采取的是配合总行发展策略的差异化经营策略。

> **Tips：**相比中资银行，外资法人银行依托境外母行能拿到的外币资金成本更低和更丰富的衍生产品种类，其在跨境融资、贸易融资、外币贷款、衍生品交易等方面有较大优势。

### 4. 住房储蓄银行

我们国家的住房储蓄银行只有一家，叫中德住房储蓄银行，是中国建设银行和德国施威比豪尔住房储蓄银行在 2004 年合资成立的，主要业务模式是先储蓄再贷款。通俗讲就是，在这家银行先存款，等到你想贷款买房的时候可以有机会拿到比正常住房按揭贷款利率低的贷款。比如你存 40 万元，存满规定年限后，银行通过审批，可以贷给你存款金额两倍的钱用于买房，并且贷款能享受较低利率。

### 5. 村镇银行、农村信用社、农村合作银行、农村商业银行

银行类别中的最后4种，村镇银行、农村信用社、农村合作银行、农村商业银行，都是主要为农村地区服务的地方性金融机构。

村镇银行是在农村地区设立的服务当地农民、支持农村经济建设的金融机构，同时为鼓励民间资金参与地方的金融机构改革，符合条件的小额贷款公司也可以改制成为村镇银行。村镇银行股东可以是境内外金融机构、境内非金融机构企业法人或境内的自然人。它的出现，打破了农村信用社在农村地区的市场垄断地位，有利于满足农村多样化、多层次的金融需求。

农村信用社也叫农村信用合作社，是农村合作银行和农村商业银行的前身，是为社员提供金融服务的互助式金融组织，属于集体所有性质，由社员入股组建，社员一人一票，实行民主管理。现在很多地方的农村信用社通过改革，提高了规范化运作程度，扩大了规模，资本充足率、不良贷款率、贷款拨备率等各项指标都在往农村商业银行的标准看齐，有部分已经成功改制为农村商业银行。

农村合作银行是在遵循合作制原则基础上，吸收股份制的原则和做法而构建的一种新的银行组织形式，它既有农村信用社那种互助式的合作经济特征，又有农村商业银行那种股份制的营利性和商业化特征，是一种产权制度的创新，也是一种过渡体制，根据监管的要求，目前已经不再新增农村合作银行，已有的农村合作银行要全部改制为农村商业银行。

农村商业银行在经济发达的农村地区比较常见，是由辖内农民、农村工商户、企业法人和其他经济组织共同入股组成的股份制的地方性金融机构。相比农村信用社和农村合作银行，它是规模较大、规范程度较高的银行类型，并已实现商业化经营，性质与商业银行相似。

### 6. 银行之外

农村资金互助社，由农民和农村小企业资源入股组成，为社员提供存贷款和结算等金融服务，是一种自主经营、互助互帮、民主管理的农村合作金融组织。它和农村信用社最大的区别是，前者不以盈利为目的，后者属于商业组织，以盈利为目的。

企业集团财务公司，简称"财务公司"，从事企业集团内部的资金管理、筹集、结算、调拨等业务，并非银行金融机构，但属于银行业存款类金融机构。它能吸收成员单位的存款，从事同业拆借业务，也可以为成员单位办理贷款、票据、供应链融资等资产端业务。相比银行，财务公司更了解集团企业内部的经营情况，并且能从集团整体利益出发有针对性地提供金融服务。

## 7.2 银行业非存款类机构

### 7.2.1 单列7类

银行业非存款类机构包括贷款公司、信托公司、不良资产管理机构、金融租赁公司、汽车金融公司、消费金融公司、货币经纪公司以及其他类，如图7-2所示。

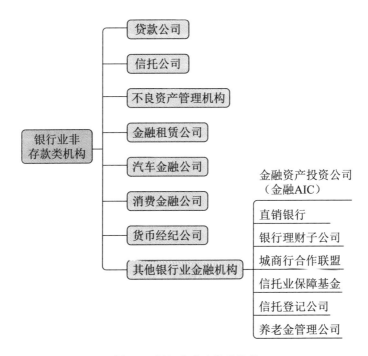

图7-2 银行业非存款类机构

"有个问题我一直想问，贷款公司和小额贷款公司是不是一回事？是不是母子公司的关系？图6-2泛金融机构分类图上贷款公司属于银行业非存款类机构，小额贷款公司又被放在最下面的其他类目里。"坐在方眉右后排的苏鸿光举了下手问道，"还有消费金融公司，好像也是放贷款的，我有点搞不清楚这三家的区别。"苏鸿光是一位快退休的矮个子眼镜男，处事严谨认真，是杜建国儿子的高中化学老师，不知道杜建国怎么就和他成了朋友，两人的性格反差不是一般的大。他提的问题很有代表性，我们确实容易混淆这三类机构。

**1. 贷款公司、小额贷款公司、消费金融公司**

三者的区别主要有以下 4 点。

（1）功能不同：贷款公司设立在农村地区，不吸收存款，专为农民或农村经济发展提供各类贷款服务；小额贷款公司是面向普通个人或中小企业发放的贷款，贷款用途宽泛；消费金融公司也以提供贷款服务为主营业务，但贷款目的用于消费，如装修、旅游、购买大件物品等。

（2）性质不同：贷款公司和消费金融公司都属于银行业非存款类金融机构，由国家金融监督管理总局（原银保监会）及其分支机构监管；小额贷款公司属于地方金融组织，归地方金融监管部门管理。

（3）数量规模差异：截至 2022 年底，全国共 4 家贷款公司，消费金融公司全国 30 家，小额贷款公司近 6000 家，可于国家金融监督管理总局官网上查看名单。

（4）经营地域不同：贷款公司在经济欠发达的县市及以下地区开展经营活动；小额贷款公司在注册当地开展经营活动，不得跨区域经营；消费金融公司的业务可以覆盖全国。

**2. 汽车金融公司**

与消费金融公司性质相似的还有一类机构——汽车金融公司，往大了说，汽车也算是消费品，不同的是汽车的总价大，购买渠道固定，风控措施是以车辆作抵押。目前全国一共有 25 家汽车金融公司，都背靠大型的汽车集团。由于不能吸收公众存款，因此它的资金只能来自于其股东或集团总部。

苏鸿光："再请教一个问题：为什么我买车的时候手续是和银行办理的，

车子抵押给银行，钱也是银行贷给我的？"

我："你办理的是银行的汽车贷款，车企没有汽车金融公司的话这部分业务一般由银行来填补空白，如果有汽车金融公司的话，你可以在银行和汽车金融公司两方做选择。两者相比较，银行的申请门槛更高一点，对申请人的工作收入、负债情况会有要求，首付比例也会高一些，一般要求在车价30%以上，期限3-5年，但是优点是利率较低；汽车金融公司对于申请人的要求会低一些，放款速度很快，最快一两小时就放款了，首付比例可以降到车价20%，期限也有3-5年，贷款利率比银行高，有的汽车金融公司贷款会有车型限制。"

### 3. 信托公司

别看信托公司有"公司"两个字就以为它是普通的商业公司或投资公司，它可是正儿八经的金融机构，金融地位不可小觑，信托与银行、保险、证券、基金一起，构成我国的五大金融行业，就像武侠小说里的"东邪、西毒、南帝、北丐、中神通"，如图7-3所示。

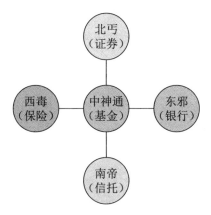

图 7-3　五大金融行业

---

Tips：信托，用 8 个字概括——受人之托，代人理财。

---

信托公司的主要业务模式通俗来讲就是，你把财产委托给信托公司，信托公司拿着你的财产，以它自己的名义帮你进行投资理财，利益归受益人，受益人可以是你自己，也可以是你指定的某人。

信托牌照在金融行业里非常稀缺珍贵，一共只有68块牌照（根据原银保监会2022年底公布的机构名单，只有67家信托公司，新华信托破产清算，未列入名单之中）。除了牌照数量有限，稀缺珍贵之处还在于信托是唯一一个能横跨不同金融行业进行投资和放贷的金融机构。银行业务、保险业务、证券业务、基金业务里面都有信托的存在。

信托根据底层资产的投资方向，可以分为现金管理类信托、房地产信托、政府平台类信托、家族信托、股权信托、慈善信托等，在收益分配上有固定收益类、浮动收益类等。关于产品类的内容后面会详细介绍。

### 4. 不良资产管理机构

在《金融机构编码规范》中，此处是"金融资产管理公司"，不包括其他。但从不良资产处置行业来看，不止有金融资产管理公司，还包括地方资产管理公司和外资资产管理公司，在此，我们按职能属性将三者划归一类，如图7-4所示。

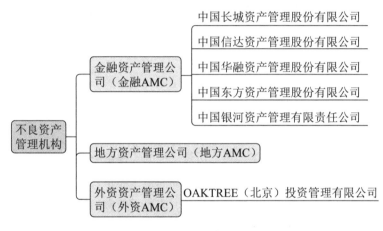

图 7-4　不良资产管理机构分类图

> **Tips:** 不良资产管理机构的主业都是处置不良资产，通过债转股、债务重组等方式防范金融风险，维护金融体系和实体经济稳定发展。

金融资产管理公司（简称"全国 AMC/ 金融 AMC"）按《金融机构编码规范》的分类属于其他银行业金融机构，有金融机构牌照。它诞生于 1997—1998 年亚洲金融危机时期，自改革开放以来，我国的经济持续快速增长，银行的贷款规模也大幅提升，随之而来的是贷款不良率的不断上涨，加上遭遇 90 年代中后期的经济下行，不少银行的不良率甚至达到 60%，金融系统性风险逐渐暴露。当时也正值我国加入世界贸易组织的关键时期，为解决国有大行不良贷款问题，剥离由其形成的不良资产，金融资产管理公司应运而生，具体业务模式除了债务重组之外还采取破产、转卖等方式处置不良资产，其处置不良资产的资金来源包括发金融债、同业借款、央行再贷款等。

地方资产管理公司（简称"地方AMC"）没有金融牌照，由地方监管，属于类金融机构，股东构成有央企、地方政府平台、地方国企及民企，不良资产处置的范围限定在本省内，处置方式以债务重组为主，理论上不能通过破产、转卖等方式处置不良资产，而且地方AMC只能参与本省范围内不良资产的批量转让，并不能对外转让，资金压力较大。地方资产管理公司的名单可于国家金融监督管理总局官网上查看。

外资资产管理公司在国家开展银行不良债权和贸易融资等跨境转让试点的大背景下，首家外资资产管理公司"OAKTREE（北京）投资管理有限公司"于2020年2月在北京成立。这家公司是全球知名投资管理公司橡树资本（Oaktree Capital）的全资子公司，它的入局将推动我国不良资产行业更深层次的发展。

### 5. 货币经纪公司

"老师，图7-2里的金融租赁公司还没介绍呢！"小贺举手提醒。

我："金融租赁公司容易和融资租赁公司混淆，所以它俩放在后面一起说。"

货币经纪公司：和明星经纪公司本质是一样的，提供中介服务及报价服务，主要包括境内外货币市场、外汇市场、债券市场和衍生品市场等交易的经纪业务。例如为各个机构提供人民币或外币的信用拆借、人民币债券回购等交易的撮合服务；提供个人和机构的人民币与外币之间的汇兑；提供债券现券买卖及远期买卖的撮合服务等。截至2022年12月31日我国的货币经纪公司一共6家，可于国家金融监督管理总局官网查阅名单。

## 7.2.2　其他七类

根据国家金融监督管理总局官网统计，其他银行业金融机构共7类：金融资产投资公司、直销银行、银行理财子公司、城商行合作联盟、信托业保障基金、信托登记公司、养老金管理公司，如图7-5所示。

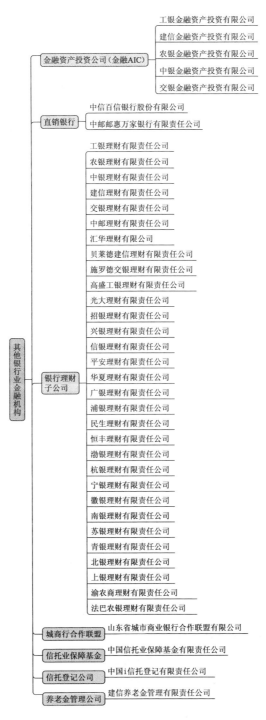

图 7-5　其他银行业金融机构

（数据来源：国家金融监督管理总局官网）

## 1. 金融资产投资公司（简称"金融AIC"）

金融AIC的成立背景是2007—2008年的次贷危机，它和全国AMC一样都是为了处置银行的不良资产，主要业务是收购银行对企业的不良债权，然后债转股，对未能进行债转股的不良债权进行重组和转让。

资金来源有发私募产品募集、发金融债募集、同业拆借、债券回购等。

> **Tips：** 和AMC不同的是，金融AIC只能收购银行对企业的债权，不能直接收购企业债权，另外，它的股东都是银行，从图7-5可以看出5家金融AIC机构恰好是工、农、中、建、交的背景。

## 2. 直销银行

直销银行是以互联网、电脑、手机等作为服务渠道，通过线上经营，为客户提供服务的银行类型，主要特点为"三无"，即无实体银行卡、无现金业务、无线下实体网点，客户通过注册虚拟银行卡，可以绑定母行或跨行合作银行的账户进行资金划转、存取。目前有直销银行牌照的全国只有两家：中信百信银行和中邮邮惠万家银行。

> 方眉："我发现除了直销银行，刚才在讲民营银行的时候还提到过互联网银行，它也没有线下网点，也是线上经营银行业务，这不是和直销银行差不多嘛，有啥区别呢？"

> 我："这个问题很有意思，两者最主要的区别是成立的背景资源不同、出发点不同，直销银行是由传统银行作为母行成立的，出发点是利用网络、电脑、手机打破物理网点局限，拓展银行业务触角；互联网银行是带有互联网基因的民营企业，利用自身大数据优势、流量优势以网络、电脑、手机等工具实现金融领域的变现。但两者的本质其实是一样的，都是通过互联网销售金融产品、吸收存款、发放贷款，连监管部门也是同一个。因此最大的不同是在营销方法、客户筛选、风控角度和产品包装上。"

> 小贺："老师，就算同样是直销银行，我感觉也不止两家，很多城商行都说有自己的直销银行，这是怎么回事？"

> 我："你说的这种类型是部分传统银行采用的'直销银行部'的模式，以部门形式存在于银行零售条线或者电子科技部名下，通过互联网完成线上吸储

和线上助贷，组织架构、营销和运营体制属于传统银行体系的一部分。而独立法人资格的'直销银行'在风控审批、业绩考核、人才引进、营销策略等方面自成一套体系，拥有更多的自主性。但是通过这几年的试点探索，无论是独立法人资格的直销银行还是直销银行部，发展态势都开始减缓，一方面是产品系列相对单一，与传统银行同质化程度高；另一方面直销银行拿得出手的优势本质上是互联网技术与银行体系的深度绑定，使得获客空间和用户体验上升一个台阶，但随着传统银行的数字化转型和手机银行的发展，理论上同样可以做到用户的直接触达和营销模式的广域化、智能化、数据化，直销银行原本的优势将不再明显。从2021年起监管机构没有再批复新的独立法人直销银行来看，这或许也是对其发展减速的一种印证。"

### 3. 银行理财子公司

银行主要业务是存贷款业务，除此之外，人们和银行接触最多的场景应该就是去那儿买理财产品。银行理财子公司是由商业银行作为控股股东发起设立的，主要从事理财业务的非银行金融机构。

　　银行理财子公司做的事情和接下来我们要讲到券商资管子公司、期货资管子公司类似，都是接受投资者委托，对其财产进行投资和管理，收取一定的管理费和手续费。银行理财子公司的业务范围包括发行公募理财产品、私募理财产品、分级理财产品，投资非标准化债权资产等。

　　说到银行理财子公司，就不得不提《资管新规》，2018 年 4 月 27 日，具有金融监管里程碑意义的《关于规范金融机构资产管理业务的指导意见》（简称"《资管新规》"）出台，多个监管部门联合，强势规范金融机构的资产管理业务。

　　"老师，这里的规范'资产管理业务'和你之前提到的金融资产管理公司、地方资产管理公司的'资产管理'是一回事吗？"我正想补充说明这一点，仔细的苏老师反应在先，他一边往前翻着笔记一边问。

　　我："这两类光看名字都一样，都有'资产管理'四个字，但是业务内容是不一样的，前面我说的是不良资产管理机构，它们的资产管理偏不良资产的收购、处置，这里的《资管新规》针对的资产管理指的是委托方将自己的资产，通常也就是钱，委托给受托方，由受托方对委托人的财产进行投资和管理的金融服务。委托方指投资者，受托方指金融机构，比如银行、证券公司、基金公司、信托公司、期货和保险的资管子公司等。我们所说的理财，除了直接买股票、买保险这种个人直投以外，只要是委托上述的金融机构帮我们投资，都属于资产管理范畴。"

　　方眉："我恍然大悟了，原来我买的银行理财、公募基金、信托产品都是我委托金融机构帮我投资的产品，风险我担，赚钱了绝大部分收益归我，他们赚手续费、佣金、收益提成，懂了懂了。"

　　我："风险由投资者承担，这个意识现在已经被绝大多数投资者理解并接受，但是在 2018 年以前，银行等金融机构的部分从业人员为了吸引客户、扩大业绩规模，明里暗里对理财产品承诺保本甚至保收益，这一做法脱离了理财的本质，违背市场经济规律。从另一方面来说，银行等金融机构对理财风险的披露不够充分、详细，在资产管理运作中存在期限错配、多层嵌套等问题，严重增加了风险隐患，在这些背景下，《资管新规》于 2018 年 4 月 27 日诞生了，集中整顿和规范乱象。5 个月之后，即 2018 年 9 月 26 日，原银保监会公布实施《商业银行理财业务监督管理办法》（简称《理财新规》），在银行理财规范方面与《资管新规》保持同步，并细化了规范要求。《理财新规》和同年 12 月 2 日公布的《商业银行理财子公司管理办法》对我们国家的银行理财业务产生了深远的影响，从那之后，银行理财子公司孕育而生。"

截至 2023 年 6 月 30 日国家金融监督管理总局官网数据统计，银行理财子公司一共 31 家（见图 7-5）。目前银行理财业务现状是理财子公司和未获理财牌照的商业银行并存展业，未来，理财子公司作为银行参与资管业务的正规军将成为趋势，未获牌照的商业银行有两条路可以选择，一条是走理财子公司的持牌路线，在存量业务整顿、组织架构调整、产品优化设计、专业化团队建设等方面加快完善和布局，以满足设立理财子公司的条件；另一条路是逐渐退出自营理财业务，从而往代销其他金融机构理财产品的方向发展。

### 4. 城商行合作联盟

城商行合作联盟目前全国只有一家：山东省城市商业银行合作联盟有限公司。它是为中小银行提供中后台科技服务的非银行金融机构，公司股东为 15 家城商行。

### 5. 信托业保障基金

中国金融的 4 大支柱——银行、保险、信托、证券当中每一个行业背后都有托底的保障、坚实的后盾，用来化解和处置行业风险。

银行有存款保险制度，保险有保险保障基金，证券有投资者保护基金，而信托背后则是信托业保障基金。该保障基金全称"中国信托业保障基金有限责任公司"，由信托市场参与者共同筹集，用来化解和处置信托业风险，属于非政府性行业互助基金。

当信托公司出现临时性资金周转困难、资不抵债、破产重组，或因违规经营被责令关闭、撤销的，可以启动保障基金来保护投资人利益、应对信托公司自身危机。

### 6. 信托登记公司

信托登记公司全称"中国信托登记有限责任公司"，主要负责信托产品信息的登记服务，登记内容包括信托产品名称、类别、期限、信托目的、信托当事人、信托收益分配等信息。

梁亭："我们可以查询信托登记公司登记的信息吗？"

我："只有信托投资人可以查询自己投资的信托产品，通过中国信托登记有限责任公司官网中的查询平台，输入信托产品名称、编码、发行机构等信息可以查询产品的登记办理情况，很多人通过官方平台的查询来判断所投产品的真伪。"

## 7. 养老金管理公司

养老金管理公司国内只有一家：建信养老金管理有限责任公司，是国务院批准试点设立的专业养老金管理机构，于 2015 年 11 月 20 日正式挂牌开业，股东是全国社会保障基金理事会、中国建设银行股份有限公司和信安金融服务公司（其母公司美国信安金融集团有 140 多年历史，是美国最大的养老金管理机构之一）。

公司的服务范围包括：全国社会保障基金投资管理业务、企业年金基金管理相关业务、受托管理委托人委托的以养老保障为目的的资金、与上述资产管理相关的养老咨询业务等。

> **Tips：** 之前，我们交的社保钱一直是由全国社会保障基金理事会负责投资运营的，养老金管理市场上一直缺少银行的身影，在国外，银行一直是养老金管理的主力，这家养老金管理公司的设立使得银行能更深层次地参与养老保障体制的运营，整合更多自身和外部的优质资源，打造更加专业、高效的养老金投资机制。

# 第8章
# 证券业机构

证券业机构由证监会监督管理，旗下的大类并不复杂，就证券类、期货类、基金类3大类别，但是这3大类的分支却容易混淆，有各种子公司、资管公司、基金管理人……

在这一章节，就让我们彻底梳理一下它们之间的关系和区别，之后再看各家机构的产品，你就能足够了解产品的底细。

## 8.1　磨刀不误砍柴工

中间休息的时候，方眉带着儿子过来和我打招呼："荃老师，今天听了你分享的内容才发现原来金融行业有这么多机构，真长见识了！我以为撑死十几二十家，没想到不重样的就有上百家……嘻，原来就很迷茫不知道哪家适合我儿子，现在更晕了……"

小贺："妈，别晕，现在才刚开头，等全听完了我自己就能知道想去哪家了。"

杜建国拉着苏鸿光一人捏着一根烟往外走，无意间听到母子俩讲话。"上百家这么多啊，荃老师你随便讲几家就行了，用不着这么仔细，重点讲怎么理财。"杜建国吐槽了一句。

"老杜，凡事打好根基很重要，你怎么不让老师直接告诉你买什么股票呢，你也真是的！"苏鸿光扭过头怼他，"别老拿着手机看宋小默直播。她没时间来听课，你学好了回去教她，既显能耐又有借口见她，自己还涨知识了，一举三得！"

　　"啊呀，我怎么没想到！老苏，看不出你整天书呆子气，点子蛮多嘛，真是让我刮目相看！"杜建国突然停住脚步瞪大眼睛盯着苏鸿光，"刚才讲的你回去再讲一遍给我听，还有你的笔记也借我抄一下！"

　　我："别难为人家苏老师了，回头找严飞，他老婆帮他录音了。你俩先去休息，一会儿我们继续。"

　　"好嘞好嘞！"杜建国两手搭着苏鸿光的肩膀往外走。

　　为什么要花这么大的精力来给大家讲一遍所有金融相关的机构？

　　（1）金融相关的机构非常多，花时间梳理出一个总体框架，知道整个金融体系的布局是怎么样的，各个机构的职能和运作动机是什么，出门以后，无论遇到什么陌生的金融产品还是陌生的机构，都能把它对应到这一框架中的某个点，知道该怎么定位它、辨别它。当发现它们不属于框架中的任何一类时，你要小心了，很可能是无中生有的骗局。

　　（2）即使你遇到的产品和机构属于框架范围，也不能代表它的产品一定可靠、团队一定靠谱，"正规军"中虽然大部分金融相关的机构运作规范、严谨，监管到位，仍不排除有组织松散、野蛮，监管缺失、混乱的机构。花点时间把它们都了解一遍，提前打好"预防针"，真正交手的时候就能够心里有底，把自己的主见立正了，就不会被对方牵着鼻子走。

　　（3）把这些机构悉数捋一遍，相当于逛了一圈"大观园"，先领你认认门，以后如果你对某一分支感兴趣的，就知道该把哪里作为切入点，知道这一分支在整体当中的位置，以及和它相关的机构和部门有哪些，自学的时候不会迷路，做到有的放矢。

（4）这些机构是所有理财产品产出或交易的物理载体，了解了机构，也就更容易把握由它们设计出来的各类投资理财产品的属性、功能、风险点和底层资产投向。了解了植物的根、茎、脾性，还不容易拿捏它开出来的花、结出来的果吗？

（5）随着社会和科技的不断发展更迭，金融本质虽然没有变化，但是它展现出来的形态、设计出来的产品、交易的方式、营销花样一直在推陈出新，新的机构在冒出来，老的机构在调整。我们在解读各个机构的时候是能深刻体会到这些现象的，磨刀不误砍柴工，先花点时间了解当下的机构类型，待它调整变化或者行业制度办法更新时，你自然而然就读得懂金融类新闻背后的监管意图、政策导向，更好地把握投资理财的方向，降低风险。

> **Tips：** 书中对机构的介绍只是蜻蜓点水，起抛砖引玉的作用，如果要了解每一类机构的全貌，可以从其成立背景、历史沿革、国内外对比、监管要求、职能定位、行业规模、同业比较、产品特征、发展趋势这几个角度搜集资讯、深入学习。

## 8.2　券商及其子公司

券商，即经营证券交易的公司，也叫证券公司，在国外被称为投资银行或者商人银行，是主要从事证券买卖的法人企业。

> **Tips：** 那证券又是什么呢？它是多种经济权益凭证的统称，是一种法律凭证，你持有它代表你享有某种特定的权益。证券包括政府债券、公司债券、证券投资基金份额、资产支持证券、资产管理产品、存托凭证、股票等。

券商子公司，是证券公司设立的全资子公司或者和其他符合条件的投资者共同出资设立的子公司。它们设立的原因各不相同，有些是大型券商剥离相关业务，以子公司的形式独立经营，走高效、专业化的道路。例如券商投行子公司；有些出于监管要求将部分业务拆分，通过设立子公司的方式独立运作，以此提升业务的规范性和专业度，例如券商私募基金子公司、券商另类投资子公司。

根据券商子公司职能的不同，大致可以分为 5 类：券商资管子公司、券商私募基金子公司、券商另类投资子公司、券商投行子公司、券商其他子公司，如图 8-1 所示。

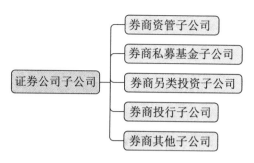

图 8-1 证券公司子公司

"我懂嘞，有的老子，事业做太大了，一个人管不过来，生个儿子（这里指子公司）让他们分担一部分，要么做父母的跟不上时代，落伍了，有些事情处理不好，交给儿子来做！"杜建国扯着嗓子说，引得众人哈哈大笑。

截至 2023 年 3 月，我国证券公司合计 140 家，其中有 5 家投行子公司，20 家资管子公司。可于证监会官网查看名录。

券商的业务主要有 6 大块。

### 1. 经纪业务

个人不能直接在交易所进行证券的交易，必须在证券公司开户，通过证券公司进行证券的买卖，证券公司从中收取一定的佣金，这就是券商最传统的经纪业务。

方眉："券商拉你开户，跟你说他们家交易费用最便宜，佣金只收万分之1，是不是万分之1，是全佣还是净佣，大家可得问清楚了。我之前被忽悠过，业务员跟我说他们家佣金最低，只有万分之1，谁知道等我开完户开始交易了，一算交易费，不对啊，不止万分之1。这时他才告诉我万分之1是净佣，不包括规费，气死我了，我马上清仓，换了一家全佣万分之1的公司！"

"你已经算好了，我是手机自助开户，统一万分之2.5，后来才发现也是净佣金，不包含规费。"苏鸿光的话给了方眉安慰。

"他们说的规费、净佣、全佣是什么意思呀？"梁亭小声问徐晓岚。

我："在证券交易所买卖股票是需要交易费的，交易费由四部分组成：佣金、规费、印花税、过户费，如图8-2所示。有些券商报佣金的时候把规费也算在内，这种叫全佣金，如果全佣金万分之1，那确实是很低了，因为光是规费加起来也要万分之0.687，剩下给券商的佣金最多也只有万分之0.317；有些券商的佣金不含规费，规费需要另外算，这种的就叫净佣金。我们在询问佣金的时候一定要问仔细。"

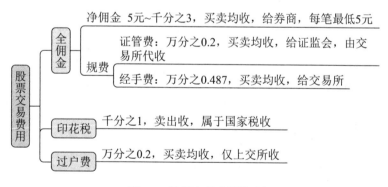

图 8-2　股票交易费用构成

## 2. 融资融券业务

投资者提供一定担保物后，由证券公司借钱给投资者供他买入上市证券的属于融资交易，借上市证券给投资者供他卖出的属于融券交易，两者加起来就是融资融券业务。

这里说的担保物包括投资者交的保证金（交的钱或者可以充当保证金的证券）、

融资买入的证券和融券卖出后得到的资金等。

融资融券其实就是一种加杠杆的金融游戏，因为风险较高，不是所有投资者都能玩。非专业的机构投资者，只有近 20 个交易日，日均资产达到 50 万元（含）以上，具备一定投资经验和风险承担能力，并且从事证券交易满半年时间的投资者才能入局。

### 3. 投行业务

银行可以吸收存款，然后把吸收来的存款再放贷给需要融资的企业或个人，这是银行最主要的间接融资业务，券商也能够为企业提供融资服务，但是与银行不同，券商不能吸收存款，它以直接融资的方式撮合企业直接找到资金方，由资金方针对性地提供资金给企业，这种直接融资的方式又分为股权融资和债权融资两类，它们是券商投行业务的主要内容。

券商投行业务一共 3 个板块：股权融资、债权融资和财务顾问，如图 8-3 所示。

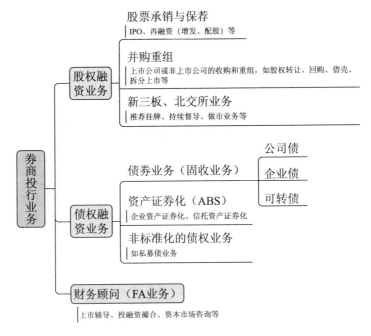

图 8-3　券商投行业务

一些大型券商根据自身的战略定位，会把投行业务拎出来设立券商投行子公司单独经营，新的公司轻装上阵，独立的法人资格方便吸引优质战略合作者加入，增强行业竞争力。管理制度的重塑一方面能搭建更加健全的风控体系，加强合规经营，另一方面能制定出更加公平合理的激励机制来吸引人才，提高团队的专业度。总的来说，子公司拥有更大的自主经营权后能按照市场变化及时调整经营策略，有利于提升行业的研究能力、专业能力和创新能力。

　　小贺："老师，银行也有投行部做投行业务，它和券商的投行业务有什么区别吗？"

　　我："银行确实也有投行部，有的银行把投行业务并在金融市场部里面，有的叫资产管理部，它的投行不涉及上市保荐、上市辅导等股权类业务，相比券商，它的'债性'更重，业务范围如下：债权类融资业务，例如债务融资工具的承销发行；短期融资券（短融）、中期票据（中票）、企业债的发行；以资产证券化为核心的结构性融资，如银行不良资产证券化、基础设施资产证券化、应收账款证券化等；并购贷款，通过直接放贷的形式给符合条件的企业发放贷款用于并购；财务顾问类业务，如并购重组咨询、项目融资咨询；赚取手续费、管理费的托管业务，如企业年金托管、社保基金托管等。"

## 4. 自营业务

　　证券自营业务，一般指狭义的，即券商以自有资金、用自己的名义买卖证券从而获取投资收益的证券业务，买卖的证券包括境内证券交易所上市的股票、债券、基金、认股权证等，还包括新三板挂牌转让的证券，区域性股权市场挂牌转让的股权、私募债券，境内银行间市场交易的证券等。

> **Tips：** 广义的自营业务，还包括《证券公司证券自营投资品种清单》所列品种之外的金融产品、非上市股权等另类投资业务，该类业务证券公司通过设立另类投资子公司进行单独经营。

## 5. 资管业务

　　券商资管业务和上面我们讲过的银行理财子公司的业务相似，都是代客理财，接受委托人也就是投资人的委托，代其在金融市场进行投资，帮投资人获取投资收益，同时赚取管理费和超额业绩提成（超过约定收益部分券商可以按比例分享收益）。

　　券商的资管业务分被动管理和主动管理两大类。

　　被动管理就是通道业务，券商赚通道费，对其自身来说风险较小，因为它只是提供了一个通道、一个工具，券商不需要募集资金，理论上不需要对资金方负责，同时，也不需要找项目，因为通道业务项目和资金都是现成的，只是借用一下券商的资质来办事。未来，对通道业务的管控会越来越严格，监管希望资管业务能回归"投资管理"的本质。

主动管理才是资管业务的灵魂和未来发展的主旋律，它是指券商作为资管产品的管理人，要主动寻找优质的项目，把募集来的资金投出去，并对其负责，做好项目的筛选和风险把控。这是需要有专业技术含量的，它对券商的投研能力要求更高。主动管理的产品主要包括：定向资管计划、专项资管计划、集合资管计划、公募基金等。

小贺："银行有银行理财子公司，券商为什么也要设立券商资管子公司呢？证券公司直接做资管业务不好吗？"

我："一方面还是出于专业化、规范化运作的考虑，成立资管子公司能帮助券商加快主动管理业务的转型，吸收外部优质资源提升投研能力和运营效率；另一方面券商希望通过设立资管子公司来申请公募基金的牌照。2022 年 5 月 20 日，证监会发布《公开募集证券投资基金管理人监督管理办法》，适度放宽公募基金牌照准入，允许同一集团下证券资管子公司、保险资管公司、银行理财子公司等专业资管机构申请公募牌照。"

## 6. 财富业务

在券商做前端业务的人主要分为两大块：一块是资产端，就是去找优质的项目来包装成产品，比如投行业务的发债项目、资产证券化项目或非标融资项目，或者包装主动管理的定向资管计划、集合资管计划等；另一块就是财富端，随着开户佣金透明度的提高和线上操作的普及，依靠传统经纪业务"拉人头开账户、炒股票赚佣金"的时代一去不复返，很多券商开始向财富管理转型，通过券商遍布全国的分支机构来卖资产端包装出来的产品，或者代销其他金融机构的产品，服务高净值客户和机构客户。

券商财富业务主要包括 3 块：券商现金管理类产品、券商资管产品（单一资产管理计划、集合资产管理计划等）、代销其他金融机构的产品（含公、私募基金）。

"老师，刚才在讲券商 6 大业务的时候顺带讲了券商投行子公司和资管子公司的业务内容，券商私募基金子公司和另类投资子公司只是提了一嘴，我不知道这两家具体干什么的，还有券商其他子公司，也给我们介绍一下吧。"苏鸿光一边看着笔记本一边说，"子公司太多，我已经看得翻白眼了。"

我："金融机构确实种类繁多、关系交错，变一两个字，机构可能就是完全两个不同的类型，比如券商资管子公司和期货资管子公司，券商私募基金子公司和私募基金管理人，它们既有相同点又有区别，属性还不一样。不过也不用怕，对照着泛金融机构分类图横向比较着和理解，记住各个大类及其主要职能，多看几次就明白了。"

券商私募基金子公司和券商另类投资子公司都是由证券公司自有资金出资设立的全资子公司，不同的是前者是以私募基金形式对外投资，它可以向合格投资者募集资金，投资的业务范围既包括私募股权投资，也包括私募证券投资；而另类投资子公司只能以券商自有资金来投资，不能对外募资，相比前者，它的投资范围更广，包括证券公司自营投资品种清单以外的金融产品，如衍生品、大宗商品、新三板股票、非上市公司股权等。

券商其他子公司包括券商金融科技子公司、券商金融研究子公司、券商系期货公司等。

券商金融科技子公司是券商与科技公司在信息共享、流量获取和财富配置等领域深入合作的产物，如中金公司和腾讯数码合资的金腾科技信息（深圳）有限公司、天风证券和恒生电子合资的浙江寻常问道网络信息科技有限公司。

券商金融研究子公司是证券公司发起设立的具有独立法人资格的证券研究咨询机构，从事投资研究服务和财务顾问服务，如上海申银万国证券研究所有限公司，它成立于1992年，是申银万国证券股份有限公司的控股子公司。

券商系期货公司指的是有部分期货公司是证券公司的子公司或者控股子公司，如光大、国信、国泰君安、招商等期货公司。

## 8.3　基金公司的两大分支

基金公司，就是专门管理基金的公司，也叫基金管理公司或者基金管理人。

那么基金又是什么？基金是大家为了某种目的而凑到一起的一堆钱。放在古代，基金可以想象成是一大箱子金币，现在转到线上操作了，基金就是某个约定好特定用途的银行账户里的钱款，它由大家从自己银行账户里转过来的钱凑成。

基金大概的用途被约定好了，这个账户里的钱具体怎么用，投什么项目，买什么证券，就是基金公司的工作。它是基金的管理者，大伙儿相信它，把钱都给它，让它来管理。从这一点来说，基金代表着一种委托关系，大家委托某个信任的基金公司，让它根据自己的风险偏好来挑项目，判断风险和收益，然后把钱投出去，赚了钱给大家分，公司自己收一点管理费。有的基金会约定，如果赚得多了，自己再以小比例分一点收益；万一亏了，由出钱的人承担损失风险，管理过程中对于有违法违规现象的基金公司要追究其责任。所以，基金公司的好坏很重要，直接影响到投资者的利益。

> **Tips**：买基金和买股票、买债券不一样。后者属于直接投资，买哪家公司的股票或债券都是你自己挑、自己选，好坏看自己的本事和运气；买基金是间接投资，让基金公司帮你来选投资产品。

根据募集资金的方式和最低金额的不同，基金分为公募基金和私募基金。

公募基金在募钱的时候可以对外宣传做广告，向全社会老百姓公开募集，募集的起点金额很少，最低为1元，门槛很低。

私募基金不能公开募集、不能做广告宣传，就像字面意思一样，只能私下募集，起点金额很高，通常100万元起投。

我："小贺，基金为什么要这么区分，你们应该学过，讲讲？"

小贺："嗯，这个简单，公募基金向老百姓开放，大家都可以来投资理财，不管是穷人还是富人都能把钱投到公募基金里面。也正因为门槛低，国家对公募基金要求就很高，信息披露要求高，投资的限制多，很多风险高的项目不能投，就怕基金公司不负责任，乱宣传，乱投资，把不明真相的老百姓的辛苦钱亏光了。不过，风险高的项目虽然亏钱概率大，但也可能会有高的收益，这些项目也需要融资，需要有人给它钱，所以就有了私募基金。它针对相对富裕的人群开放，有能力赚这么多钱的人，一般投资的认知水平更高，辨别能力更强，风险承受能力也更强，更有能力投资高风险项目。"

我："讲得很通俗易懂，无论是公募基金还是私募基金，它们都是由基金管理公司来管理的，下面先来了解一下这两类管理机构的大致情况，这对理解它们推出的投资产品会有帮助。"

## 8.3.1　公募基金管理公司及其子公司

### 1. 公募基金管理公司

截至2023年3月，有公募资格的管理机构一共只有156家，其中公募基金管理公司143家，另外13家是取得了公募资格的资产管理公司，可于证监会官网查阅名单。它们一共管理着 10718 只公募基金，总的基金规模有 26.68 万亿元。

公募基金管理公司推出的基金产品可以分为两个类型：一是封闭式基金，二是开放式基金。

你买了前者以后在一定期间是不能赎回的，除非找到愿意买你基金的人，你转让给他，否则你必须持有到期。以前封闭期很长，有 10 年、15 年，现在的封闭期短了，一般只有 2—5 年。

开放式基金随时可以申购或者赎回，比较灵活，很受欢迎，因此，它的资产规模比封闭式基金要大很多。开放式基金下面又分货币市场基金、股票基金、债券基金、混合基金、QDII 等。目前，市场上公募基金资产在各细分类型中的分布情况如表 8-1 所示。

表 8-1　公募基金资产统计（2023 年 3 月数据）

| 更新日期 | 类别 | 封闭式 | 开放式 | | | | | | | 合计 |
|---|---|---|---|---|---|---|---|---|---|---|
| | | | 股票基金 | 混合基金 | 货币市场基金 | 债券基金 | QDII | 其他 | 开放式合计 | |
| 2023 年 03 月 | 基金数量（只） | 1303.00 | 2026.00 | 4690.00 | 372.00 | 2094.00 | 233.00 | | 9415.00 | 10718.00 |
| | 份额（亿份） | 34435.12 | 20604.42 | 39527.56 | 109459.56 | 36909.50 | 4035.09 | | 210536.13 | 244971.25 |
| | 净值（亿元） | 34435.12 | 26015.93 | 49621.99 | 109531.02 | 41631.41 | 3541.45 | | 230341.80 | 266779.52 |

注：表中"封闭式基金"包含申报为封闭运作和定期开放的基金。由于四舍五入原因，可能存在分项之和不等于合计的情形。基金数量统计不含已向证监会报送清盘的基金。数据来源于中国证监会。

## 2. 公募基金管理公司子公司

公募基金管理公司子公司简称"基金子公司"，业内人士更省事，直接叫"基金子""基子"。

它的诞生有历史背景，为应对 2008 年的全球金融危机，国家用 4 万亿元投资扩大内需，拉动经济增长。政府基建和房地产市场再度被激活，融资和投资的旺盛需求刺激了资管行业的发展，但当时的金融分业监管体系无法让银行的理财资金直接进入证券市场，而信托在当时是唯一能够横跨资本市场、货币市场和实体经济三大领域的金融机构，它凭借着制度红利高速发展，大量资金通过信托直接或间接地流向实体经济。但信托属于当时的银监会监管，于是证监会也放开了证券行业的资管业务，在 2012 年发布《证券投资基金管理公司子公司管理暂行规定》，允许公募基金管理公司通过设子公司的形式开展资产管理业务，原先它只能从事标准化产品的投资，比如二级市场的股票、债券，现在可以通过子公司的资管牌照参与一级市场的投融资业务竞争。

早期的"自由生长"给行业带来繁荣的同时也引发了诸多问题，为了规范子公司业务，监管层在2016年出台了相关基金子公司新规，整顿通道业务和母子公司之间的同业竞争，同时规范融资类非标业务的开展，失去政策红利之后，整个行业规模和产品数量开始大幅下降。

> **Tips：** 基金业协会数据统计显示，截至2022年末，基金子公司的产品数量由2016年时的1.6万只下降到3521只，不到2016年的四分之一，总规模降到1.92万亿，不到2016年的五分之一。

2023年2月，从事资管业务的基金子公司的分类监管正式启动。监管机构将各基金子公司按照风控水平、持续经营能力等指标综合考评后由优到劣依次分为A、B、C、D四类，也就是对好同学和差同学开始进行排名。对于优等生，允许其继续经营；对于风控水平不足、能力欠佳的限制发展；而对于"差生"，从严监管甚至清理出局。这是一次行业的大梳理，截至2023年3月底，公募基金管理公司子公司一共73家，每一家都面临着展业定位、业务模式、管理制度和经营思路的重新调整任务，从野蛮扩张转向专业化精细化运作。而对于我们投资人，时刻关注监管机构对这些基金子公司的分类信息和监管通报会很有意义，因为它已经含蓄提示我们把资金交给哪家机构才会更加安心。

## 8.3.2　私募基金管理人

私募基金管理人是基金的募集方和管理方。投资二级市场证券的属于私募证券投资基金管理人，投资非上市企业股权或者投初创型企业股权的属于私募股权、创业投资基金管理人。管理人在中国证券投资基金业协会（以下简称"基协"）官网登记备案时需要选择自己管理的基金类型是哪种。

根据基协统计数据，截至2024年6月，存续的私募基金管理人更是高达20768家，管理着151257只基金，管理的基金规模19.89万亿元，可于基协官网查阅具体数据。

徐晓岚："有这么多管理人啊，两万多个！我们怎么区分哪些实力强、哪些实力弱、哪些靠谱、哪些有问题？眼睛都看花了！"

我："有一个简单粗暴的方法：去中国证券投资基金业协会官网查（如图8-4、

图 8-5 所示）。查什么呢？先查它是不是会员，是什么类型的会员，然后查它公示信息里的具体内容，如果查不到这家机构，我看看是不是已经注销了，还是不予登记公示、

经营异常或失联，又或者根本就没有在基协备案，属于非法募资机构。充分利用好监管部门和行业协会的官网，不仅能及时了解政策变化、监管动向和机构的实时状态，还能过滤掉很多明显不靠谱的机构。"

图 8-4 中国证券投资基金业协会官网首页示例图

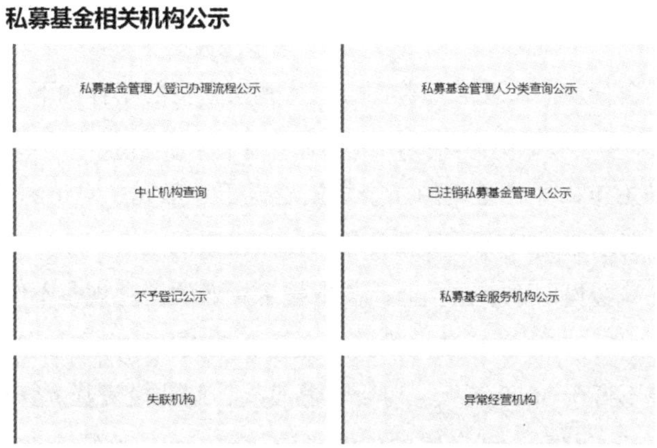

图 8-5 基协官网中的私募基金相关机构公示页面

注：基协首页→信息公示→私募基金相关机构公示

小贺："老师，是不是会员比非会员好？"

我："从严谨的角度说，没有绝对的哪个好或哪个不好，有可能一家很有实力、很优秀的私募管理人，规模不大，也不想申请成会员，这种非会员机构

不能说就比会员机构差。但我想表达的是从概率角度看，会员比非会员实力更强的概率要大很多。私募基金管理人上万家，如果你对它们都不了解但又想参与投资，最简单的思路就是，与其一厢情愿赌一家小机构能很好地管理好你的钱，直接过滤掉它们，找官方认可的大机构来理财不是更好吗？风险肯定也存在，但概率毕竟要小很多。"

苏鸿光："没错，我们只是普通老百姓，没有专业的眼光和多余的精力来判断一家机构怎么样，最简单、快速的方法就是借力，借官方的判断来帮自己做选择。"

"成年人的世界没有绝对的好坏，多讲讲概率！"杜建国说。

所有私募基金管理人都必须在基协网站登记备案，但不是所有的私募基金管理人都能成为基协的会员，基协会根据它们的自身实力、管理规模、合规情况等进行分类，达到一系列要求的私募基金管理人才有资格成为基协会员。会员总共分为4种：普通会员、联席会员、观察会员、特别会员。和私募管理人有关系的是普通会员和观察会员。

> **Tips：** 截至 2023 年 6 月底，2 万多家备案的私募管理人中普通会员只有 327 家，观察会员 3566 家，加起来不到 4000 家，剩余的 1.8 万多家全是非会员机构。

作为私募基金管理人，要成为普通会员或观察会员的条件如下。

（1）普通会员：对于私募证券投资基金管理人或私募资产配置类管理人，要求成为观察会员满 1 年，并且备案的基金规模不低于 5 亿元；对于私募股权、创业投资基金管理人，要求成为观察会员满 1 年，并且备案的基金规模不低于 20 亿元，或备案的创业投资基金投向中小微企业、高新技术企业的基金规模不低于 1 亿元。

（2）观察会员：对于私募证券投资基金管理人或私募资产配置类管理人，要求备案的基金规模不低于 3000 万元；对于私募股权、创业投资基金管理人，要求备案的基金规模不低于 1 亿元，或备案的创业投资基金投向中小微企业、高新技术企业基金规模不低于 1000 万元。

苏鸿光："哪里可以查某个机构是不是会员，属于哪一类会员？"

我："进入基协官网，点'信息公示'，找到'私募基金相关机构公示'，再点'私募基金管理人分类查询公示'，如图 8-5 所示。你不知道这个机构全称的话可以输入关键字或者实际控制人姓名，如图 8-6 所示，看下面的表格会不会跳出来你想要查的机构全称。如果它备案过，就会有显示，没有显示的，说明没备案过。如果列表中有你要找的机构，点击进去就能查询它具体的公示信息，如图8-7所示，比如会员信息、实际控制人信息、包含工作履历的高管信息、出资人信息、产品信息等。"

图8-6　精确查询私募基金管理人

图8-7　会员信息示例

徐晓岚："这个方法好，我刚才查了一下网上排名头部的几家私募基金管理人，果然都是普通会员，输了几个平时听说过的机构，有的是观察会员，有的是非会员机构。里面的信息对投资人来说太重要了！"

"我也查一下，前天一个朋友给我介绍了一家投资公司，也说是做私募基金的，跟我吹了一个上午。"杜建国说完，从口袋里摸出一张名片，一边念一边让旁边的苏鸿光帮忙查……"根本查不到任何信息……"杜建国非常生气，看来他被人忽悠了。

# 8.4　期货公司及其子公司

在讲期货公司之前先了解一下期货的概念。

我们平常买东西的时候都是一手交钱一手交货，这叫作现货交易，期货是买卖双方约定在未来进行交易。期货不是货物，是一种合约，约定在未来某一时间点进行商品或金融工具交割的标准化合约。这种合约在特定的交易场所进行交易，交易价格不固定，会随着市场行情上下波动。

苏鸿光："在未来进行交易？那它是不是就是远期交易？"

我："期货和远期交易是不一样的，它们有相似的地方，都是买卖双方约定在未来某一时间点按照约定价格和数量买卖产品。期货是由远期交易发展来的，远期交易是买卖双方私下一对一签订合同，存在信用风险，买家或卖家到快交易产品的时候发现市场价格变动大，对自己不利，可能会不按合约履行义务，给守约方带来损失，为了规避这种风险，期货诞生了，期货交易更加标准化、规范化，完善了保证金制度，由中间人来监督双方按期交货和付款。"

## 8.4.1 期货和远期的区别

期货和远期的区别如下。

（1）交易的合约不同。

期货合约是交易所制定的标准化合约，对交易品种、数量、规格、地点、付款方式等都有统一的规定。

远期合约是双方自己协商确定的，内容格式不固定，是非标准化合约。

（2）交易品种不同。

不是所有商品都可以做期货交易，期货的品种有限定，比如农产品、贵金属、有色金属、矿产能源、个别金融工具等。

远期交易对品种没有限制，双方约定即可。

（3）交易的场所不同。

期货必须在特定的期货交易所交易，而远期是场外交易，签订合约地点由双方自己约定。

（4）功能目的不同。

期货有价格发现的作用，交易品类的市场供需情况以及人们对它未来的预期会在交易价格中体现出来，同时它还能规范交易，规避履约风险。

远期交易的主要目的是提前锁定未来交付的商品的价格，减少价格波动。

（5）保证金制度不同。

期货必须要按比例缴纳保证金，远期因为是一对一协商，是否需要保证金、付多少，由交易双方自行约定。

（6）风险不同。

因为有交易所的存在，期货交易信用风险小，主要风险来自期货交易价格变动风险。对于投资人来说，原本看涨的商品结果实际价格却下跌，价格的变化方向预测和实际相反导致保证金损失是最主要的风险。

远期交易的风险主要是信用风险，一方没有按约定履约会给另一方造成损失。

（7）履约方式不同。

期货分为实物交割和对冲平仓两种，而远期以实物交割为主，中途双方都同意中止履约的现象不多见。

（8）参与者不同。

远期的参与者大多数希望能提前锁定价格，降低市场波动带来的风险。期货除了有套期保值的参与者外，希望从价格波动中赚取利润的投机者占了很大比例。

## 8.4.2　期货公司

个人想要参与期货交易不能直接去期货交易所买卖，人太多会乱套，必须通过一个中间人代为交易，这个中间人就是期货公司。这和买卖股票一样，不能直接去交易所买卖，必须找一家证券公司开户，然后才能炒股。

> **Tips**：期货公司除了根据客户的指令来代理买卖期货合约、办理结算和交割之外，还负责管理客户的账户，控制交易的风险，提供期货交易的市场信息和咨询顾问服务。

截至 2023 年 3 月，我国的期货公司一共 150 家，可于证监会官网查询名单。

杜建国："像我这种一点也不懂的人，怎么选期货公司好？要不老师给推荐几个吧。"

我："首先看名单，如果开户前发现别人推荐的期货公司不在这个名单里，一定要当心，谨防被骗。不要觉得哪有这么傻的人被假公司骗，现实中被忽悠去假的公司开户的现象不少。确定好公司的正规性之后，不要急着开户，多找几家候选的期货公司，然后每一家都去找一个业务员，和他们谈手续费。不同期货公司在费用这块的弹性和自主权还是有的，多了解行情，让同行之间相互竞争，争取享受最低优惠。如果你不找业务员，直接开户，一般都没有优惠。至于期货公司有没有官方给的评价，还是有的，我们可以了解一下。"

证监会定期会对期货公司从风险管理能力、服务实体经济能力、市场竞争力和持续合规状况这几个方面进行综合评价，并且对外公布分类评价的结果，根据从优到劣分为 A（AAA、AA、A）、B（BBB、BB、B）、C（CCC、CC、C）、D、E 等 5 类 11 个级别，可在证监会官网上查阅。

要补充说明的是，并不是说评价等级靠后的机构就不靠谱，它们都受证监会监督管理，都是正规持牌经营机构，这个综合评价只是行业内部为了督促改进做的排名。

### 8.4.3 期货子公司

2021 年 7 月 9 日证监会发布了《期货公司子公司管理暂行办法（征求意见稿）》（以下简称"《子公司办法》"），对期货子公司的设立条件、层级、数量和风控等都做了细化的要求。

原先有部分期货公司参股地方交易场所或清算机构，或在其子公司下面再设孙公司，可谓八仙过海，各显神通。《子公司办法》的出台加强了对子公司的风险管控，规范了业务经营范围，例如明确了期货公司不得参股成为合伙企业的普通合伙人，不得参股地方交易场所及清算机构等与所经营业务无关的机构。

目前期货子公司主要包括两类：期货资管子公司和期货风险管理子公司。

期货资管子公司和其他资管子公司一样都是代客理财，运用客户委托的资产进行投资，并按约定收取费用或报酬。期货资管子公司依据其在期货行业的特长，以投资期货、期权及其他金融衍生品为主，同时涵盖其他投资品种，如股票、债券、央行票据、资管计划、短期融资券等。

期货风险管理子公司是期货公司通过设立子公司的方式，围绕期货市场定价和风险管理，为企业提供丰富多样的期现结合产品和服务，业务范围包括仓单服务、合作套保、基差交易、定价服务等。它服务的对象主要是实体企业，提供个性化的套保、对冲工具等。

## 8.5 擦亮眼睛看投顾

证券投资咨询公司也叫证券投资顾问公司，主要是为证券投资者提供证券投资相关的信息、分析、咨询等服务，直接或间接收取服务费用，除此之外，有的机构通过发布研究报告的方式提供服务，业务类型大致分为三类：证券投资咨询业务、基金投资咨询业务、发布研报业务。

> Tips：再讲得通俗点，证券投资咨询公司的主要业务中，最被老百姓熟知的，就是推荐股票分析软件、提供付费咨询服务。

截至 2023 年 3 月，证监会官网统计的合法证券投资咨询机构一共 80 家，可于证监会官网查阅名单。

这里要提醒的是，正规合法的机构不代表所有从业人员开展的业务也都一定合法合规，这一点适用于所有金融相关的机构，投顾行业也不例外。

"我知道你说的什么意思,我吃过大亏!"杜建国喝了一口水站起来说。

苏鸿光:"怎么吃亏的老有你。"

"因为有你在,我总倒霉!"杜建国转头回呛,"以前有一段时间不知道怎么回事,老是有人打电话来推荐股票,拍着胸脯保证稳赚,还说反正可以了解一下,不要钱。我想试试,然后他把我拉到一个群里,业务员在里面每天发股票消息,不是马后炮,就是只告诉你买 600 或 300 打头的股票,装神秘,说不付钱不能全部透露代码,怕我建仓影响他们布局。然后第二天拿一只涨停股说那就是他们昨晚布局的。现在想想,他们真无耻。"

方眉:"我也遇到过,我是在一个直播间,对方挑了几个走势好的或者前几天有过涨停的股票,这些票第二天上涨概率会比较大,然后就吹牛说是老师本事大,如果你心动了,就会让你在直播间送礼物或者付费成为他们的会员。"

杜建国:"我后来才知道群里都是他们的托儿,什么陈大哥赚了 8 万元、李老板赚了 13 万元,王姐 4 万元,这些人在群里感谢老师。其中还有几个'投资人'私下加我,问我有没有找老师合作,其实也是侧面催单的托儿。最后也怪我人傻又贪心,相信了他们,交了 8 万元多元的入会费,交完钱我还要配合他们的回访电话,说有合规部的人打电话过来的时候一定要说他们没承诺我保证收益,说是应付监管流程,否则不能签合同。我傻兮兮地配合他们签完合同,然后就被踢出群了,说是要给我一对一服务。后来才知道,那个群是专门用来骗人下单的,我长期在群里会坏他们的好事。"

苏鸿光:"你怎么知道群里的人是托儿?"

杜建国:"我被骗了以后又用另外一个手机号假装猎物,被他们加到了同样的群里,里面唱双簧的内容一模一样,陈大哥、李老板、王姐都还在,照样在感谢老师。恶心死我了!"

苏鸿光:"你付了钱,他们没有告诉你赚钱的股票吗?"

杜建国:"推荐了几个,都没赚钱,我问为什么到我这里不赚钱了,他们说我运气不好,让我再买别的票,买一个套住一个。最后干脆告诉我,是因为我付的钱不够多,怂恿我升级会员!"

苏鸿光:"你亏了多少?"

杜建国:"具体不说了,反正算上会费有大几十万元。"

方眉:"现在变直播间忽悠了,不过套路差不多,幸好我后来因为生意要用钱,没有上当。"

小贺:"成年人的世界真凶险……"

我："不可否认，投资咨询行业在加强信息流通、投资者教育传播方面发挥了重要作用，但是像这类'黑嘴''庄托'，甚至带有诈骗、传销性质的违规、违法行为时常发生，问题十分严重。再加上互联网的发展，很多非持牌的机构也开始通过各种方法揽客、欺客，手段有过之无不及，整个行业形成了劣币驱逐良币的恶性循环，越是守规矩的机构越赚不到钱。对我们个人来说，首先要根据官网公布的名单确认给你服务的机构是不是在名单上，验明正身；其次，对方在服务过程中有任何让你觉得异常或不合逻辑的行为，及时联系监管机构进行反馈和咨询；最后，在交流沟通中保存好通话记录或聊天记录等证据，以便在事后可以通过官方的投诉渠道进行维权。"

杜建国："还有，不要贪、不要总想走捷径，哪有这种好事，他们如果知道什么股票赚钱，还花时间教你干什么？自己买买股票就发财了。"

我："你说的是老百姓感受比较深刻的一部分，总体来说，投资咨询公司还是能够帮助客户减少证券市场的信息不对称，提供证券投资分析、预测和建议，为客户提供有价值的数据和资料并进行系统的研究分析。如何提高辨别能力，如何选择适合自己的机构，如何在接受服务的过程中真正受益，一直是我们需要做的功课。"

---

Tips：监管部门在 2020 年 4 月 17 日起草了《证券基金投资咨询业务管理办法（征求意见稿）》，对行业进行规范和整顿，提高证券投资咨询业务的准入门槛，并对多次违规且遭到处罚的机构坚决清理出局。

# 第9章
# 保险业机构

保险业机构分为保险机构和保险专业中介机构，两者名称仅有几字之差，但性质完全不一样。

保险机构共9大类：保险集团（控股）公司、政策性保险公司、财险公司、寿险公司、再保险公司、养老保险公司、健康险公司、保险资产管理公司、农村保险互助社/互助联社。

保险专业中介机构共4大类：中介集团、保险专业代理机构、保险经纪机构、保险公估机构。需要注意的是，这些保险专业中介机构并不是保险中介的全部，保险中介除了保险专业中介机构之外，还包括保险兼业代理机构和保险机构专属个人代理。

是不是有点蒙？不急，待我们慢慢展开。

## 9.1　先给保险分分类

我："大家互动一下，你们印象中的保险和保险机构都是什么样的？"

杜建国："保险很重要，就是产品太多、太复杂，看不懂，保险机构就是卖保险的地方。"

方眉："你一说这个，我就想到我一个卖保险的亲戚，我不敢跟她提保险，一提起来她能跟你说一整天，不在她那里买又不好意思，但其实我是想多比较下。保险种类太多了，我到现在还没什么概念，就知道有财险、寿险。"

梁亭："像太保、平安、泰康、人保都是保险机构，还有很多我叫不上名字的保险机构。保险我知道的有车险、意外险、医疗保险、养老保险，其他接触得少。"

徐晓岚："保险不会改变你的生活，但能防止生活被改变！"

苏鸿光："社保也算保险，还有就是我们平时自己保的保险，应该叫商业险吧。保险机构的话……泛金融机构分类图上不是有吗？保险机构包括保险集团（控股）公司、政策性保险公司、财险公司、寿险公司……"

小贺："好哇苏老师，你赖皮，居然翻前面的图，作弊！"

"不许没礼貌，这怎么是作弊，你要好好学习苏老师认真严谨的态度！"方眉瞪了小贺一眼，大家却被小贺的话逗乐了。

我："苏老师好记性，当我们讲各类机构的时候都会用到图6-2，现在我们先来了解一下保险的分类，然后再介绍各保险业机构和它们的业务范围，这样大家更容易理解。"

> **Tips：** 保险是对抗风险最好的武器，它把大家的小钱汇聚起来，用于弥补其中遭遇不幸的人因为自然灾害、意外事故或者生老病死等不测遭受的损失。

保险总体来说分为两大类，一类是社会保险，一类是商业保险。两者的最大区别在于前者是非营利性的、具有强制性，后者是营利性的、按自愿原则参保。

社会保险由城镇职工社保和城乡居民社保两大体系组成，这块内容比较重要，后面会单独拿出来讲。

商业保险种类就多了，分人身保险和财产保险两大类，每个类目下又有很多细分项，这里先熟悉一下整体的商业保险架构，如图9-1所示。

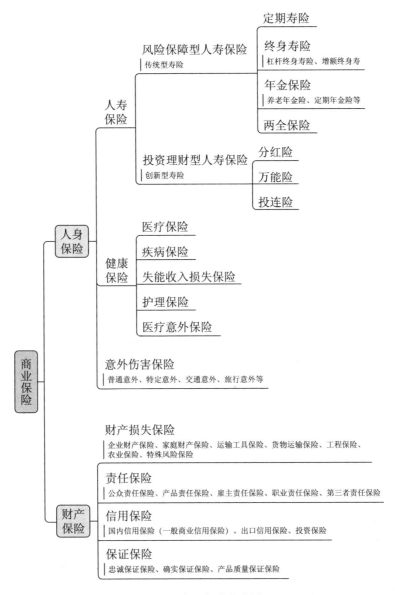

图9-1　商业保险分类图

　　不同的划分标准有不同的分类，该分类图从实用主义出发进行划分。在实践当中我们需要辩证地看待不同保险种类之间的交叉和定位，对于有些产品我们很容易能区分它的类别，还有部分通过创新和功能组合打造的产品，已经很难清晰界定它到底属于什么种类的保险。比如子女教育、婚嫁金保险，这些其实并不属于严格意义上的保险分类，只是产品包装上的俗称，它们既有两全保险的属性，也有年金保险的特征，还附带意外伤害保险的功能。

## 9.2 保险机构到底有哪些？

保险业机构主要分为两大块：保险机构和保险专业中介机构，也就是很多人说的保险公司和保险中介，如图 9-2 所示。

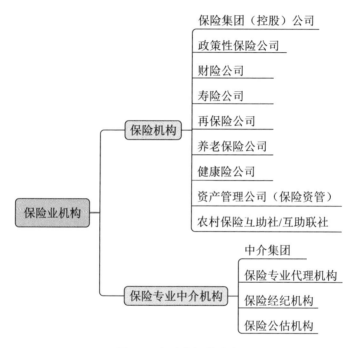

图 9-2 保险业机构分类

从国家金融监督管理总局官网公布的信息显示，截至 2023 年 3 月，我们国家的保险机构合计 237 家，分为保险集团（控股）公司（13 家）、政策性保险公司（1 家）、财险公司（88 家）、寿险公司（75 家）、再保险公司（7 家）、养老保险公司（10 家）、健康险公司（7 家）、保险资产管理公司（33 家）、农村保险互助社 / 互助联社（3 家），一共 9 大类。

### 1. 保险集团（控股）公司

目前，我们国家的保险集团（控股）公司一共 13 家：中国人民保险集团股份有限公司、中国人寿保险（集团）公司、中国再保险（集团）股份有限公司、中国太平保险集团有限责任公司、中国太平洋保险（集团）股份有限公司、中华联合保险集团股份有限公司、中国平安保险（集团）股份有限公司、阳光保险集团股份有限公司、华泰保险集团股份有限公司、泰康保险集团股份有限公司、大家保险集团股份有限公司、富德保险控股股份有限公司、安联（中国）保险控股有限公司。

> **Tips：** 根据《保险法》规定，保险人是不得兼营人身保险业务和财产保险业务的，针对这一规定，大型的保险公司通过成立控股集团公司，再下设独立法人的财险公司、寿险公司等子公司单独申请牌照来展业。

别看保险机构有 237 家，稍作梳理会发现很多公司其实都属于同一家保险集团（控股）公司旗下，它们作为集团公司的子公司，分别经营不同种类的保险业务，比如寿险、财险、资管业务，再保险业务等。另外，有的保险集团还会通过设立子公司、孙公司来从事保险中介业务，比如保险经纪、保险公估等。

举个例子，中国人民保险集团股份有限公司，通过子公司分别经营财险、寿险、再保险、养老险、健康险、保险资管等业务，如图 9-3 所示。在保险中介领域也有该集团的身影，比如人保汽车保险销售服务有限公司，它是一家保险专业代理公司，梳理股东结构会发现其最终实控人还是该集团。

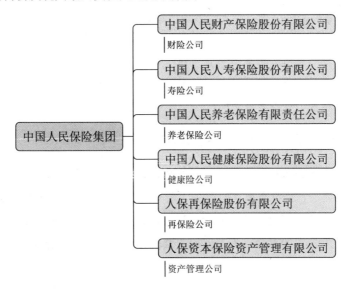

图 9-3　中国人民保险集团部分子公司

## 2. 政策性保险公司

中国出口信用保险公司，简称"中信保"，是我国唯一一家承办出口信用保险业务的政策性保险公司，它和国家开发银行、中国农业发展银行、中国进出口银行并称为四大政策性金融机构。

从事外贸行业的人对中信保比较了解，它主要帮助进出口企业或者跨境电商企业规避对外贸易中可能发生的商业风险或政治风险。商业风险主要包括买方拖欠货款、拒绝收货、开证行破产或拒绝承兑等；政治风险主要有对方国家发生战争、暴乱、革命，进出口管制、汇兑限制、没收等。

### 3. 财险公司

顾名思义，财险公司指的是从事财产保险业务的公司，按照图 9-1 的种类划分，我们能清楚看到它的业务范围具体涵盖了财产损失保险、责任保险、信用保险和保证保险，除此之外，财险公司还被允许从事短期健康险及意外伤害险业务。

在财险行业，88 家财险公司的经营状况的差距比我们想象的还要大，呈现两极分化态势。头部的三家财险公司，也称"老三家"，每年的净利润就能达到几十、上百亿元，尤其人保财险一家的净利润，在 2022 年就超过 200 亿元。而大多数财险公司的净利润还都在几千万元到几亿元之间徘徊，亏损厉害的财险公司一年亏个几千万元甚至上亿元的也不在少数。

---

**Tips：**"老三家"财险公司——人保财险、平安产险、太保产险。

---

杜建国："财险公司是靠卖什么保险赚这么多钱？"

我："车险，车险在财产保险中的占比绝对是第一大的，这两年虽然有所下降，但仍然占了财险总保费的近一半，也是财险公司的主要的利润来源。"

### 4. 寿险公司、健康险公司、养老保险公司

之所以把这三类公司放一起讲，是因为它们都可以经营健康保险业务，业务之间有重叠。例如，它们都有重疾险产品。很多人会分不清这些公司的区别。

寿险公司主要从事以人的生死为给付条件的人寿保险业务，核保的流程比较简单，核心标准就是人的寿命，人寿保险主要分为死亡保险、生存保险和介于生死之间的两全保险。

死亡保险是只有被保险人在保障期限内死亡才会赔付的保险。

死亡保险的保障期限如果固定，属于定期寿险，例如保 5 年、10 年、20 年，在保障期限内被保险人死亡，则赔付保险金。它的保费较低，适合肩负家庭经济重担的主要劳动力投保，以免在壮年发生不幸去世之后，其他家庭成员的生活无法得到保障。

死亡保险的保障期限如果是终身，则是终身寿险，它具有储蓄性质，在实践中又细分为具有传承功能的杠杆终身寿险和具有保额增长、支取灵活的增额终身寿险。

生存保险和死亡保险相反，被保险人只有在保险期内仍然活着，才会给付保险金。它具有储蓄性质，目的是为老年人提供养老保障或者为子女提供教育金、婚嫁金，主要以年金保险的形式出现，很多产品都是在此基础上进行的包装组合，本质都一样。

两全保险也叫生死合险，不管生还是死都给钱，也就是说，有事了赔保额，没事了退保费。它看上去好像比其他保险要好很多，怎么样都有钱拿，其实这只是功能设置问题，没有好坏之分，最终取决于是否适合自己。

> Tips：两全保险的设计逻辑：在保费基础上多缴纳一部分钱，这些钱由寿险公司帮你去做投资，并约定在未来某一时间点退还，相当于将两种功能的保险组合在一起。

除了上述这几种有风险保障功能的人寿保险业务之外，寿险公司、养老险公司还开发投资理财类型的保险，比如分红险、万能险、投连险。这些创新型寿险的本质也都是在保险属性之外加上了投资的属性，它们往往会和上面提到的 3 种传统型寿险融合在一起，推出组合功能的保险产品，例如"某某终身寿险（分红型）"。

健康险公司是专注从事健康保险业务的保险公司，健康保险业务以被保险人的身体作为保险标的，当被保险人在保险期内身体出现疾病时，由保险人按照合同约定给付保险金。

> Tips：相比人寿保险，健康险业务在核保方面要复杂得多，因为对伤病的定性和判断比较复杂，考虑的因素更多，流程也会更烦琐；在保险金给付方面也有区别，寿险属于给付型保险，健康险的给付方式包括给付型、报销型和津贴型。

如图 9-1 所示，健康保险业务可细分为医疗保险、疾病保险、失能收入损失保险和护理保险，为保护患者的利益及减少医疗纠纷，2019 年 12 月 1 日起施行的《健康保险管理办法》，把医疗意外保险也纳入健康保险类目中。需要提示的是，该管理办法同时明确了除健康险公司以外，寿险公司和养老保险公司同样可以经营健康保险业务。

养老保险公司主要聚焦于企事业单位的企业年金、职业年金等的养老保障服务及资产管理服务，同时涵盖员工的寿险、健康险、补充医疗、意外险等各项福利保障业务。

### 5. 再保险公司

再保险也叫分保，再保险公司也就是"保险公司的保险公司"。保险公司存在着极端情况下因支付巨额理赔款导致自身经营陷入危机甚至破产的可能，为了转嫁自身风险，它们会找再保险公司签订分保合同，将其所承担的部分风险和责任向再保险公司进行投保。

### 6. 保险资产管理公司

保险资产管理公司简称"保险资管"，它的前身是保险集团的投资管理中心，随着管理规模的扩大和投资环境的复杂化，出于专业化经营和监管的双重考虑，保险的资管业务开始通过在原有保险集团旗下设立子公司来独立经营。

保险资管所管理的资产大部分为保险系统内的资金，占比约 70%，也有受托管理的一些第三方的资金，比如银行资金、企业年金等。投资标的以债券为主，其次是各类金融机构的金融产品，如债权投资计划、银行理财产品、信贷资产支持证券、集合资金信托计划等，股权类投资占比较小。

### 7. 农村保险互助社 / 互助联社

农村保险互助社和互助联社是农民互助互帮、共同抵御风险的非营利性农村保险组织，类似农村资金互助社的"保险版"。

互助社全国一共两家，慈溪市龙山镇伏龙农村保险互助社和瑞安市兴民农村保险互助社。

互助联社全国一家，慈溪市龙山农村保险互助联社，是在慈溪市龙山镇伏龙农村保险互助社的模式探索基础上由龙山镇 8 个村的经济合作社共同出资组建。

互助社由地方政府提供财政补贴，农村集体经济组织出资运营，农民通过自愿投保成为社员，也是该社股东，开设的险种主要包括短期健康医疗保险、意外伤害保险、补充医疗保险、家庭财产险等，是一种保险深入下沉农村、更好地服务村民的模式探索。

## 9.3 易混淆的相互保险和互助计划

苏鸿光："村民在互助社投的保险是不是就是互助保险？"

我："不是，名字听起来很像，但农村保险互助社是一个集合了小范围内互相熟悉的乡里乡亲一起创建的保险组织，它被正儿八经列入监管部门的保险机构法人名单，受到正规监管，村民投的是保险。上面有讲到，开设的险种包括短期健康医疗保险、意外伤害保险等，只是组织形式不是公司形式。这些保险的设计更突出互助社中社员们的特点，满足社员的共性需求，本质上属于相互保险的组织方式。苏老师你提到的互助保险有必要展开讲一下，因为很多人分不清互助保险、互助计划、相互保险的区别，有的为什么关停了，有的为什么还能经营，确实很容易混淆。"

> **Tips：** 互助保险其实并不是保险，叫互助计划更合适些，在讲它和相互保险的区别之前，我们先来认识一下什么是相互保险，以及它和我们现行的股份制保险的区别有哪些。

相互保险是一种非常古老的保险组织形式，经历了数百年的发展和演变。早在古代，面对差不多风险类型的人会自发组织起来，大家一起出点小钱，组个类似现在的基金，谁遇到风险损失了，这个基金就会把钱拿出来补偿那个不幸的人。比如军队中的士兵互助组织、丧葬互助会、海上贸易互助组织、"基尔特"组织等。

起先，这种类型的互助组织的成员不多，影响范围不大，属于某个特殊领域的互帮互助团体。随着组织成员的增加，专业性相互保险组织诞生，组织形态、称谓各不相同，如交互保险社、保险合作社、相互保险社、相互保险公司等，其中最为成熟的形式是相互保险公司。随着相互保险的发展，各国不断完善配套的保险法案，为它的发展壮大提供制度保障。

几百年来，随着外部环境的变化，相互保险和股份制保险此消彼长、相生相伴。当消费者更加注重投资效益，而相互保险公司难以利用资本市场进行筹资投资时，发生过"去相互化"浪潮；当人们回归保障诉求，希望增加透明度、降低保费时，又因为缺乏对以营利为导向的股份制保险的信任而使得相互保险东山再起。

那么，相互保险到底是什么？和股份制保险、互助计划又有什么区别呢？

相互保险是一种保险形式，人们在面对相似风险的时候出于降低风险损失的需求，通过签订合同、支付保费变成组织的会员。会员既是投保人也是组织的所有者，投保人和保险人合二为一，所交的保费形成互助基金，由基金对合同约定的风险条款或保障条款承担赔偿责任并支付保险金。

相比股份制保险，相互保险有以下 6 点特征。

（1）相互保险组织没有外部股东，由全体投保人共同所有，不以盈利为主要目的，所以不存在投保人与保险人之间的利益冲突，能更好地为投保人服务。而股份制保险所有人为股东，以盈利为目的，投保人是公司的客户，双方存在不同的利益诉求。

（2）会员是基于对某类风险的共识而自发加入组织的成员，会员的增加不需要进行大量宣传营销，因此展业成本较低，保费相对较低。

（3）由于每个投保人都是组织所有者，当组织经营有盈利时会向各会员进行分红或者将盈余用于会员的福利支出。同时因为没有股东盈利的压力，能更多考虑被保险人的长期利益。

（4）相比股份制保险，相互保险的经营资金主要靠会员缴纳的保费，只有新会员不断增加，资本金才能扩大。因此相互保险在资金募集上方式单一，难度较大，并且无法进行股权融资，无法充分利用资本市场进行筹资。

（5）相互保险重在保障功能，对资金运用的效率及投资专业度不如股份制保险。

（6）相互保险能更好地满足特定高风险领域人群和中低收入人群的保障需求。

我们国家引入相互保险的时间较晚，目前在保险机构法人名单内的相互保险机构一共4家，1家相互保险公司（阳光农业相互保险公司），3家相互保险社（众惠财产相互保险社、汇友财产相互保险社、信美人寿相互保险社）。

阳光农业相互保险公司，于2005年在黑龙江垦区的农业风险互助基础上改制而成，是我们国家农业保险的试点企业，也是唯一一家相互制保险公司。

众惠财产相互保险社成立于2017年2月14日，是国内首家相互保险组织，主要定位中小微企业和个体工商户，业务范围包括信用保险、保证保险、短期健康和意外伤害保险等。

汇友财产相互保险社，由长安责任保险股份有限公司发起设立的针对特殊领域的相互保险组织，主要从事住建及工程领域的责任保险、信用保险。

信美人寿相互保险社，简称"信美相互"，相比上面两家财险类组织，它属于寿险范畴，由蚂蚁集团、天弘基金等企业发起设立，是会员共同所有并参与管理、共享盈余的相互保险组织，也是我们老百姓接触比较多的相互保险。主要经营寿险、年金险、健康保险、意外伤害保险等。

> 方眉："这家保险社我听说过，当时很多人都投保了，我不敢投，因为以前从来没听说过投保了还能分红的。"
>
> 我："这是相互保险应有的特点，不要担心，但凡是正规的持牌机构，所投保险都纳入监管，无论保险机构经营好坏，后期理赔都是有保障的。"
>
> 徐晓岚："记得好几年前有款产品很火爆，也是这种类型的产品，名字不记得了，后来等我想买的时候，不知道为什么关停了。"
>
> 我："之前是有类似相互保险的产品受到热捧，初衷是好的，希望通过低保费让更多的人享受到超值的保险服务，产品在向原银保监会报备的时候也是

按照要求规范备案的。但是产品在实际销售宣传和理赔实践上与备案的材料内容不符，被监管叫停后，这款产品就换了一个名字继续运作，改名之后，就成了'网络互助计划'。它和古老的互助组织又不一样，早期互助组织里面的人群性质比较单一，大家也都相互熟悉，属于熟人社会，道德风险比较低，大家都知根知底，确实是想一起面对未知风险；但是通过网络聚集起来的人彼此不认识，加入互助计划的门槛也很低，不需要通过前期筛选判断，这就增加了逆选择风险，比如更多体弱多病的人加入互助计划中，提高了理赔的概率，大大增加了正常参与者分摊风险的成本，影响可持续性。因此，互助计划最终还是被监管叫停。"

目前市面上已经没有互助计划了，我们回过头来再了解一下互助计划和相互保险的区别，能够对保险模式的创新尝试和监管的思路、立场有更深刻理解。

（1）相互保险是保险的一种，而互助计划不是保险，是基于对风险的共识和信用形成的契约。前者受到原银保监会监管，具备合法的相互保险经营资质，后者不受保险法等法律法规保护。

（2）费用计算方式不同。相互保险通过精算进行风险定价和费率厘定，属于前端付费，互助计划是基于统计分摊的后付费方式。

（3）赔付方式不同。相互保险是投保人通过购买保险产品享受保障权益，出险后相互保险机构按照保单约定进行理赔。互助计划是事后对受助者进行成本费用分摊，分摊的金额不确定，如果受助者增多或者参与者退出，人均分摊金额就会上升。

（4）消费者面临的经营风险不同。相互保险的消费者受保险法保护，即使保险机构出现问题，理赔仍然可以得到保障。互助计划的运营方根据约定有权提前终止计划，或者对理赔方式、门槛进行自主修改，同时面临极端经营风险甚至破产时，消费者的权益可能无法得到保障从而遭受损失。

（5）设立初衷不同。相互保险是保险机构的商业行为，带有营利性质，互助计划具有公益属性。

## 9.4　保险中介的几个派别

方眉："保险中介这个我要仔细听，身边有好多推销保险的人，保险代理人、银行客户经理、保险经纪人、保险中介，还有打电话营销的，连网上、朋友圈、公众号上都有卖保险的，我一直搞不清楚他们之间到底有什么区别。"

杜建国："啊，卖保险的还有不一样的？我怎么从来不知道……反正在我看来都一样，都是保险公司的人。"

苏鸿光："杜老板都知道的话全世界就没人不知道了。"

我："保险公司和保险中介是不一样的，保险公司负责设计、生产保险产品和后续理赔，卖保险主要还是保险中介干的活。"

杜建国："等等，保险公司自己不卖保险吗？"

我："保险公司也会卖，就像工厂也会做直销。保险公司通过签约个人保险代理人（保险中介的一种）进行自家产品的销售，或者直接通过网络销售。保险产品的销售主要还是靠保险中介，保险中介贡献的保费收入占全部保费收入的绝大多数。"

> **Tips:** 保险中介，是指介于保险机构之间或者保险机构与被保险人之间，提供保险产品的销售、服务、咨询或者查勘、定损、估值、理算等一系列中介服务的机构或个人。

保险中介并不是都卖保险，其中的保险公估机构，又叫保险公估人，它们不是保险的销售渠道，而是接受保险机构、投保人或被保险人的委托，从事保险标的的查勘、鉴定、估损及赔款理算工作，向委托人收取酬金的公司。通俗点说就是买完保险后出险了，造成了损失，得有一个第三方站出来对损失进行评估、定价，不能由保险人说了算，也不能由投保人或被保险人说了算，必须由完全独立的机构进行客观公正的处理。

除了保险公估机构，其他保险中介都有销售属性，保险的销售渠道共分为3大派别：保险专业中介机构、保险兼业代理机构、保险机构专属个人代理，如图9-4所示。平时和我们打交道的各类保险业务员都逃不出这三大派别，顺藤摸瓜一定能找到对应的出处。

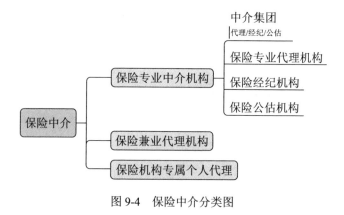

图9-4　保险中介分类图

国家金融监督管理总局对保险专业中介机构的分类一共分为4种：中介集团、保险专业代理机构、保险经纪机构、保险公估机构。

中介集团：部分保险中介机构在经营过程中通过对外投资、兼并收购等方式逐步扩大了业务版图，有的已手握多张保险中介牌照，下设多家分子公司，朝集团化方向发展。据官方统计，截至本书出版，我国的保险中介集团一共5家：河北燕赵保险销售服务集团有限公司、圣源祥保险销售服务集团有限公司、美臣保险经纪集团有限公司、泛华保险销售服务集团有限公司、民太安保险公估集团股份有限公司。

透过表面看实质，无论集团中介还是单个中介，最终的中介类型无外乎3种：代理类、经纪类、公估类（即保险公估机构）。

代理类的外在形态分为保险专业代理机构、保险兼业代理机构和保险机构专属个人代理3种。

> **Tips：** 从《保险法》的角度来解释，保险代理人是根据保险人的委托，向保险人收取佣金，并在保险人授权范围内代为办理保险业务的机构或个人。也就是说保险代理人既可能是机构，也可能是个人。

梁亭："老师，还有一个'保险人'的概念我不是很懂，保险人是不是就是我们个人？"

我："不是，不要混淆这个概念，这里的保险人不是个人，指的是保险公司。那什么是被保险人？我们给自己买份保险，那么自己就是被保险人，给孩子买保险保的是孩子，孩子就是被保险人。投保人指的是花钱买保险的人。受益人指的是保险公司把钱赔给谁。被保险人、投保人、受益人这些角色可以是同一个人，也可以是不同的人。"

保险专业代理机构：可以接受多家保险公司委托，专业从事保险代理业务并从保险公司收取佣金的机构，主要工作包括为客户提供专业的保险咨询和服务，帮助客户选择适合的保险产品，协助客户办理保险业务，为保险公司提供市场营销和销售支持，促进保险产品的销售和推广。保险专业代理机构的名称一般以"某某保险销售有限公司""某某保险销售服务有限公司""某某保险代理有限公司"命名。

保险兼业代理机构：本身自己有主业，同时可以接受多家保险公司的委托并在其授权范围内代理保险业务，向客户推荐保险产品。我们接触最多的兼业代理机构主要为两种类型：金融机构兼业代理（银行、券商、邮储等）和行业兼业代理（汽车经销商或直营店、铁路、民航部门等）。

保险机构专属个人代理：保险公司通过和个人签约代理合同的方式招募专属的

个人代理，为其销售保险产品。

除上述 3 家代理类中介，经纪类中介也可以销售保险，它们是保险经纪机构，也叫保险经纪人或保险经纪公司。这里的保险经纪人仅指机构，不包括个人，因为目前我国还没有放开以个人名义持有保险经纪人执照。

从概念上看，保险经纪机构一方面是站在投保人的立场与保险公司打交道，帮助投保人和被保险人设计保险方案，协助达成保险协议；另一方面，它也帮保险公司开拓了业务，增加了营收。所以它既可以向投保人收取咨询顾问费用，同时也可以向保险公司收取佣金。只不过就我国目前保险经纪所处的发展阶段，付费咨询现象比较少，主要还是以收取保险公司佣金的方式展业。

> 苏鸿光："那保险代理人和保险经纪机构有什么区别吗？感觉都在卖保险。"
>
> 我："你说得很实在，确实，它们都在卖保险。但不能说没有区别。"

保险代理人和保险经纪机构的区别如下。

（1）牌照不同。保险代理人的牌照是《经营保险代理业务许可证》或《保险兼业代理业务许可证》，保险经纪机构持有的牌照是《经营保险经纪业务许可证》。

（2）牌照上注明的业务范围不同。比如，《经营保险代理业务许可证》的业务范围：在全国区域内（港、澳、台除外）代理销售保险产品；代理收取保险费；代理相关保险业务的损失勘查和理赔；中国保监会批准的其他业务。《保险兼业代理业务许可证》的业务范围则直接划定了可以代理的具体险种。《经营保险经纪业务许可证》的业务范围：在全国区域内（港、澳、台除外）为投保人拟订投保方案、选择保险人、办理投保手续；协助被保险人或受益人进行索赔；再保险经纪业务；为委托人提供防灾、防损或风险评估、风险管理咨询服务；中国保监会批准的其他业务。

> **Tips**：相比较，保险经纪机构的业务范围涉及面更多，比如增加了协助索赔、再保险经纪业务和风险评估、管理等服务。

（3）收入方式不同。保险代理机构拿的是保险公司的佣金，而保险经纪公司原则上可以两头收费，除了向保险公司收佣金还可以向客户收咨询费。

> 方眉："不对啊，保险经纪人在我们国家只是指机构而不是个人的话，为什么身边有那么多人都自称是某某保险经纪人？"
>
> 我："其实这些人是保险经纪人旗下的业务人员，他们和保险经纪人也就是保险经纪机构签署的是委托协议，在授权范围内为投保人办理保险业务。他

们介绍身份的时候直接称自己为'某某保险经纪人'，以此来区分自己和保险代理人的不同，是一种不严谨的称呼。"

我们回过头来梳理一下，在你身边的保险业务员都有哪些类型。

（1）和保险公司签代理合同，只卖该保险公司一家产品的个人保险代理人。

（2）在银行、汽车 4S 店等兼业机构的兼业个人保险代理人。

（3）和保险专业代理机构签约的个人保险代理人，能销售多家保险公司的产品。

（4）和保险经纪机构签委托协议的从业者，也能销售多家保险公司产品。

梁亭："是不是第 3 类和第 4 类保险业务员比第 1 类要好？"

"这个问题我来回答吧。"一个陌生的声音传来，"大家好，我叫崔贞洛，我就是大家口中令人又爱又恨的保险业务员，今天我是来学习的不是卖保险的，所以，大家不用'惊慌'。"

"惊慌"两字戳中了全场的笑点。

崔贞洛："让大家见笑了，我做保险第 9 年了，对这个问题有一些感触，分享给大家做参考。我不评论哪一类好，这要看每个人对自己的定位。每家公司对业务人员都有不同的绩效指标、薪酬激励、晋升路径等一整套管理办法，我们业内戏称'基本法'。它其实就是一套利益分配机制，保险销售条线的人的收入主要分为两类：佣金和管理提成。一线业务员不管团队，只能靠佣金来养活自己，做得久的人可以自己领任务招人组团队，通过'传帮带'形式让加入的新人出单，自己也可以拿到提成。一些团队业绩好的销售人员，管理者自己不用跑业务也可以拿高薪。这也是为什么保险行业总是在招人，门槛很低。就像我之前待的公司，每天早会打鸡血、跳操、练习营销话术，为了完成业绩，新人被迫列名单，父母、亲戚、同学、闺蜜一个都少不了，如果还是达不到考核，只能走人，继续招其他新人。"

方眉："我那亲戚就不停地招新人，原来如此。"

崔贞洛："这是传统保险公司的打法，现在很多年轻一代买保险更注重各家产品之间的比较，保险的销售模式也在发生改变。很多业务员转去保险专业代理机构或保险经纪公司，因为那里可以向客户推荐不同保险公司的产品，能给客户更多的选择，但同时对业务员的专业能力也会有比较高的要求。"

梁亭："这么说，确实第 3 类和第 4 类要比第 1 类好？"

崔贞洛："其实真的没有好坏之分，对于保险'老人'来说，也许传统的模式更有利于自己，对于'新人'，既要考虑'传帮带'的好处，也要考虑走专业路线的长期效应。对于消费者，最终还是看你对接的业务员怎么样，不要只看专业代理机构或保险经纪公司能代理多家保险公司产品。别忘了，不同保险公司给的佣金比例还是有高低的，有些业务员为了拿到高佣金，照样站在自己利益出发点而不是客户角度来推荐产品。即使有的机构给到业务员的佣金没有倾向性，也还是要看服务你的业务员的专业能力和职业操守是否真的能高效解决你的痛点，并且在理赔时能提供周全的服务。"

杜建国："这话讲得中肯，名片给我一张！"

我："监管部门也在不断出台政策，想办法解决传统模式的弊端，比如推出了独立个人保险代理人制度，虽然还没有放开个人保险代理人和多家保险公司直接签代理合同的限制，但是对于保险公司的转型、降低管理成本和去层级化还是有指导意义的。"

徐晓岚："现在不是也可以在互联网上直接买保险吗？我觉得那个挺方便的。"

我："线上保险的兴起对传统保险销售模式产生了巨大的影响，这也是接下来要介绍的内容。"

## 9.5 云雾缭绕的互联网保险

随着互联网技术的快速发展，互联网保险作为一种新兴的保险业务模式，正在逐步走进人们的生活。互联网保险通过网络化的方式实现了保险全过程，包括保险信息咨询、保险计划书设计、投保、交费、核保、承保、保单信息查询、保全变更、续期交费、理赔和给付等环节，为客户提供便捷、高效的服务。

> **Tips：** 线上保险的销售模式方面，各大机构和平台"八仙过海，各显神通"，官方网站、电商场景、出行娱乐、网上健康等各种相关资讯和消费流量聚集地都有互联网保险引流的入口。

通过梳理，目前互联网保险销售的模式主要分为 4 大类：保险公司自建平台、专业网络保险公司平台、互联网平台保险代理渠道、保险中介网络平台，如图 9-5 所示。

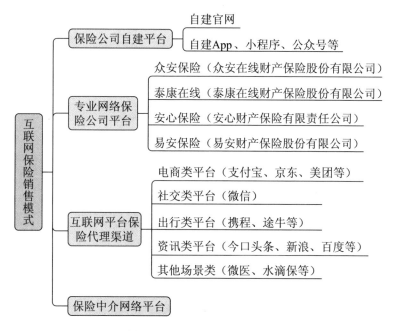

图 9-5　互联网保险销售模式

## 1. 保险公司自建平台

大型保险公司通过官方网站展示互联网保险产品来引流获客，如太平洋保险、中国人寿保险等大型保险公司直接通过官网展示主推产品，引导客户扫码后通过手机下单。

## 2. 专业网络保险公司平台

在保险机构法人名单中，有 4 家保险机构属于纯粹的互联网保险公司，它们没有线下分支机构，销售、理赔都通过线上平台进行。

（1）众安保险：由中国平安、蚂蚁金服、腾讯3家大型企业联合创立的纯线上保险机构，也是我国首家互联网保险公司，2013年11月6日成立，2017年9月28日香港联交所主板上市，专注健康、数字生活、消费金融、汽车4大生态领域。

（2）泰康在线：泰康保险集团旗下的互联网保险公司，2015年11月18日成立，产品涵盖财产险、车险、健康险、意外险、货运险、责任险、信用保证保险等。

（3）安心保险：2016年1月18日正式营业，曾凭借车险业务实现保费的快速增长。但成立至今公司似乎一直不太"安心"，在2020年10月末因核心及综合偿付能力充足率为–125.7%，偿付能力严重不足，而被银保监会下发监管函。通过其官网公布信息来看，2022年四季度末的综合偿付能力充足率为–1208.94%，2023年一季度末为–906.21%，情况仍然不是很乐观，如图9-6所示。

图9-6　安心保险官网公布信息截图（截至2023年5月）

苏鸿光："什么是'偿付能力充足率'？我去网上查了一下，虽然有解释，但还是不太明白。"

我："偿付能力充足率=保险公司的实际资本/最低资本，可以简单理解为保险公司所有保单同时发生理赔时，能赔付的次数，比如偿付能力充足率是250%，说明这家保险公司在发生极端情况时，同时理赔所有保单可以理赔2.5次。偿付能力充足率小于100%了，就会被监管机构列为重点监管对象。"

苏鸿光："这个很重要，以前没有关注，哪里可以查数据？"

我："保险公司官网上会披露数据，每季度更新一次。建议买保险之前多了解一下投保公司的偿付能力、公司经营现状以及相关监管新闻。"

（4）易安保险：2016年2月16日成立的互联网保险公司，因经营不善申请破产重整，2022年6月29日，原银保监会批复同意其进入破产重整程序，如图9-7所示。之后，易安保险与比亚迪汽车协商收购事宜，并于 2023 年 5 月 6 日获监管部门批复，监管部门同意其原股东将所持股份 100% 转让给比亚迪汽车工业有限公司，如图 9-8 所示。

索 引 号：717804719/2022-510　　主题分类：机构监管

办文部门：财险部(再保部)　　发文日期：2022-06-29

公文名称：中国银保监会关于易安财产保险股份有限公司破产重整的批复

文　　号：银保监复〔2022〕419号

中国银行保险监督管理委员会

银保监复〔2022〕419号

中国银保监会关于
易安财产保险股份有限公司
破产重整的批复

易安财产保险股份有限公司：

《关于申请易安财产保险股份有限公司破产重整的请示》（易保发〔2022〕38号）收悉。经研究，现批复如下：

一、原则同意易安财产保险股份有限公司进入破产重整程序。

二、你公司应严格按照有关法律法规要求开展后续工作。如遇重大情况，及时向银保监会报告。

中国银保监会
2022年6月29日

图 9-7　监管部门同意易安保险进入破产重组程序的批复

中国银行保险监督管理委员会

银保监复〔2023〕273号

中国银保监会关于
易安财产保险股份有限公司
变更股东的批复

易安财产保险股份有限公司：

《易安财产保险股份有限公司关于变更股东的请示》（易保发〔2023〕30号）收悉。经审核，现批复如下。

一、同意比亚迪汽车工业有限公司受让你公司10亿股股份，持股比例为100%。

二、深圳市银之杰科技股份有限公司、深圳光汇石油集团股份有限公司、西藏晟新创资产管理有限公司、北京富邦恒业科技发展有限公司、北京恒屹鑫源科技有限公司、山东达能工贸有限公司、深圳锦久辰商贸有限公司不再持有你公司股份。

三、请你公司按照有关规定办理变更手续。

中国银保监会
2023年5月6日

图 9-8　监管部门同意比亚迪汽车受让易安保险 100% 股份的批复

方眉：“如果保险公司破产了，那客户之前投保的保单怎么办，会受影响吗？”

我："这个问题比较重要，关系到老百姓的切身利益，等我把这块内容讲完，再单独说。"

### 3. 互联网平台保险代理渠道

网上很多消费场景都可以看到保险的影子，比如淘宝购物时很多人买的运费险，买飞机票顺便投的意外险等。目前主流的大中型互联网平台均已拿到相关保险代理或保险经纪的牌照，通过我们熟悉的网站就可以找到对应的保险专业中介机构，如美团对应重庆金诚互诺保险经纪有限公司，同花顺对应浙江核新同花顺保险经纪有限公司，携程网对应携程保险代理有限公司。

### 4. 保险中介网络平台

在图 9-4 中，名单中的保险专业中介机构一共有 2582 家（截至 2022 年 12 月 31 日），其中中介集团 5 家、保险专业代理 1708 家、保险经纪 492 家、保险公估 377 家，除了上述提到的互联网平台对应的保险专业中介机构，其余的保险专业中介机构也有相当一部分通过网络进行保险展业，这类属于保险中介网络平台。

对于互联网保险，在选购时一定要注意以下 3 点。

（1）警惕"夸张营销"和"过度营销"，有些平台为了吸引眼球，以超低保费进行夸张营销，首期保费为 0 元或者几分、几元，虽然现在已经被监管机构禁止，但是不排除其变着花样卷土重来。对于不符合商业逻辑的宣传务必仔细调查对比，或请业内人士帮忙判断，不能为贪小便宜而盲目跟风。

（2）明确保险的理赔条款至关重要。人们往往被营销文案和广告口号所吸引，而忽视保险公司的免责条款，哪些拒赔、哪些不在理赔范围内都藏在合同条款里面。

（3）对于宣传保险的平台要核实其资质，现实中存在部分平台没有取得相应牌照，却仍在网上打擦边球，进行保险营销和引流。验明正身是防范风险的第一道屏障，也是最起码的意识。

## 9.6  保险公司破产了怎么办？

首先需要肯定的是，我们国家监管部门的监管意识和对民众负责的态度放在全世界都是令其他国家羡慕的。国家金融监督管理总局除了对保险公司的偿付能力充足率进行日常监管以外，即使保险公司面临破产，也会通过接管来保障保险公司的继续运营。

如果真正走到破产的这一步，保险公司没钱理赔，还有最后一招：保险保障基金。它是如何抗风险的呢？2022年10月26日，原银保监会修订了《保险保障基金管理办法》（以下简称"《新办法》"），内容很多，我们抓重点解读。

> Tips：保险保障基金的钱由各家保险公司定期缴纳而来，当保险公司存在重大风险，会严重危及社会公共利益或者被依法撤销、依法破产时没钱偿付保单利益的，保险保障基金会启动救助。

不同的险种救助方法存在区别，大致分为两类。

（1）第一类：财产保险、短期健康保险、短期意外伤害保险。

这3种保险直接对保单持有人提供救助，根据《新办法》第二十条规定，分两种情况救助。一是保单持有人的保单利益在5万元以内的，全额救助；二是保单利益超过5万元的部分，如果保单持有人是个人，救助金额为超过部分金额的90%；如果保单持有人是机构，救助金额为超过部分金额的80%。

保单利益，指的是解除保险合同时，保单持有人有权请求退还的保费、现金价值；如果发生了保险合同约定的保险事件，保单利益则是被保险人、受益人有权请求保险人赔偿或者给付的保险金。

（3）第二类：经营长期人身保险业务的保险公司所持有的人寿保险合同。

当该类型保险公司依法撤销或破产的，其持有的人寿保险合同必须转给其他有相应保险业务的保险公司，如果自己找不到接盘的保险公司，监管机构会指定保险公司接收。

保险保障基金对受让保单的保险公司提供救助，根据《新办法》第二十二条规定，也大致分为两种情况：一是保单持有人是个人的，救助金额以不超过转让前保单利益的90%为限；二是保单持有人为机构的，救助金额以不超过转让前保单利益的80%为限。

苏鸿光："如果按照第一类，保单持有人是不是还会有10%或20%的损失？按照第二类，'不超过'3个字是不是意味着损失比例还会更大？"

我："确实，很多人对此有担忧，其实这是误解。"

对于第一类救助，《新办法》第二十条的第一句是这么写的："保险公司被依法撤销或者依法实施破产，其清算财产不足以偿付保单利益的，保险保障基金按照下列规则对财产保险、短期健康保险、短期意外伤害保险的保单持有人提供救助。"要仔细读这句话，"其清算财产不足以偿付保单利益的"，也就是说先由保险公司自身偿付保单利益，偿付不足的情况下保险保障基金再上。

　　保险公司身无分文的可能性很小，拿上面提到的易安保险举例，2022 年 3 月的审计报告显示它的总资产约 3.347 亿元，总负债约 4.619 亿元，这些负债中大部分都是赔付款，保险保障基金不需要承担这 4 亿多元的 80%—90%，而是由 3 亿多元的总资产先行赔付，保险保障基金只需要承担剩下的 1 亿—2 亿元，这一比例远远低于规定的上限。

> **Tips：**对于第二类救助，要注意的是，它提供救助的是接盘的保险公司，保单持有人的权益已经全部由"接盘侠"来承担。

　　方眉："像第一类情况，如果保险公司一分钱都没有了，是不是我们就会有损失了？"

　　我："你说的这是极端情况，理论上会有损失，不过很多人没有注意新办法的第二十三条：'为保障保单持有人的合法权益，根据社会经济发展的实际情况，经国务院批准，国务院保险监督管理机构可会同有关部门适时调整保险保障基金的救助金额和比例。'这是我们国家特有的机制，意味着监管机构发现事态严重的时候，会采取变通的办法确保保单持有人的合法权益。"

　　苏鸿光："还有一个问题，年金险怎么办？第二类救助里面没提到对它的救助办法。"

　　我："《新办法》第二十二条里有一句补充，'除人寿保险合同外的其他长期人身保险合同，其救助标准按照人寿保险合同执行'，所以年金险也同样受到保护。"

　　方眉："看来那些说保险是 100% 安全的客户经理，他们的话还是可信的。"

　　我："从之前发生的保险公司被接管、申请破产等历史事件来看，结果确实都很好地保障了客户的权益。不过话不能说满，之前没问题，不代表未来发生类似事件时，客户也不会有任何损失。"

# 第 10 章
# 其他门派

交易场所，就是做买卖的地方，需求者和供给者集中到一起在场所中进行交易，价格随行就市，双方各取所需。

金融领域也是如此，除了我们熟悉的上交所、深交所，还有很多其他种类的交易场所，根据不同划分标准有不同的分类。比如按照地域分，有全国性的交易场所和区域性的交易场所；按职能分，有交易股票的、债券的，也有期货、现货交易场所等。了解这些交易场所的基本情况对我们认识多层次资本市场和多品种交易模式有益，同时还能起到帮我们有效识别投资风险的作用。

为便于理解，我们按职能将交易场所分为 7 类：股票（权）交易场所、债券交易场所、金融资产交易场所、期货交易场所、现货交易场所、贵金属交易场所、上海保险交易所，如图 10-1 所示。

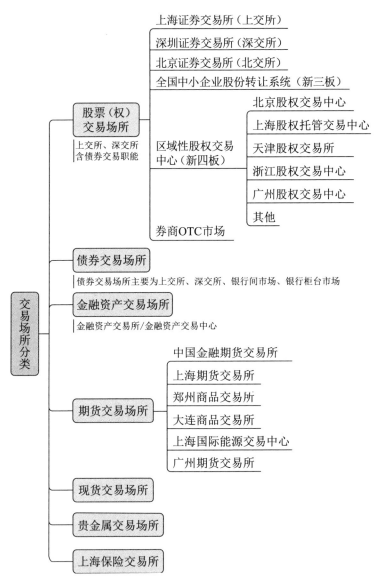

图 10-1　交易场所分类

# 10.1　股票（权）交易场所

股票（权）交易场所，顾名思义是交易股票或股权的地方。这里有 3 个词容易混淆：股权、股份和股票。

股权，是一种权利，代表有限责任公司或股份有限公司的投资人基于投资行为而拥有的从公司获得经济利益、参与公司经营管理的综合性权利。

股份，是股份有限公司划分公司资本的最小计量单位，代表股份有限公司股东的权利与义务。

> **Tips：** 在表述股东对公司控制权大小的时候，股权和股份本质上是一样的，通常只有股份有限公司才会称"股份"，有限责任公司称"股权"。

股票，是一种凭证，是股份有限公司发行的证明股东身份的所有权凭证，它是股份的物理表现形式。

股票（权）交易场所大致分为 6 类，上海证券交易所（简称"上交所"）、深圳证券交易所（简称"深交所"）、北京证券交易所（简称"北交所"）、全国中小企业股份转让系统（简称"新三板"）、区域性股权交易中心（简称"新四板"）和券商 OTC 市场。其中前 4 类属于全国性的股票交易场所，不同的交易所服务的企业不同，对投资者的要求也不尽相同，具体对比如表 10-1 所示。

这张表与以往的各板块对照表相比，最大的不同是它属于全面注册制正式实施之后的规则对照表。2023 年 2 月 17 日，证监会发布全面实行股票发行注册制的相关制度规则，代表中国从此进入注册制时代，这是一次里程碑式的改革。全面注册制的落地能真正提高企业上市融资的效率，特别是对盈利要求的放开，使更多科创企业能够通过 IPO 获得资本市场的资金促进自身发展。

　　杜建国："对我们老百姓有什么影响吗？"

　　我："如果你不炒股，影响不大；如果你通过基金间接炒股，影响也不大；如果你是直接投钱到股市的散户，还是有一些影响的。"

全面注册制对散户会产生如下影响。

（1）符合条件的企业上市更容易了，股票数量会较快速地增长，意味着散户要面对的选择多了，选择的难度加大。

（2）上市前 5 个交易日涨跌幅没有限制，这一新的规定会加大新上市股票价格的波动，原先依靠"打新"赚钱的路行不通了。以前因为企业上市难、上市慢，每年上市的企业数量也有限，等真的排到上市的股票，往往都能在开盘时有一波上涨的行情。而在全面注册制下，'打新股'要谨慎了，出现"破发"的可能性会比之前大很多。

（3）注册制的实施会使得市场估值更趋于理性，投机的空间小了，更加考验散户的金融专业知识和对企业调研分析的能力。

苏鸿光："杜老板，以前你炒股基本就是在"做慈善"，现在都实行注册制了，你还是省省吧。"

我："如果不具备专业的金融知识，没有对企业进行深入调研、数据分析的技能的话，还是建议通过基金的形式间接投资股市更稳妥——这是很认真的建议。"

表10-1中的上交所、深交所、新三板大家比较熟悉，北交所相对陌生。

北交所，全称北京证券交易所，它和沪深两大交易所及新三板形成错位发展态势，是中国第一家公司制证券交易所，主要服务具有专业化、精细化、特色化、新颖化特点的创新型中小企业。

> **Tips：** 2021年11月15日北交所正式开市，首批上市的81只股票中10只股票为新股，另外71只股票全部从原新三板"精选层"公司平移过来。

北交所的制度总体上平移了原新三板精选层的规则。在此之前，新三板根据企业资质的不同，由低到高依次分基础层、创新层、精选层三个层次。北交所的成立代替了精选层，也可以说是精选层的企业升级成了北交所上市的企业。

梁亭："老师，为什么叫新三板、新四板，这三和四是怎么来的？"

我："我们国家的资本市场是一种金字塔结构，根据企业的规模、质地和上市门槛划分为一板、二板、三板、四板等不同的板块市场，就像把大学分为985大学、211大学、双一流大学一样，其中'一板'是指主板市场，主板市场存在于上交所和深交所内。上交所的企业分为两种，一种是主板上市的企业，一种是科创板上市的企业。深交所的企业也分为两种，主板上市企业和创业板上市企业，原先还有一类中小板企业，经过多年发展，中小板企业都已经慢慢成长，和主板企业差不多了，所以在2021年4月6日，中小板正式与主板合并。主板上市的企业总体规模巨大，以央国企和大型民企等优质企业为主。创业板是二板市场，成长性企业居多，有一定的规模和科技含量。新三板全称叫全国中小企业股份转让系统，最早的股份转让系统不叫新三板，而是包含了三类企业，第一类是有历史遗留问题的企业，包括从原来两个法人股市场退下来的'两网股'股票，第二类是因为连续亏损从主板退市的企业，第三类是国家批准的可以进行挂牌交易的中关村科技园区的高科技企业。前面两类被统称为'老三板'，第三类就是后来的'新三板'的雏形，在国家政策的扶持下从起初的区域性市场变成现在的全国性证券交易市场。至于新四板，它属于区域性的股权交易市场。"

## 表 10-1 上交所、深交所、北交所、新三板对比图

| 名称 | 上海证券交易所（上交所） | |
|---|---|---|
| 总部 | 上海 | |
| 市场类型 | 场内市场 | 场内市场 |
| 细分 | 主板 | 科创板 |
| 成立时间 | 1990 年 11 月 | 2018 年 11 月 |
| 服务定位 | 央国企、大型民企等上规模有代表性优质企业 | 定位世界科技前沿、经济主战场和国家重大需求，突破关键核心技术，市场认可度高的科技型企业 |
| 上市机制 | 注册制 | 注册制 |
| 部分上市条件 | （一）持续经营 3 年以上且近 3 年实控人没变更，主营业务、董事、高管没发生重大不利变化。<br>（二）发行人为境内的，至少满足下列标准之一：<br>1. 近 3 年每年净利润为正，且累计净利润不低于 1.5 亿元，近 1 年净利润不低于 6000 万元，近 3 年经营活动产生的现金流量净额累计不少于 1 亿元或营收累计不少于 10 亿元。<br>2. 预计市值不少于 50 亿元，且 1 年净利润为正，近 1 年营收不少于 6 亿元且近 3 年经营活动产生的现金流量净额累计不少于 1.5 亿元。<br>3. 预计市值不少于 80 亿元，最近 1 年净利润为正且营收不少于 8 亿元。<br>（三）已境外上市的红筹企业，至少符合下列标准之一：<br>1. 市值不少于 2000 亿元。<br>2. 市值 200 亿元以上，有自主研发国际领先的技术，同行业竞争中有优势。<br>（四）未在境外上市的红筹企业，至少符合下列标准之一：<br>1. 预计市值不少于 200 亿元，且近 1 年营收不少于 30 亿元。<br>2. 预计市值不少于 100 亿元，且营收增长快，有自主研发国际领先的技术，同行业竞争中有优势。<br>3. 预计市值不少于 50 亿元，且近 1 年营收不少于 5 亿元，有自主研发国际领先的技术，同行业竞争中有优势。<br>（五）发行人有表决权差异安排，近 1 年净利润需为正，并至少符合下列标准之一：<br>1. 预计市值不少于 200 亿元。<br>2. 预计市值不少于 100 亿元，近 1 年营收不少于 10 亿元。 | （一）持续经营 3 年以上且近 2 年实控人没变更，主营业务、董事、高管没有发生重大不利变化。<br>（二）核心技术人员稳定且近 2 年没有发生重大不利变化。<br>（三）发行人为境内的，至少满足下列标准之一：<br>1. 预计市值不少于 10 亿元，满足近 2 年每年净利润为正且累计净利润不少于 5000 万元，或者满足近 1 年净利润为正且营收不少于 1 亿元。<br>2. 预计市值不少于 15 亿元，满足近 1 年营收不少于 2 亿元且近 3 年累计研发投入占近三年累计营收的比例不小于 15%。<br>3. 预计市值不少于 20 亿元，满足近 1 年营收不少于 3 亿元且近 3 年经营活动产生的现金流量净额累计不少于 1 亿元。<br>4. 预计市值不少于 30 亿元且近 1 年营收不少于 3 亿元。<br>5. 预计市值不少于 40 亿元，主业或产品需经国家有关部门批准，市场空间大，目前已有阶段性成果等。<br>（四）未在境外上市的红筹企业，至少符合下列标准之一：<br>1. 预计市值不少于 100 亿元，且营收增长快，有自主研发国际领先的技术，同行业竞争中有优势。<br>2. 预计市值不少于 50 亿元，且近 1 年营收不少于 5 亿元，有自主研发国际领先的技术，同行业竞争中有优势。<br>（五）发行人有表决权差异安排，至少符合下列标准之一：<br>1. 预计市值不少于 100 亿元。<br>2. 预计市值不少于 50 亿元，近 1 年营收不少于 5 亿元。 |
| 涨跌限制 | 上市前 5 个交易日无限制，之后 10% | 上市前 5 个交易日无限制，之后 20% |
| 个人投资要求 | 无 | 1. 2 年以上证券投资经验。<br>2. 前 20 个交易日，日均证券资产不低于 50 万元。 |

| 名称 | | 深圳证券交易所（深交所） |
|---|---|---|
| 总部 | | 深圳 |
| 市场类型 | 场内市场 | 场内市场 |
| 细分 | 主板 | 创业板 |
| 成立时间 | 1990年12月 | 2009年10月 |
| 服务定位 | 同上交所主板 | 定位创新创业的成长型企业，鼓励传统产业与新技术、新产业、新业态、新模式深度融合 |
| 上市机制 | 注册制 | 注册制 |
| 部分上市条件 | 同上交所主板 | （一）持续经营3年以上且近2年实控人没变更，主营业务、董事、高管没发生重大不利变化。<br>（二）发行人为境内的，至少满足下列标准之一：<br>1.近2年每年净利润为正，且累计净利润不少于5000万元。<br>2.预计市值不少于10亿元，近1年净利润为正，营收不少于1亿元。<br>3.预计市值不少于50亿元，且近1年营收不少于3亿元。<br>（三）未在境外上市的红筹企业，至少符合下列标准之一：<br>1.预计市值不少于100亿元，且营收增长快，有自主研发国际领先的技术，同行业竞争中有优势。<br>2.预计市值不少于50亿元，且近1年营收不少于5亿元，有自主研发国际领先的技术，同行业竞争中有优势。<br>（四）发行人有表决权差异安排的，至少符合下列标准之一：<br>1.预计市值不少于100亿元。<br>2.预计市值不少于50亿元，近1年营收不少于5亿元。 |
| 涨跌限制 | 同上交所主板 | 上市前5个交易日无限制，之后20% |
| 个人投资者要求 | 无 | 1.2年以上证券投资经验。<br>2.前20个交易日，日均证券资产不低于10万元。 |

| 名称 | 北京证券交易所（北交所） |
|---|---|
| 总部 | 北京 |
| 市场类型 | 场内市场 |
| 细分 | 北交所 |
| 成立时间 | 2021年9月 |
| 服务定位 | 定位具有"专业化、精细化、特色化、新颖化"特色的创新型中小企业 |
| 上市机制 | 注册制 |

| | |
|---|---|
| 部分上市条件 | （一）持续经营 3 年以上且近 3 年财报无虚假记载，被出具无保留意见审计报告。<br>（二）发行人为在新三板连续挂牌满 12 个月的创新层公司，且最近 1 年期末净资产不少于 5000 万。<br>（三）发行人至少满足下列标准之一：<br>1. 预计市值不少于 2 亿元，近 2 年净利润不少于 1500 万元且加权平均净资产收益率平均不少于 8%，或者最近 1 年净利润不低于 2500 万元且加权平均净资产收益率不低于 8%。<br>2. 预计市值不少于 4 亿元，近 2 年营收平均不少于 1 亿元，且近 1 年营收增长率不低于 30%，近 1 年经营活动产生的现金流量净额为正。<br>3. 预计市值不少于 8 亿元，近 1 年营收不少于 2 亿元，近 2 年研发投入合计占近 2 年营收合计比例不低于 8%。<br>4. 预计市值不少于 15 亿元，近 2 年研发投入合计不少于 5000 万元。 |
| 涨跌限制 | 上市首日无限制，之后 30% |
| 个人投资者要求 | 1. 2 年以上证券投资经验。<br>2. 前 20 个交易日，日均证券资产不低于 50 万元。 |

| 名称 | 全国中小企业股份转让系统（新三板） |
|---|---|
| 总部 | 北京 |
| 市场类型 | 场内市场 |
| 细分 | 新三板（基础层、创新层） |
| 成立时间 | 2012 年 7 月 |
| 服务定位 | 定位创新型、创业型、成长型中小微企业 |
| 上市机制 | 注册制 |
| 部分上市条件 | 基础层挂牌条件：<br>（一）持续经营不少于 2 个完整会计年度。本规则另有规定的除外。除外情况——若同时符合下列条件的，持续经营时间不少于 1 个完整会计年度：<br>1. 主要业务属于人工智能、数字经济、互联网用、医疗健康、新材料、高端装备制造、节能环保、现代服务业等新经济领域以及基础零部件、基础元器件、基础软件、基础工艺等产业基础领域。<br>2. 符合国家战略，有关键核心技术，主要依靠核心技术开展生产经营，具有明确可行的经营规划。<br>3. 近 1 年研发投入不少于 1000 万元，且近 1 年或挂牌同时定向发行获得专业机构投资者股权投资金额不少于 2000 万元，或者，挂牌时即采取做市交易方式，挂牌同时向不少于 4 家做市商在内的对象定向发行股票，按挂牌同时定向发行价格计算的市值不少于 1 亿元。<br>（二）最近 1 期末每股净资产不少于 1 元/股，并满足下列条件之一（不适用上述"除外情况"企业）：<br>1. 近 2 年净利润均为正且累计不低于 800 万元，或者近 1 年净利润不少于 600 万元。<br>2. 近 2 年营收平均不少于 3000 万元且近 1 年营收增长率不低于 20%，或者近 2 年营收平均不少于 5000 万元且经营活动现金流量净额均为正。<br>3. 近 1 年营收不少于 3000 万元，且近 2 年累计研发投入占近 2 年累计营收比例不低于 5%。<br>4. 近 2 年研发投入累计不少于 1000 万元，且近 24 个月或挂牌同时定向发行获得专业机构投资者股权投资金额不少于 2000 万元； |

| | |
|---|---|
| 部分上市条件 | 5. 挂牌时即采取做市交易方式，挂牌同时向不少于 4 家做市商在内的对象定向发行股票，按挂牌同时定向发行价格计算的市值不少于 1 亿元。<br>创新层挂牌条件：<br>（一）已挂牌公司进入创新层，应符合下列条件之一：<br>1. 近 2 年净利润均不少于 1000 万元，近 2 年加权平均净资产收益率平均不低于 6%，截至进层启动日的股本总额不少于 2000 万元。<br>2. 近 2 年营收平均不少于 8000 万元，且持续增长，年均复合增长率不低于 30%，截至进层启动日的股本总额不少于 2000 万元。<br>3. 近 2 年研发投入累计不少于 2500 万元，截至进层启动日的 24 个月内，定向发行普通股融资金额累计不少于 4000 万元（不含以非现金资产认购的部分），且每次发行完成后以该次发行价格计算的股票市值均不少于 3 亿元。<br>4. 截至进层启动日的 120 个交易日内，最近有成交的 60 个交易日的平均股票市值不少于 3 亿；采取做市交易方式的，截至进层启动日做市商家数不少于 4 家；采取集合竞价交易方式的，前述 60 个交易日通过集合竞价交易方式实现的股票累计成交量不少于 100 万股；截至进层启动日的股本总额不少于 5000 万元。<br>（二）申请挂牌同时进入创新层的公司，应符合下列条件之一：<br>1. 近 2 年净利润均不少于 1000 万元，近 2 年加权平均净资产收益率平均不低于 6%，股本总额不少于 2000 万元。<br>2. 近 2 年营收平均不少于 8000 万元，且持续增长，年均复合增长率不低于 30%，股本总额不少于 2000 万元。<br>3. 近 2 年研发投入不低于 2500 万元，完成挂牌同时定向发行普通股后，融资金额不少于 4000 万元（不含以非现金资产认购的部分），且公司股票市值不少于 3 亿元。<br>4. 在挂牌时即采取做市交易方式，完成挂牌同时定向发行普通股后，公司股票市值不少于 3 亿元，股本总额不少于 5000 万元，做市商家数不少于 4 家，且做市商做市库存股均通过本次定向发行取得。 |
| 涨跌限制 | 竞价股票首日无限制，之后跌幅限制 50%，涨幅限制 100% |
| 个人投资者要求 | 1. 2 年以上证券投资经验。<br>2. 前 10 个交易日，日均证券资产不低于 200 万元（基础层）或不低于 100 万元（创新层）。 |

法规依据：《首次公开发行股票注册管理办法》（2023 年发布）、《上海证券交易所股票上市规则》（2023 年 2 月修订）、《深圳证券交易所股票上市规则》（2023 年修订）、《深圳证券交易所创业板股票上市规则》（2023 年修订）、《上海证券交易所科创板股票上市规则》（2020 年 12 月修订）、《北京证券交易所股票上市规则（试行）》（北证公告〔2021〕13 号）、《全国中小企业股份转让系统股票挂牌规则》（股转公告〔2023〕34 号）、《全国中小企业股份转让系统分层管理办法》（股转系统公告〔2022〕53 号）

区域股权交易中心：最初成立于 2010 年，是由地方政府管理、证监会备案的股权交易场所，它仅限特定区域，通常以省为范围来为区域内企业提供股权、债权的转让服务，满足企业和投资者的投融资需求，服务的企业比新三板更小，以小微企业为主，属于非公开发行证券的场所。

目前全国已备案区域股权交易中心 34 家，其中 5 家隶属于计划单列市，如表 10-2 所示。

表 10-2　已备案的 34 家区域股权交易中心　　　　　　单位：亿元

| 备案批次 | 地区 | 名称 | 注册资本 | 备案批次 | 地区 | 名称 | 注册资本 |
|---|---|---|---|---|---|---|---|
| 第一批备案（20180427） | 北京 | 北京股权交易中心 | 2.00 | 第一批备案（20180427） | 新疆 | 新疆股权交易中心 | 1.10 |
| | 河北 | 石家庄股权交易所 | 0.45 | | 大连 | 大连股权交易中心 | 0.50 |
| | 内蒙古 | 内蒙古股权交易中心 | 0.50 | | 宁波 | 宁波股权交易中心 | 130 |
| | 辽宁 | 辽宁股权交易中心 | 1.00 | | 厦门 | 厦门两岸股权交易中心 | 0.90 |
| | 上海 | 上海股权托管交易中心 | 1.20 | 第二批备案（20180727） | 天津 | 天津滨海柜台交易市场 | 2.20 |
| | 江苏 | 江苏股权交易中心 | 2.00 | | 浙江 | 浙江股权服务集团 | 7.00 |
| | 安徽 | 安徽省股权托管交易中心 | 2.00 | | 山东 | 齐鲁股权交易中心 | 2.25 |
| | 福建 | 海峡股权交易中心（福建） | 2.10 | | 河南 | 中原股权交易中心 | 3.50 |
| | 江西 | 江西联合股权交易中心 | 2.21 | | 湖北 | 武汉股权托管交易中心 | 1.00 |
| | 湖南 | 湖南股权交易所 | 1.00 | | 广东 | 广东股权交易中心 | 3.11 |
| | 广西 | 广西北部湾股权交易所 | 2.20 | | 海南 | 海南股权交易中心 | 0.50 |
| | 重庆 | 重庆转让中心 | 1.56 | | 深圳 | 深圳前海股权交易中心 | 5.00 |
| | 四川 | 天府（四川）联合股权交易中心 | 1.00 | | 青岛 | 青岛蓝海股权交易中心 | 0.50 |
| | 陕西 | 陕西股权交易中心 | 1.20 | 第三批备案（20190726） | 山西 | 山西股权交易中心 | 1 |
| | 甘肃 | 甘肃股权交易中心 | 4.38 | | 吉林 | 吉林股权交易所 | 0.1 |
| | 青海 | 青海股权交易中心 | 2.36 | | 黑龙江 | 哈尔滨股权交易中心 | 0.1 |
| | 宁夏 | 宁夏股权托管交易中心 | 0.60 | | 贵州 | 贵州股权交易中心 | 0.5 |

梁亭："我们个人可以在区域股权交易中心交易吗？"

我："可以，原先各地股交中心规则不统一，很多地方门槛很低，试行办法出来后实行合格投资者制度，个人的金融资产须不少于 50 万元，并且有 2 年以上的投资经验。不过还是那句话，如果不是专业的投资人士，作为普通老百姓，明智的做法是优先考虑上交所和深交所的企业。其实国家真的替我们老百姓想得很周全了，早已经为我们做了筛选，各个板块的企业针对不同类型的投资人，特征区分鲜明，并通过各种投资门槛的设计千方百计引导老百姓量力而为。"

券商 OTC（over the counter）市场：因没有集中的统一交易制度和交易场所，也叫作场外交易市场或柜台交易市场。它是在交易所外，证券买卖双方当面协商并确定价格后成交的市场。这里引出一组概念，即场内市场和场外市场。

场内市场，简单来说就是在交易所内进行交易的市场，对于证券交易，这里的"场"就是指证券交易所。场内市场包括上交所、深交所、北交所、新三板等。反之，交易所以外的市场，我们把它们归为场外市场。

小贺："老师，新三板也是场内市场吗？我看到有的书上写的是场外市场。"

我："确实，有的地方把新三板归为场外市场，2015 年 9 月 1 日证券业协会发布的《场外证券业务备案管理办法》正式实施，其中提到'场外证券业务是指在上海、深圳证券交易所、期货交易所和全国中小企业股份转让系统以外开展的证券业务'。从这句话能看出官方对其的定位，新三板应该是被归为场内市场了。"

# 10.2 债券、金融资产交易场所

## 10.2.1 债券交易所

债券交易场所是债券发行之后进行交易流通的场所，是政府、金融机构、企业等筹集资金的重要渠道，同时也为投资者提供了具有流动性和盈利性的金融资产，为市场供需方提供双向服务。

> **Tips：** 债券是一种借贷工具，也被称为固定收益证券，它是由政府、金融机构或企业发行的一种债务凭证，代表了对债务的承诺。购买债券的人实际上是借钱给发行债券的实体，而发行实体承诺在未来的某个日期偿还本金，并支付一定的利息。

我国的债券交易场所主要包括交易所市场（上交所、深交所）、银行间市场和银行柜台市场。其中交易所市场属于场内交易，后两者为场外交易。

交易方式上，交易所市场通过交易指令集中竞价进行交易，银行间市场通过一对一询价进行交易，银行柜台市场则通过挂牌价格一对多进行交易。

银行间市场虽然从定义上属于场外市场，但实质更接近场内市场。因为和其他普通场外市场相比，银行间市场有严格明晰的交易制度和固定交易场所，主体由中国外汇交易中心暨全国银行间同业拆借中心（同业中心）、中央国债登记结算公司（中债登）、银行间市场清算所股份有限公司（上海清算所）等构成，隶属于人民银行。

很多人对银行间市场非常陌生，它本身和我们老百姓没有直接的关系，虽然有"银行间"三个字，但它的交易主体不仅限于银行，主要参与者包括商业银行、非银行金融机构、非金融机构、可经营人民币业务的外国银行分行等机构。

这里要注意的是，银行间市场不是只有债券交易，还包括银行间同业拆借市场、银行间票据市场、银行间外汇市场、银行间黄金市场等。银行间债券市场只是其中之一，目前它的交易量超过交易所债券的交易量，是我国债券市场的主体部分。

对我们老百姓来说，要参与债券交易，主要通过交易所市场和银行柜台市场。

交易所债券市场把个人分为两类，一类是专业投资者，一类是普通投资者。

专业投资者能投资交易所几乎所有的债券，但必须满足前 20 个交易日名下金融资产日均不低于 500 万元，或最近 3 年个人年均收入不低于 50 万元，且具有 2 年以上证券、基金、期货、黄金、外汇等投资经历。

普通投资者可以投资的债券主要包括国债、地方政府债券、政策性银行金融债券、政府支持机构债券等少数品种。

> Tips：银行柜台市场虽然已有 20 多年的发展历史，但总体交易量不大，可交易的品种也十分有限，以国债、政策性金融债和地方政府债为主。

## 10.2.2　金融资产交易所

金融资产交易场所指的是金融资产交易所或金融资产交易中心，简称"金交所"，是为金融资产的交易提供信息和撮合的场所，区域性的金融资产在此进行挂牌、备案和交易。此场所的本质是交易平台，同时具有地域性特点，它的诞生是为了盘活流动性较差的金融资产，满足不同类别融资主体的资金需求，对发展多层次资本市场起到积极作用。

自 2010 年 5 月首家金交所天津金融资产交易所（天交所）成立以来，各地金交所相继成立，数量曾一度达到 70 家左右，业务类型随着市场环境的变化而变化。起初，券商子公司和基金子公司尚未成立之时，银行的理财资金借用金交所的通道发行产品；之后互联网金融兴起，P2P 公司成为金交所通道业务的最大客户，互联网资管业务开始野蛮生长，资管边界不清晰以及金交所定位混乱导致乱象频发；随后，在监管的介入下，金交所关停了互联网资管业务；2018 年，私募基金备案开始收紧，大量私募机构开始通过金交所备案挂牌产品，金交所的业务重心再一次调整。

金交所从诞生到现在的 10 多年里，一直在摸索中寻找适合自身的业务发展模式，监管层根据其暴露的合规性问题和风险隐患也在不断加码对金交所的清理和整顿。目前，金交所的业务范围限于区域性非上市金融类企业的产权转让、各类私募股权和债权的金融资产交易、地方资管公司不良资产转让等业务，同时明确不得跨区域发行产品，不得向社会个人投资者销售或变相销售产品。

# 10.3 其他交易场所

## 10.3.1 期货交易所

所谓期货交易所就是买卖期货的场所，即买卖期货合约的地方。它是一种非营利机构，负责期货合约的发行、交易、结算和交割，参与期货交易的所有投资者都需要遵守交易所的规则和要求，支付相应的手续费和保证金，并通过交易所的电子交易系统进行交易。此外期货交易所对所有的交易行为进行监管，保证交易的合法性、公正性。

> Tips：交易所实行结算会员制，普通个人无法直接进入交易所交易期货，需要通过交易所会员开户，也就是在期货公司开立一个期货账户，才能参与期货合约的买卖。

目前，我国合法的期货交易所一共 6 家，分别是郑州商品交易所、上海期货交易所、大连商品交易所、中国金融期货交易所、上海国际能源交易中心，以及 2021年开设的广州期货交易所，如表 10-3 所示。

表 10-3　期货交易所及交易品种

| 期货交易所 | 成立日期 | 交易品种 | |
| --- | --- | --- | --- |
| | | 期货 | 期权 |
| 郑州商品交易所 | 1990 年 10 月 | 农产品：强麦、普麦、棉花、白糖、菜籽油、早籼稻、油菜籽、菜籽粕、粳稻、晚籼稻、棉纱、苹果、红枣、花生<br>非农产品：PTA、甲醇、玻璃、动力煤、硅铁、锰硅、尿素、纯碱、短纤 | 农产品：棉花、白糖、菜籽油、菜籽粕、花生<br>非农产品：PTA、甲醇、动力煤 |
| 上海期货交易所 | 1990 年 11 月 | 金属：黄金、白银、铜、铜（BC）、铝、锌、铅、镍、锡、螺纹钢、线材、热轧卷板、不锈钢<br>能源化工：原油、低硫燃料油、燃料油、石油沥青、天然橡胶、20 号胶、纸浆 | 金属：黄金、白银、铜、铝、锌、螺纹钢<br>能源化工：原油、天胶 |
| 大连商品交易所 | 1993 年 2 月 | 农业：玉米、玉米淀粉、黄大豆 1 号、黄大豆 2 号、豆粕、豆油、棕榈油、纤维板、胶合板、鸡蛋、粳米、生猪<br>工业：聚乙烯、聚氯乙烯、聚丙烯、焦炭、焦煤、铁矿石、乙二醇、苯乙烯、液化石油气 | 农业：玉米、黄大豆 1 号、黄大豆 2 号、豆粕、豆油、棕榈油<br>工业：聚乙烯、聚氯乙烯、聚丙烯、铁矿石、乙二醇、苯乙烯、液化石油气 |
| 中国金融期货交易所 | 2006 年 9 月 | 权益类：沪深 300 股指期货、中证 500 股指期货、中证 1000 股指期货、上证 50 股指期货<br>利率类：2 年期国债期货、5 年期国债期货、10 年期国债期货、30 年期国债期货 | 权益类：沪深 300 股指期权、中证 1000 股指期权、上证 50 股指期权 |
| 上海国际能源交易中心 | 2013 年 11 月 | 金属：铜（BC）<br>能源化工：原油、低硫燃料油、20 号胶 | 能源化工：原油 |
| 广州期货交易所 | 2021 年 1 月 | 工业硅 | 工业硅 |

## 10.3.2　现货、贵金属交易场所

将现货交易场所和贵金属交易场所放讲，是因为这二者之间既有区别又相互交叉。现货交易的种类非常多，包括农产品、金属类、建材类等，贵金属也属于其中的一个交易品种，例如上海黄金交易所，经国务院批准，由中国人民银行组建，是国内目前比较正规的现货交易所，因其专门从事黄金等贵金属交易，也属于贵金属交易场所。

　　我国的现货交易所、贵金属交易场所大多是由县级以上人民政府商务主管部门监管，缺乏完善的法律法规和落地的风控监测、应对措施对行业进行有效、统一的管理，再加上各交易所通过交易代理公司与投资者进行接触，各种违规展业现象层出不穷，有些代理公司甚至联合交易所层层设计陷阱，违规对赌、虚假宣传、人为操纵交易数据，致使投资者损失惨重。

　　方眉："老师，我从头到尾听下来，真的觉得，对于老百姓来说，理财重要的真的不是可以买什么产品、投什么产品，会分辨哪些是人、哪些是妖，知道自己不能做什么，才是理财成功的关键，至少不会失败。"

　　苏鸿光："我太认同这句话了，妖怪实在太多，我一个小学同学前年投资贵金属，最后连自己住的房子都卖了。"

　　梁亭："苏老师，他是行情没看准还是被骗？"

　　苏鸿光："他老光棍一个，之前说是网上找了一个女朋友，聊得挺好，后来那个女的有意无意在他面前炫耀自己赚大钱的单据，就这样诱骗我同学投资所谓的现货产品。他短短 4 个月亏了 120 万元，其中 70 万元还是借来的钱。"

　　杜建国："你同学真是单纯啊，这种老套路也信。"

苏鸿光："他一开始也不信，后来加入一个群，看里面很多人都赚钱了，还不停地晒单，就慢慢地心动了，最后听了'专家老师'的建议，越买越亏。等钱全部砸进去以后，那个'女朋友'也联系不上了。直到报警了他才知道跟他一样的受害者有很多。这个事因为牵涉面太广，媒体也报道了。"

杜建国："这是典型的杀猪盘啊！"

苏鸿光："你知道他们是怎么骗钱的吗？看了以后我真的咬牙切齿！谈恋爱这种事是假的，都是大叔假扮的，赚钱的截图都是从网上模拟盘上截下来的图片，模拟盘上的数据和实盘数据一样，只是资金是虚拟的，你买个涨再买个跌，肯定有一个是赚钱的，然后把赚钱的截图发给投资者看，取得他们信任，骗投资者下单。另外，他们还赚交易费的钱，表面上跟你说手续费低，没有印花税，其实成倍地收手续费。有一个投资人只投了十万元本金，但是成交金额却显示 100 万元，手续费按照加了杠杆以后的金额来收，费用足足放大了 10 倍，一个月下来光手续费就亏了 5 万元。这个还不算，还有'隔夜费'，投资者的资金在账户上过夜就要付钱，我同学光隔夜费就付了 10 多万元。更狠的还在后面，这些人故意让我同学反向操作，明明应该买涨，他们叫他买跌，明显在和投资者在做对赌，投资者亏多少，这帮人就赚多少。有几次我同学自己买，买对方向了，赚钱了，他们就用各种理由不让他提现，一直到行情变到亏损为止。更离谱的是，App 上的行情价格和正规交易所价格不一样，连交易数据他们都篡改。我原来还不相信有这么黑，看了媒体报道才知道竟然有这么丧尽天良的手法！"

我："这些确实就发生在我们身边，而且还不是个例。学理财不只是为了把握住每一个财富增值的机会，更是为了学会如何辨别风险，规避风险。有所为，更要有所不为，当发现自己心里没底时，最好的办法就是停下来，什么都不做。"

## 10.3.3 上海保险交易所

上海保险交易所（SHIE）和证券交易所、期货交易所本质上是一样的，都是为供需双方提供公开、透明、高效的交易场所。普通的保险投保人和保险人通过代理人、经纪人或者互联网直接产生交互，不需要通过交易所进行交易，但仍有部分保险、再保险或者保险资管产品需要专业的交易所进行撮合流通。上海保险交易所在此需求背景下于 2016 年 6 月成立，其定位是为保险人、再保险人、经纪人、投资者等进行原保险、再保险、保单转让、保险衍生品等交易提供一个完善高效的交易平台。

## 10.4 结算类机构及金控公司

### 10.4.1 结算类机构

我国的登记结算类机构主要有4家：中央国债登记结算有限责任公司（中债登）、银行间市场清算所股份有限公司（上海清算所/上清所）、中国证券登记结算有限责任公司（中证登）、中保保险资产登记交易系统有限公司（中保登），如图10-2所示。

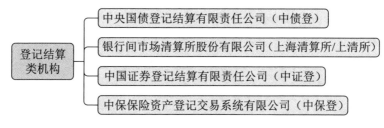

图 10-2　登记结算类机构

其中中保登比较好理解，它是上海保险交易所旗下的平台，为保险资金投融资的对接及保险金融产品的发行、登记、交易、质押融资、资金结算、信息披露等提供相关服务。

中债登、上清所、中证登这3家机构都能为债券交易提供集中登记、存管和结算服务，比较容易混淆，但它们之间又各有侧重。

中债登，全称中央国债登记结算有限责任公司，也叫中央结算公司或中央结算，成立于1996年，最早是为了登记国债而设立的，后来也开始登记托管其他种类的债券，包括国债、金融债、央行票据、地方政府债、银行债券、信贷资产证券化产品、中期票据、企业债等。

上清所，全称银行间市场清算所股份有限公司，成立于2009年11月，中债登是其股东之一。上清所主要托管中期票据、短期融资券、超短期融资券等信用债券以及同业存单、大额存单等货币市场工具，它和中债登都属于银行间市场的登记托管结算机构。中债登主要负责利率债和部分信用债的登记托管，上清所主要以信用债为主。

中证登，全称中国证券登记结算有限责任公司，也叫中国结算，2001年3月成立，与中债登和上清所对应的银行间市场不同。中证登对应的是交易所市场，因此它登记托管的范围不仅有债券，还有沪深交易所的股票，债券方面以交易所特有品种公司债、可转债、中小企业私募债为主。

> **Tips：** 还有一种简单的区分方式，即根据不同券种各自的监管部门来区分，证监会监管的券种，如公司债、中小企业私募债、资产支持证券都归为中证登登记托管；交易商协会监管的券种，如中期票据、短期融资券、资产支持票据等都归上清所；发改委、财政部、央行、原银保监会等监管的券种，如国债、地方债、金融债等都归中债登服务。

## 10.4.2　金控公司

我国的金融发展经历了起初的综合经营到之后的严格分业经营，再发展为分业经营框架下的综合经营创新，在此过程中形成了不同类型的金融控股公司（简称金控公司）。

从形成的原因来看，主要分为两大类，一类是金融机构通过开展综合化经营，跨业投资控股形成的金融控股集团；一类是通过投资控股两个或两个以上金融机构形成的金融控股集团。

2020 年 9 月，中国人民银行印发的《金融控股公司监督管理试行办法》对第二类金融控股公司做了明确的定义，金融控股公司指的是依法设立，控股或实际控制两个或两个以上不同类型金融机构，自身仅开展股权投资管理、不直接从事商业性经营活动的有限责任公司或股份有限公司。

从股东背景来区分，金融控股公司可以分为 3 类：央企金控公司、地方金控公司、民营金控公司，如图 10-3 所示。

金融控股公司从诞生到发展至今，曾一度缺乏有效的治理机制和风险管控，尤其是民营金控公司，野蛮生长的同时频频发生风险事件。有的通过多个金融牌照交叉持股、虚假注资；有的操控壳公司进行大量关联交易，放大杠杆超额举债；有的搭建复杂的股权架构，隐藏控股权关系，利用政策差异监管套利；有的通过国内出售资产、国外买入来转移资金。2020 年 9 月，央行出台《金融控股公司监督管理试行办法》，使金控公司在准入、设立、持牌经营、风险控制等方面有章可循、有法可依，促进集团内部各方降本增效、合规发展。

小贺："老师，我知道你说的这些民营金控公司，我们在学校上课的时候老师拿他们当案例讲，比如'明天系''安邦系''中植系'，都曾经盛极一时……"

我："对我们普通人来说更重要的是如何看待现存的民营金控公司，以及它们旗下金融平台或三方财富机构推出的理财产品，既要穿透产品表面了解它的底层投向，也要关注金控公司本身的经营动向以及相关的监管信息。不要只顾盯着高 1%、2% 的'画饼收益率'而忽视潜在的风险。"

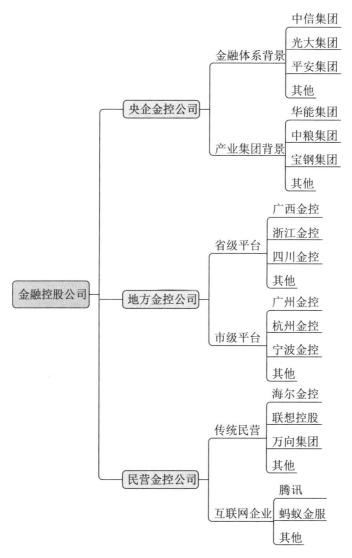

图 10-3　金融控股公司类型

# 10.5  其他

## 10.5.1  第三方支付机构

第三方支付机构（非银行支付机构），是独立于商户和银行，专门为收付款人提供货币资金转移服务的中介机构。

货币资金转移服务包括网络支付、预付卡的发行与受理、银行卡收单及央行确定的其他支付服务，如图10-4所示。

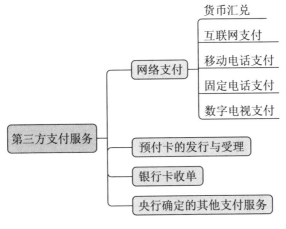

图 10-4  第三方支付服务

> **Tips：** 第三方支付机构接受中国人民银行监管，提供支付服务必须取得《支付业务许可证》，即支付牌照，牌照有效期一般为5年，到期后申请续牌。支付牌照分区域性牌照和全国性牌照，前者只能在限定省市开展业务，后者可以在全国展业。

## 10.5.2  第三方理财公司

第三方理财公司，也叫第三方财富管理公司，是指独立于银行、保险、信托等金融机构，站在客观公正的立场，根据客户自身财务状况和理财需求，为其提供综合性理财规划服务的中介理财机构。

目前，国内的财富管理行业主要由3大类机构组成。

### 1. 银行系理财

包括银行各网点的理财部门、私人银行部以及银行理财子公司等。

**2. 其他金融机构理财**

包括信托公司、券商资管子公司、保险公司及其资管子公司、公募基金、私募基金等。

**3. 第三方理财**

包括诺亚财富、钜派投资、宜信财富、好买财富、蚂蚁基金、天天基金网等。

我国的第三方理财起步于 2005 年，虽然行业快速发展，但总体的理财市场份额占比仍然较小。相比美国等西方发达国家的第三方理财资产规模占据财富管理市场 60% 以上，我国的第三方理财发展空间较大。

由于行业门槛低、代销模式下的利益导向型营销，以及行业监管体系不完善，我国的第三方财富管理行业曾一度经营混乱、风险频出，理财产品暴雷现象严重，给投资者权益造成了严重侵害。主要风险如下。

（1）第三方理财公司沦为股东方及其关联企业的自融工具。房地产政策收紧，融资渠道受限之后，部分第三方理财公司通过代销关联金融机构包装、发行的产品，直接或间接投向母公司或其关联地产企业，为自身进行融资，在风控措施上通过关联公司违规为自己担保来"增加信用"，一旦项目出现问题，风险迅速波及金融领域，最终导致投资者损失惨重。

（2）员工展业风险。相比金融机构的从业人员，第三方理财公司在人员引进方面门槛较低，导致员工素质不高，专业化水平欠缺，在服务投资者时风险揭露不充分，违规承诺保本保收益，误导客户投资决策，增加客户亏损风险。

（3）高佣金驱动下的投资项目存在高风险隐患。由于第三方理财公司以代销收入为主要收入来源，在利益驱使下，高风险、高佣金的项目往往成为第三方理财公司的主推产品，将这些高风险投资项目推荐给风险承受能力弱的客户会增加风险隐患。

（4）虚假项目或违规设立资金池。"伪三方理财公司"打着投资理财的名义，用虚假项目非法募集资金，或者正规第三方理财公司因风控薄弱，被资产端的虚假项目欺骗，最终无法收回投资。另外，一些机构将募集的资金做成资金池，短借长用、借新还旧，最终毁于庞氏骗局。

监管可能会迟到，但从不缺席。乱象丛生之际，国家在资产管理领域出台了一系列监管措施，这在一定程度上规范了第三方理财公司的展业行为。例如 2018 年的《资管新规》，进一步明确了金融业务需持牌经营的要求，通过打破刚性兑付、禁止资金池业务、禁止期限错配、强化穿透式监管、向净值化转型、压降非标业务，极大地整顿了理财乱象。

> **Tips**：在整顿过程中，"伪三方"成为重点打击对象，一大批违规经营、钻监管漏洞的中小三方理财公司纷纷倒闭，三方行业进入转型变革时代。

苏鸿光："我们应该怎么样辨别第三方理财机构呢？"

我："不仅要辨别机构，对于机构代销的产品也要有区分。"

辨别第三方理财机构及理财产品的思路如下。

（1）看企业资质。是否具有基金销售牌照、私募管理人资格、保险代理或经纪牌照等，有些大型第三方理财公司同时拥有多张牌照。

（2）看理财产品的底层资产投向。不同类型的投资标的所包含的风险属性不同，仔细查看合同文本及风险揭示，非标资产类理财产品根据融资主体的运作状况存在到期无法兑付的风险，净值化的标准类产品根据市场行情的波动产生盈利或亏损。在选择投资标的前除了对机构进行资质核实外，底层资产的投向是否明确、风险增信措施是否充分至关重要。

（3）选择头部机构，忽略其他。对于没有经验的投资人来说，这是最具有实操性的辨别方法，无论通过第三方财富机构理财还是其他金融机构理财，选择头部企业可以为投资人省去很大一部分时间精力来做筛选判断。在确定头部机构时需要注意数据来源的权威性，不轻信单家机构的宣传话术，不依赖单个网站的榜单排名，充分利用监管机构的官网进行数据查询和信息获取，多渠道比对和印证。

## 10.5.3　信用评级机构

信用评级机构是从事信用评级业务的社会中介机构，为证券发行人和证券信用进行等级评定。

信用评级包括主体信用评级和债项信用评级。

其中主体信用评级是对证券发行人自身经营情况、财务状况、股东背景，行业发展等方面进行综合分析后给出的信用资质评价，评价的对象是证券发行人这一经济主体；债项信用评级是对经济主体发行的具体某支债券进行信用风险评估。

> **Tips**：主体信用评级是对企业偿付自身各类债务能力的综合判断，而债项信用评级是对某一笔具体债务安全性的综合判断。

国际上有 3 家较为权威的专业信用评级机构：美国标准普尔公司、穆迪投资服务公司、惠誉国际信用评级公司。

国内主要评级机构主要包括：中诚信国际信用评级有限公司（中诚信国际）、中证鹏元资信评估股份有限公司（中证鹏元）、联合资信评估股份有限公司（联合资信）、大公国际资信评估有限公司（大公国际）、上海新世纪资信评估投资服务有限公司（上海新世纪）、远东资信评估有限公司（远东资信）、东方金诚国际信用评估有限公司（东方金诚）。

## 10.5.4 小额贷款公司

小额贷款公司（小贷公司），是由自然人、企业法人与其他社会组织投资设立，不吸收公众存款，经营小额贷款业务的有限责任公司或股份有限公司。其发放的小额贷款以个人或企业的消费贷款为主，金额一般在 1 万—20 万元内，贷款手续灵活，通常需要担保。对于纯信用借款，信息审核较严，利率普遍高于银行，低于民间借贷，主要服务个人、个体工商户和小微企业。

小额贷款公司的主要知识点如下。

（1）小额贷款公司由地方金融监管部门负责审批和监管，其资金来源为股东缴纳的本金、股东捐赠资金及金融机构融入的资金。

（2）小额贷款公司通过银行借款、股东借款等非标准化融资形式融入资金的余额不得超过其净资产的 1 倍；通过发行债券、资产证券化产品等标准化债权类资产形式融入资金的余额不得超过其净资产的 4 倍。

（3）小额贷款公司对同一借款人的贷款余额不得超过小额贷款公司净资产的 10%；对同一借款人及其关联方的贷款余额不得超过小额贷款公司净资产的 15%。

（4）小额贷款公司分为传统小贷公司和网络小贷公司，前者的经营区域限定在当地的省市级区域范围，后者可以在全国经营，但跨省经营的网络小贷公司注册资本不低于 50 亿元，且为一次性实缴货币资本。比较有代表性的部分网络小贷公司如表 10-4 所示。

表 10-4　部分网络小额贷款公司（数据截至 2023 年 6 月 30 日）

| 序号 | 公司 | 注册资本 / 万元 | 关联公司 |
|---|---|---|---|
| 1 | 重庆蚂蚁小微小额贷款有限公司 | 1200000 | 蚂蚁集团 |
| 2 | 深圳市财付通网络金融小额贷款有限公司 | 1052631.58 | 腾讯 |
| 3 | 深圳市中融小额贷款有限公司 | 900000 | 今日头条 |
| 4 | 南宁市金通小额贷款有限公司 | 898900 | 广西金融投资集团 |

| 序号 | 公司 | 注册资本/万元 | 关联公司 |
|---|---|---|---|
| 5 | 重庆京东盛际小额贷款有限公司 | 800000 | 京东 |
| 6 | 重庆美团三快小额贷款有限公司 | 750000 | 美团 |
| 7 | 重庆度小满小额贷款有限公司 | 740000 | 度小满 |
| 8 | 重庆星雨小额贷款有限公司 | 600000 | 苏宁 |
| 9 | 重庆携程小额贷款有限公司 | 500000 | 携程金融 |
| 10 | 福州三六零网络小额贷款有限公司 | 500000 | 360 数科 |
| 11 | 重庆隆携小额贷款有限公司 | 500000 | OPPO、ViVo |
| 12 | 重庆金安小额贷款有限公司 | 320000 | 平安普惠 |

（5）小额贷款行业资金来源相对较少，资金成本偏高，客户资质相对较差，信用风险较高，并且客户贷款违约后信息不能接入人行征信系统，只能通过诉讼方式将客户纳入法院失信被执行人名单，风险处置方法单一。根据行业特征，小额贷款公司分化明显，风险管控薄弱、资本金有限的中小机构面临较大的生存压力。

（6）截至 2022 年 12 月末，全国共有小额贷款公司 5958 家，贷款余额 9086 亿元，可于中华人民共和国中央人民政府网查看统计表。

## 10.5.5　担保公司

担保公司是担负个人或企业信用担保职能、从事直保和再担保等业务的专业机构，担保业务如图 10-5 所示。

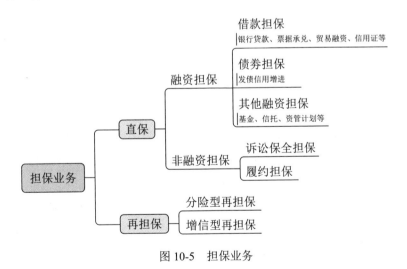

图 10-5　担保业务

担保公司根据担保业务的不同，大体可以分为融资担保公司、信用增进公司和再担保公司。

> **Tips:** 实际运作中，这三类担保公司并非有清晰的业务边界，符合条件的担保公司通常也兼营其他类型业务，如有的担保公司会同时开展融资担保、非融资担保及再担保业务。

融资担保公司最常见的业务就是为借款担保。银行在放款给个人或企业的时候，如果认为借款人资信不够或者抵质押物不足，为了降低银行自身风险，就要求借款人找到担保公司为其做担保。担保公司对借款人进行风险审核并要求其提供相关资质证明或提供反担保措施，手续齐全之后为借款人提供担保，并收取相关的服务费用。若借款人无力偿还银行贷款时，担保公司需承担约定的责任或履行代偿义务。

在发行债券或其他债务融资工具时，如果发行主体信用评级不够，未满足投资人准入要求，也会借助担保公司对其进行信用增进，该类担保公司属于信用增进公司。如中债信用增进投资股份有限公司（中债信增）、中证信用增进股份有限公司（中证信增）、天府信用增进股份有限公司（天府信增）等。

再担保公司主要业务是分散担保公司的风险，为担保公司的担保业务再提供担保，一般是由中央或省级财政出资设立的政策性担保机构，比如江苏省信用再担保有限公司（江苏再担保）、东北中小企业融资再担保股份有限公司（东北中小企业再担保）等。

## 10.5.6　融资租赁公司

融资租赁公司是为承租人提供以物为载体的融资服务的企业。融资租赁是租赁的一种，除此之外还有经营租赁、金融租赁等。

经营租赁：也叫业务租赁，一般期限比较短，是承租人为了满足临时或季节性使用资产的需要而采用的租赁形式。在租期内承租人支付租金给出租人，出租人负责资产的保养和维修，到期后出租人收回资产，资产所有权始终归属于出租人。

融资租赁：也叫设备租赁或现代租赁，它是租赁公司根据承租人要求出资购买设备给承租人使用，合同期限较长，承租人支付租金并承担租赁物风险的一种以融通资金为主要目的的交易模式。资产的所有权最终可以转移给承租人，也可以不转移。

金融租赁：本质上属于融资租赁，两者无论原理还是业务操作都一样，但是在两者的机构性质、监管部门和经营范围上有区别。

融资租赁公司根据股东背景不同主要分三类：金融租赁公司、内资融资租赁公司、外资融资租赁公司。

其中金融租赁公司由国家金融监督管理总局（原银保监会）负责准入和监管，

属于金融机构的一种，即非银行金融机构；融资租赁公司由国家金融监督管理总局负责制定业务经营和监管规则，地方金融监管部门负责准入和监管，不属于金融机构，普遍被认为是类金融机构。

> **Tips：** 从数量来看，金融租赁公司数量最少，截至 2023 年 6 月 30 日，官网可查询到的金融租赁公司一共 73 家，融资租赁公司约 1 万家左右。

金融租赁公司：股东以银行、信托、保险、证券等金融机构或央国企为主并达到一定的持股比例，公司设立符合金融主管部门颁布的市场准入要求，它的经营范围比融资租赁公司更多元化，除了从事融资租赁业务以外，还可以从事吸收股东存款、同业拆借、向金融机构及境外借款等业务，资金来源和资金成本相对融资租赁公司更有优势。业务主要集中在大型机械设备、航空运输、绿色能源、医疗健康、城市公用事业等领域。

内资融资租赁公司：股东为内资企业，一般由各地国资委成立，也有部分企业股权形式为外资，但是实际控制人为国企，业务既承接政府融资项目，同时也向中小企业客户提供融资服务。

外资融资租赁公司：由外商投资的融资租赁公司，设立的条件相比内资融资租赁公司更加宽松。在资金来源方面，外资融资租赁公司可以融入境外资金，再通过融资租赁直租、售后回租等多种交易模式使境内企业顺利使用境外资金。目前该类型企业数量在融资租赁公司中占比最多，除了少部分从事融资租赁业务外，大部分处于停业状态或为空壳公司。因为相比内资公司，外资融资租赁公司设立门槛低，起初甚至不需要审批，一时间大量外资公司注册成立，但是并未开展业务，而是作为壳公司牌照被中介机构持有。

## 10.5.7　商业保理公司

要知道商业保理公司是干什么的，首先要知道什么是保理。

A 公司把产品卖给 B 公司，产品售价 100 万元，B 公司和 A 公司约定过阵子再付这 100 万元钱，比如半年后。这时，A 公司就有了一笔 100 万元的应收账款，账期 6 个月。但是 A 公司也需要钱周转经营，希望能尽快拿到这 100 万元钱，于是 A 公司找到保理公司 C，A 把应收账款转让给 C，由 C 到期后问 A 收 100 万元，C 当下就给 A 公司付款，当然没有 100 万元这么多，C 要打个折扣并收取一定的费用作为补偿。最后，C 公司给了 A 公司 95 万元。这就是通俗意义上的保理业务。

> **Tips:** 保理就是卖方将自己和买方签订货物销售或服务合同所产生的应收账款的债权转让给保理商,由保理商为其提供贸易融资、应收账款管理与催收、坏账担保等综合性服务。

小贺:"保理是不是就是应收账款质押融资?"

我:"这两者虽然都是用应收账款作为还款来源,但不是一回事,性质是不一样的。保理分为银行保理和商业保理,也就是说,保理可以由商业保理公司来提供服务,但应收账款质押融资的本质是银行提供贷款,只是担保方式是用应收账款来作质押,它是贷款的一种。保理业务并不只是为了融资,如果卖方只是向保理商申请应收账款管理和催收服务,那也属于保理业务。"

小贺:"那银行保理和商业保理又有什么区别呢?"

我:"银行保理本质上更侧重于融资,银行办理保理业务时要对卖家的资信情况作考察,甚至需要有足够的抵押物,还要占用银行授信额度。说到底,银行保理更适合资质比较好的大型企业客户,中小商贸企业一般达不到银行保理的准入要求。商业保理更加注重提供催收、管理、结算、融资、担保等一系列综合服务,而且更有针对性,看重应收账款本身的质量、买家的实力和信誉、货物质量好坏等,对卖家的资质要求相对低一些,能真正服务中小微企业,它和银行保理是互为补充的关系。"

## 10.5.8 典当行

典当行,也叫当铺,在我国已经有 1800 多年的历史,是以货币借贷为主、商品销售为辅的市场组织。目前典当行业中房地产抵押业务占比较大,占到业务的一半以上。

> **Tips:** 典当是一个非常古老的行当,它的核心业务就是以财物作押进行短期有偿借贷。随着历史的发展,典当物品的范围也不断发生演变,从过去的老三样——金银首饰、手表相机、家电,变为现在的房地产、汽车、有价证券、珠宝玉石、古玩字画、名表名包等。

苏鸿光:"典当行也做房地产抵押?能有房产抵押为什么不去银行,和银行的房产抵押贷款有什么区别吗?"

我:"最大的区别在于,银行抵押房产还要看借款人本身的资质情况,年纪太大不行,没工作不行,信用记录不好不行等,典当行不太注重借款人的这些还款能力,主要还是看房产抵押是否符合要求,门槛相对较低;其次,两者期限不同,银行可以做长期的贷款，5 年、10 年都有，典当行通常是短期融资，比如 3 到 6 个月；放款效率也不一样，银行手续比较复杂，一周到半个月的放款时间很正常，典当行两三天时间就可以放款，比较灵活；另外还有一个比较明显的区别就是费用上的差异，银行的房产抵押贷款利率低，基本上年化 12% 以内，而典当行利息会高很多，年化有的高达 32.4%，除此之外还要支付公证费和评估费。"

苏鸿光："利息这么高还有人典当房子啊！"

我："走进典当行的人和普通人不太一样，他们多数已没有退路，你会在典当行遇到形形色色的人，每个人都有不得已的故事。有的为了支付工人的工资，有的为了货款的周转，有的为了在生意上'翻盘'……"

典当行的盈利模式分为两种：当户赎当，则收取当金利息和其他费用；当户还不起钱，成为死当，则处分当物来弥补损失并获利。

这里我们要了解几个典当行的专用名词。

典当：将有价值的物品抵押或质押在典当行，用于换取资金做临时周转，这些物品会进行封存、保管。

续当：典当物品的期限到了，但是暂时还没有足够资金将其赎回，那么可以和典当行商量续期来延长还款的时间，这就是续当。

赎当：物品到期或到期前，归还借款后把当品赎回去。

绝当：也叫死当，典当的物品不要了，售卖给典当行，或者典当的物品到期超出一定时间后还是无人来赎回或者续当，就成为绝当，典当行有权处置绝当的物品。

> **Tips**：典当行处置绝当物品分两种情况：第一种，当物估价金额在 3 万元以上的，可以按照担保法的有关规定处理，也可以双方事先约定绝当后由典当行委托拍卖行公开拍卖，拍卖收入在扣除拍卖费用及当金本息后，剩余部分应当退还当户，不足部分向当户追索；第二种，绝当物估价金额不足 3 万元的，典当行可以自行变卖或者折价处理，损益自负。

典当行除了能够提供资金周转，还有 3 个很多人不知道的隐藏功能，从另一个角度来看，这些功能还很实用。

（1）购买二手奢侈品的好地方。

不少人典当期满后没钱赎回当品，典当行会对其进行保养、清洗，然后对外销售。相比市面上的二手商店，典当行里的货品都是经过评估鉴定的高价值真品，包括黄金首饰、珠宝玉石、名包名表，还有各种电子产品，想要收藏把玩或淘宝捡漏的，典当行值得考虑。

（2）短期保险箱功能。

如果需要离家一段时间，但是家里物品比较值钱，担心被偷或者没人保养维护的，可以把东西放到典当行，由其代为"保管"。

（3）靠谱的名品鉴定"评估机构"。

东西是不是真货，有没有价值，典当行比你更上心。如果你收藏了有价值的宝贝，不管是买的还是送的，都可以拿到典当行来做鉴定、估个价。

我："关于鉴定真伪，一个典当师朋友跟我说，他经常会碰到一些人，通常年纪比较大，拿着一大包翡翠玉器或黄金来典当行典当。经过鉴定，这些都是假的，但对方总是一副'不可能'的惊讶表情，一再追问下才知道，这些都是直播间188块包邮买来的。令人遗憾的是，经常有人被骗，有的人还拿出手机点进直播间给典当师看，证明他的宝贝很值钱。还有一部分人的假货是在旅游景点买来的。这类人在典当师看来见怪不怪，他们每隔一段时间总能碰到这类人，有时候想想真的替他们可惜。总之，江湖险恶，各位小心。"

金融场所系列分享会一共开了4期，最后一期结束后，方眉和小贺关于求职的事单独找我寻求建议，小贺在会后重新梳理了笔记，列出了几个有意向的去处，做了优先劣后的排序。从公募基金的基金经理到银行金融市场部助理，再到地方金控平台的投资经理，他对每个岗位表达了自己的想法，也提出了问题。经过我们一整天的分析和互动以及母子俩的争执，最终考虑到这些岗位的现实竞争激烈程度以及自身的高期望，原本打算直接就业的小贺选择了考金融研究生继续深造，同时在假期寻找相关的实习机会，提前接触职场。方眉对孩子考研的决定很欣慰，这是务实上进的转变，以前从未看到过儿子有现在这样的学习决心和职场紧迫感。

从那之后，方眉和小贺与理财结缘，经常抽空补充理财知识，还把学到的知识和实践心得积极分享给身边的朋友。

第 5 篇

# 外功技战术

　　我们能接触到的理财工具（产品）非常多，包括存款、保险、股票、债券、基金、期货、黄金、房地产等，前文已详细介绍它们各出自哪些"武林门派"，每一样都是各门各派的上乘武学，如何练就一身绝技行走江湖，且看"外功技战术"。

# 第 11 章
# 差异化理财战术

习武之人，每个人骨骼、悟性不同，选择修炼的功夫和实战运用的技法战术肯定不同，随着功夫长进、功力层级上升，外功技战术还要再作相应调整。

理财也是如此，根据每个人或家庭的财富量级来选择适合自己的金融工具，不羡慕别人、不急于求成、不好高骛远。

## 11.1　会赚，更要会守

如果不是杜建国再次提起要请我喝茶交流，我还以为他之前只是说客气话。

我们约在市中心一家独栋中式茶楼见面。可能是出于信任，又或是孤独，两个小时的长谈，杜建国把自己的人生经历、情感起伏和盘托出，中间谈到跟老婆离婚，一个五大三粗的男人哭得像个孩子。

离婚是 5 年前的事，当时的杜建国经营着两家餐饮店，虽然每天起早贪黑很辛苦，但好歹有个百来万元的收入。他还是一个宠老婆的人，挣来的钱一分不少都给老婆花，不幸的是，老婆卷了钱和人跑了。

之后的 5 年，头一年生意不错，还新开了两家店，但随之而来的新冠疫情导致 4 家店损失巨大，最终只剩下一家店，再加上自己管钱后不是投资失败就是被骗钱，还因为给朋友贷款担保遭到银行起诉，杜建国目前的现状是负债 400 多万元。

杜建国："我觉得我是那种会挣钱但守不住钱的人，而且容易相信人，今天这个跟我说理财就是要多投资、分散风险，明天那个跟我说理财就是买房子，后天又有人说股市低点让我把握住机会。我真的不知道该怎么办，钱放着怕贬值，听他们的就投什么亏什么，还有骗子来插一脚……"

我："每个人的情况不一样，理财的重点也不一样，影响因素有财富多寡、年龄大小、家庭结构、个人认知、风险偏好等。你有考虑过他们是站在哪个角度，出于什么动机给你建议的吗？"

杜建国："这个没想这么多，有穷亲戚，有体制内的朋友，还有老板哥们儿。我现在才发现会不会理财比会不会赚钱还重要，辛苦了大半辈子，赚的钱全没了不说，还得替人还债。"

杜建国，从一个事业有成、家庭圆满的老板跌落成婚姻不幸、事业受挫、身负债务的失败中年男人。

当我以为这就是故事的结尾时，戏剧性的转折来了，人家的后半生以"拆二代"的身份瞬间强势回归。虽然运气占了 100%，但在外人看来，杜建国还是那个有钱的老板。

难怪一个背了几百万元债务的人，在那次"理财和人性"分享会上穿金带银、意气风发，原来他突然成了"拆二代"！几个月前杜建国刚得知母亲的老宅子要拆迁了，算下来有 1000 多万元，唯一的未婚哥哥死得早，这笔钱在他看来就和是自己的没什么区别。

会赚，更要会守。杜建国后半生开局摸了一副好牌，但能否守得住财富，要看他到底有没有长记性。这也是他来找我的主要目的，他希望我告诉他该怎么用这些钱。另一个目的是，他想追求宋小默，希望我能帮忙撮合。

我："你不是一直很主动地在追求宋小默吗，明眼人都看得出来，是遇到什么问题了？"

杜建国："我好几次约她吃饭她都不出来，微信回复也不太主动，礼貌是挺礼貌的，就是让我感觉很有距离。她会不会嫌我年纪太大了？我们差了18岁。"

我："你告诉过她你的个人情况吗？"

"她知道我离婚、做餐饮的，其他的不知道，我也没机会说啊！"最后几个字杜建国扯着嗓子说。

我："你对宋小默了解多少？"

杜建国："我只要一有空就看她直播，给她刷礼物。她也跟我说过好几次，让我不用给她刷礼物了，就凭这一点，我反而更喜欢她了。"

我："虽然我不是红娘也不开婚介所，但作为朋友，我会帮你留意她的想法，能撮合的话一定尽力。不过要和你确认一下，你的婚姻经历和财务情况属于个人隐私，你希望她知道吗？知道多少？这一点要和你沟通好。"

杜建国："当然可以全都告诉她，我是没机会讲，最好你能帮我做个中间人，告诉她，我是真的是想和她过日子。财务情况嘛，我算一下……你就告诉她我还有两套房子没贷款，另外有500万元现金。"

我："你倒是实在人，我知道了，如果她也想深入了解你，我会把这些告诉她，不过这些是你跟我说的，我没核实过，她会自己跟你交流辨别真伪。"

杜建国："放心，我绝对不会骗她！房产证、个人征信记录、银行账户都能给她看的，我没关系的！另外我有一个儿子，在苏鸿光教的班上高二，不过判给前妻了，我就一个人，每个月给1万块钱抚养费，这些都能说，没什么见不得人的。哎呀，太感谢你了荃老师！"

我："杜老板，请允许我八卦一下，分享会的时候你才第一次见到她，为什么就那么主动？不像你这个年龄段的做事风格。"

杜建国怔了一下，脸唰的一下红了，不好意思地说："她很像我高中时的初恋……"

我："关于理财建议的问题，从你之前投资失败或者被骗的经历来看，你需要解决的不仅仅是钱放在哪里的问题，更深层次的问题是如何根据自身状况针对性配置理财，规划、方向有了，接下来才是考虑具体的产品。"

其实很多人都遇到这样的问题，如何根据自身的状况针对性配置理财，又有哪些金融工具可以为己所用，针对这类问题，每个人的情况不同，答案也不一样。如何系统高效地普及认知，又能个性化地回复不同群体的问题，并且照顾到个人隐私？

线上直播会议是不错的选择。

没有任何地域限制，不用担心个人隐私问题，即使当天没空，还能通过回放补上干货。

我："因为内容比较多，我会再通过一系列'外功技战术'的分享会来系统梳理理财的实践问题，杜老板你的问题比较有代表性，我会有针对性地嵌入分享内容中。当你真正听懂、理解了，自然就掌握了理财的基本技能，授人以鱼，不如授人以渔。"

## 11.2　不一样的理财树

"外功技战术"系列第一期线上分享会放在周六晚上 7 点，大家通过公屏留言或现场开麦的方式进行互动，涉及隐私问题的用私信交流。没有地域限制的会议，人数比往常多了 3 倍。这次的主题是"差异化理财战术"。

我们能接触到的理财工具（产品）非常多，存款、保险、股票、债券、基金、期货、黄金、房地产等，之前已详细介绍过它们各出自哪些"武林门派"。从工具本身作横向比较进行分类，有助于我们更加直观地了解它们的属性，理解它们的实操价值。

在理财界，有一棵"树"经常被提及——理财树，用树的不同部位来比喻不同类型的理财产品，形象贴切，如把树根比作保险，树干比作债券、基金等。

在这里，我们综合投资风险、财富群体层级、贴近生活等因素考虑，从广义理财角度对理财树进行延伸类比，如图 11-1 所示。

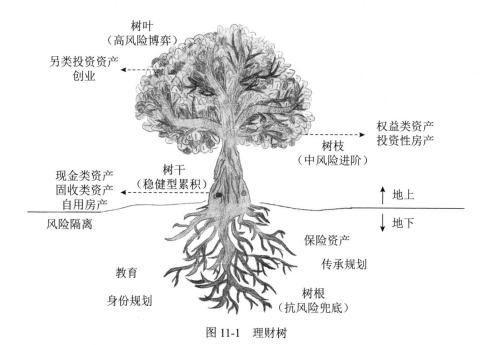

图 11-1　理财树

## 11.2.1 根深则本固

一棵树要长得枝繁叶茂、风吹不倒、百年不衰，不能看地上的树干和树枝，地下的树根才是关键。向下生长得越深、越扎实，树的生命力就越旺盛，抵御风雪、严寒、干旱的能力就越强。不仅是树，高楼大厦也一样，地基越深、越扎实，抗震能力就越好，楼就能盖得越高。

> **Tips**：回归到理财也是如此，活得长久不是因为多了那 1%、2% 的年化收益率，而是有了应对挫折和不幸的本事。考虑收益之前先想好如何搞定风险，如何稳固已有的家业，如何防止下一代坑爹……

树根代表了保障生存、生活根基的一系列资源配置和风险应对措施。树根部分除了保险（社会保险、商业保险），还包括教育、身份规划和传承规划。

梁亭："教育也属于理财范畴吗？"

我："这里的教育不是义务教育、学历教育，而是和财富相关的技能培养、价值观引导等。"

### 1. 教育

作为理财根基，教育的内容包括谋生技能、风险意识、子女财商和婚姻财富观。

（1）谋生技能。

这里的谋生技能指的是赚钱能力，在广义的理财范畴中，它比任何理财技能都要重要。尤其对于出身普通的人来说，更要把重点放在如何持续提高自己的收入上，它是安全感最根本的来源，之所以把它放在理财树中，是希望我们每个人不要本末倒置。

（2）风险意识。

真正关系到财的风险，不仅仅是购买理财产品时的投资风险，还包括法律风险、健康风险、意外风险、诈骗风险、经营风险、失业风险以及孩子遇到的所有前述风险等。每一样风险的产生都会涉及经济利益的损失，好在有些风险可以通过保险来获得补偿，但类似投资风险、法律风险、诈骗风险、经营风险、失业风险，应对这些风险只能通过教育学习和涉世实践来提高各领域的风控认知，从而降低风险发生的概率。

（3）子女财商。

子女财商的教育作为家庭根基的一部分，以守业为主要目的。

财商高低和基因有比较大的关系，后天培养以启发为主。孩子如果确实有经商天赋，可以尝试培养他从事企业经营或创业，培养时严格限定资金投入量，这样风险相对可控；如果孩子不擅长这方面，转为以风险教育为主；如果孩子一定想试一试，准他自由发挥，但务必严格监控资金投入量及其对外借款举动。

> Tips：对于某些人，吃亏买教训的环节是必不可少的，我们可以把控的是尽量把损失降到最低。

（4）婚姻择偶观。

婚姻作为家庭的核心基石，对于已婚已育人士来说，能做的是如何彼此促进、共同维护、经营好这个家，避免家庭内耗损伤元气。

从金融角度来说，婚姻是人生最大的一笔投资，失败的代价非常高。这里说的婚姻择偶观主要是针对未婚人士的择偶评估，它对于下一代教育来说属于树根部分，对于当事人来说则属于高风险博弈的树叶部分，具体内容放在树叶部分展开。

## 2. 保险

保险是我们应对风险最直接有效的工具，没有之一。它可以用很少的钱来分散可能产生的巨大风险。如果没有保险，一场大病就可以拖垮一个家庭，一次意外就可能断了家里老人和孩子的经济来源。保险不能让人发财，但是可以让人有尊严地活着。

## 3. 身份规划

身份规划，说简单点就是解决你的属性问题。作为理财树的根基，一个人的身份是很底层的东西，绝大部分人的身份由不得自己，是中国人还是外国人，出生在一线城市还是边远山区，这个是天注定的。还有一部分人通过钱来改变身份，这一块属于理财范畴。至于身份规划的目的是什么，很简单，无非是为了子女教育、医疗福利、资产配置、人文环境。

## 4. 传承规划

这里的传承规划主要指财富的传承。经济在发展，个人和家庭的财富也在积累，一贫如洗的年代不会有传承问题，一旦有了钱，有了资产，人就会考虑怎么把它们留给后代，怎么样在后代无能无知的情况下既确保他的生存又防止他乱来，怎么样避免后代不幸的婚姻对财产造成稀释风险等。一旦丰衣足食之后，聪明的人肯定会开始考虑这些问题，它关系到家庭几代人的持续发展，不同的是根据财富多寡，规划的具体方式会不同。

财富量大的传承，重点考虑信托和保险工具的使用。例如，通过身份规划进行境内外不同家族信托的设立，达到多类型资产的传承和隔代、多代传承，并有效激励和约束继承人；将一部分资产通过保险来实现保障和传承的双重功能，同时满足灵活、私密和隔离需求。

财富量少的传承，重点运用保险和遗嘱两类工具，将各自的优势发挥出来。

总之，要做好提前规划。

## 11.2.2  厚积而薄发

地底下的根系越发达，理财树的生命力越顽强。地面之上，破土而出的首先是树干，树干粗壮才能枝繁叶茂。理财也一样，首先要重视财富的平稳积累，保证生活的健康有序，才能向上寻求突破，冲击风浪，觊幸破圈。

（1）树干代表稳健的中低风险投资，确保岁月静好。

树干既要能保值增值，又要能控制风险，树干类家庭资产配置满足的是日常开支和稳健增长两个需求。

固收类资产和现金类资产属于中低风险投资标的，前者用来跑赢定期利息和缓解通胀压力，后者用来满足生活花销和紧急支出。

> **Tips**：与其他理财树不同，我们将自用房产归入树干类，原因有两点：第一，它符合保值增值的中低风险特性；第二，以不同比例持有自用房产、现金类资产和固收类资产是适合绝大多数人的理财配置，甚至是很多人一生追逐的目标。

苏鸿光："我们工薪阶层能老老实实地把树根、树干配置妥当就已经很好了，很多人背着房贷，炒股、炒楼、搞投资，最后亏了钱不说，还失业了。"

严飞（私信）："能还完房贷再投点债券的人已经是人生赢家了，老同学，我失业了。"

我（私信）："嗯？回头说。"

（2）树枝代表了理性参与权益、房产投资，实现稳中求进。

树枝代表进取的行动，树干粗壮沉稳，向上生长，树枝顺着树干四散开来，向更广阔的空间延伸发展。树枝类资产配置包括权益类资产和投资性房产，这类资产占用资金时间较长，收益浮动比现金类和固收类资产大，风险也相对较大。

权益类资产的投资关键点在于辨别各类金融工具的属性，有自知之明地做选择，是选择股票这种个人直接冲进资本市场的理财工具，还是基金、信托、理财产品这些由专业人士代为投资的理财工具。

关于投资性房产，需要将其和自用房产区别看待，自用房产是刚性需求，消费属性占主要，其次才是保值增值属性，受市场价格波动影响较小。而投资性房产出于投资目的，则要考虑它占用资金量大、时间长的特点。在行业告别躺赚的年代，投资风险增加明显，如果涉及金融杠杆，更需要评估它的机会成本。

宋小默："投房子是不像以前了，我2019年在老家花188万元投了一套房子，算是二线城市的郊区，2022年底想出手，挂了大半年还是没有卖掉，价格比买价便宜还是没人要。我同学和我一起买的，2021年的时候卖掉还赚了20万元。"

我："抛开顶级豪宅和一二线城市核心地带的核心楼盘不讲，对绝大多数人来说，经过这么多年，本身房价已经在高位，该买的都买了，该换的也都换了，买不起的还是买不起，心态在变，新增刚需也在减少，加上政策调控、经济形势变化和人口增长放缓，总之投资房地产的风险在增加。"

（3）树叶代表了另类投资和创业的成败博弈。

一想起树叶，既有绿叶成荫的茂盛，又有秋风落叶的凋零，像极了媒体口中的另类投资和创业，两极化印象深刻——既有"成功上市""身价飙升"，又有"跌落神坛""破产清算"……

现实远没有像媒体描述的那样激情励志或令人大跌眼镜，但它们所体现的高风险、高收益特征真实存在。有的家庭因此实现财富自由，也有的家庭一夜回到解放前，甚至背上沉重的债务。前者毕竟是少数，通过接下来的学习，我们的目的是减少后者发生的概率，运气好的话，再增加一些前者发生的概率。

## 11.3　合适的才是最好的

理财树的全貌已经展开，选择什么样的金融工具来为自己的理财服务，因人而异。从实操角度，树根、树干、树枝、树叶4类理财工具对应家庭的可投资资产比重有一个大致的参考比例，如图 11-2 所示，即树根占 20%，树干占 50%，树枝占 20%，树叶占 10%。

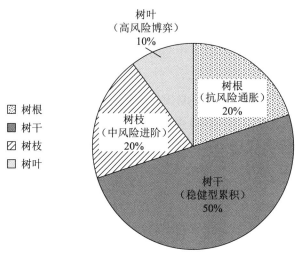

图 11-2　可投资资产配置参考

上述比例不是一成不变的，还记得之前的表 1-1 "财富群体分层表"吗？根据不同的可投资资产，财富群体分为不同的层级，每一个层级的人群选择理财树不同部位工具的比例会有差异，每一个层级的人群根据风险偏好，又需要进行调整。

> Tips：调整的参考浮动范围：±5% ～ ±15%。

还有一点不能忽视，即不同财富层级之间的人群是会流动的，几年前还是忍辱负重的"沙子"，通过拼搏变成了"苔藓"和"小草"，也有不少自我感觉良好的"灌木"因为盲目投资、挥霍、被骗，跌成"沙子"。

> Tips："藤蔓"大树"人群相对稳定，"沙子""苔藓"要想跨越财富层级，就不那么容易，但不代表没有希望。希望不在如何理财，在于把自己的事业做到极致，如何做到极致？在于学习、方向、悟性、执行、反省、坚韧。

那么理财呢？理财能尽可能地让你维持在现有的层级，不往下掉。如果时间积累足够并且运用得当，或许会让你上升一个层级，只是，不要把发财希望寄托在理财上，它是你的管家、贤内助，不是你的摇钱树。

# 第12章
# 抗风险兜底

世事无常，在你行走于江湖中之时，可曾想过，风险时刻伴你左右？不同的是它以什么样的方式出现、何时出现。又可曾想过，当它出现时，你将以什么姿态来迎接风险？

没有人能躲过所有风险，区别是人们面对风险时的底气可以不同，承受风险的能力可以有强弱，它们和财力、学历没有必然联系，关键取决于你的意识。

扪心自问，你都有哪些抗风险兜底？

## 12.1  中年危机

直播分享会一结束，我就拨通了严飞的电话，他的情绪异常低落，出现厌世心理。对于这个情形，电话沟通不如当面谈心，我和他约在就近的一家咖啡店里见面。

中年失业对谁都是一次沉重的打击，失业不可怕，可怕的是中年失业，因为很难再就业。无论你学历多高、资历多老，找工作总是不如新人容易。

我先一步到了咖啡店，选了一个靠窗的位置，隔着落地窗，望着外面川流不息的人群和漂浮的白云，远处是风景，近处是人生……转念想起南宋词人蒋捷的那句"流光容易把人抛，红了樱桃，绿了芭蕉"。

严飞从远处走来，T恤、短裤、人字拖，蓬乱的头发映衬着一脸落寞，刚坐下就端起面前的咖啡，一边呷一边环顾四周。"看你后面那哥们儿，穿白衬衫对着笔记本电脑的那个。"严飞压低嗓子说，"他和我一样，失业了。"

我："你怎么知道他失业？"

严飞："我刚失业那会儿没敢和家里人说，每天照常出门，没地方去，就来这儿坐着，下班时间到了再回家，他和我一样……你看那个靠窗看手机的女的也是。唉。"

我："新工作找得怎么样了？"

严飞："很多企业一看我40多岁就没下文了，刚开始找工作的时候没感觉焦虑，毕竟外贸做了这么多年，销售业绩也不错，工作应该好找。现在才发现，企业要的是年纪轻、好使唤的员工，找个职场老手，精力不如年轻人，还有可能招到老油条、老混子。"

我："听到你说失业了，我还有点惊讶，毕竟你是做销售的，而且业绩还不错。"

严飞："我也觉得不会轮到我，毕竟销售看业绩。谁知道老板把我们的客户都挨个跑了个遍，拉了关系，做了工作，然后就把几个业绩好的老人给踢了，换上年轻人去维护客户，还省了一大笔奖金。主要我们的产品比较冷门，客户一般不会换厂家，因为产品这方面还过得去，所以老板就开始打销售主意了。"

我："既然控制不了别人，我们就控制能控制的因素。我眼中的严飞可是乐观积极的，每个人都会有低谷，但别丢精气神！"

严飞："唉，接下来我该怎么办？"

我："工作肯定是得继续找，即使难找。必要的时候降低些要求，生活总能过下去。从理财的角度，你现在要做的是重新梳理和优化现金流。"

严飞："我算过，现在的存款只能撑16个月的开销，还能怎么优化？"

理财那些事儿

我："收支优化要拆成一项一项来梳理，还记得之前给梁亭做的开源节流计划吗？我们照着表格一项一项抠，成果很明显。现在你也需要重新梳理一下资产负债情况和开支明细，肯定能有收获。比如，我知道你有一套小房子投资着，好像还贷款了，几年了都没涨价，本来想着度假时候去住一下，现在你应该考虑把这类闲置资产利用起来，要么租出去，要么卖掉止损，减少负债，还有你们夫妻俩开着两辆油车，可以精简优化吗？事先对比一下两个方案的现金流，然后再择优选择，这些事情都是现在你能做的。"

"也是啊，我真没好好考虑过这事。现在我就列一下，你等等。"严飞说完，借了笔和纸开始捣鼓起来，一边列一边打房产和二手车中介的电话打听行情。

如表 12-1 所示，是严飞回家后和家人商量的结果，最大的变化是原本打算把空房子租掉，最后还是下定决心卖掉。心有不甘的是现在的卖价居然比 4 年前的买价还要低很多，既然自己对未来价格有了预判，趁早卖掉止损还能减轻贷款压力。

表 12-1　严飞家庭月度收支优化对比　　　　　　　　　单位：元

| 月度收支项 | 未失业 | 失业（优化前） | 失业（优化后） |
|---|---|---|---|
| 工资收入 | 35000 | 0 | 0 |
| 理财收益 | 1600 | 1600 | 6000 |
| 房贷支出 | −13000 | −13000 | 0 |
| 伙食费 | −6000 | −6000 | −5000 |
| 油费维保 | −3000 | −3000 | −200 |
| 汽车保险 | −1000 | −1000 | −500 |
| 停车费 | −600 | −600 | −200 |
| 补课兴趣班 | −4000 | −3000 | −3000 |
| 水电煤物业 | −1000 | −1000 | −900 |
| 手机、网络 | −300 | −300 | −200 |
| 其他开支 | −2000 | −1000 | −1000 |
| 社保自缴 | −1300 | −1300 | −2600 |
| 合计 | 4400 | −28600 | −7600 |

优化后，贷款清零，负债清零，理财收益增加，用车优化。在 0 收入的情况下，每月支出从 2.86 万元，下降到 7600 元，虽然还是负数，但压力少了很多。

## 12.2　做个社保有心人

严飞："失业前我个人缴的社保部分从工资扣，每个月老婆只需要再交自己那一份就行，现在要交两个人的，一个月就是 2600 元，也是挺大一笔钱，这块可以不交吗？或者少交一点？"

　　我："社保关到你的养老和看病，可以选择按照城镇职工社保方式缴纳或者城乡居民社保方式缴纳。缴还是不缴，缴多少，我不帮你选择，但可以替你梳理一下社会保险需要关注的要点，等你搞明白了，自然就知道该怎么做决定。"

　　我们国家的社会保险由两种体系构成：城镇职工社保和城乡居民社保。两种社保包括的险种是不一样的，缴纳的费用和得到的保障也不同。

　　城镇职工社保的参保对象是在企事业单位就业的职工，由单位和个人共同缴费参保，具有强制性，必须参保，包括 5 类险种：养老保险、医疗保险、失业保险、工伤保险、生育保险。

　　城乡居民社保的参保对象是城镇或农村未就业的人员，自愿参保，政府给予适当补贴，不强制，包括两类险种：养老保险、医疗保险。

> **Tips**：我们并不是高福利国家，对关系自身的医疗、养老体系更要做到心中有数、科学规划，必要时利用商业保险做好补充。

　　列举北京、上海、哈尔滨、宁波 4 个城市的职工社保缴费标准和居民社保缴费标准作参考对比，如表 12-2 至表 12-9 所示。

表 12-2　2023 年北京职工社保缴费标准（月缴）

| 类型 | 最低缴费基数/元 | 最高缴费基数/元 | 单位承担比例 | 个人承担比例 | 单位最低金额/元 | 个人最低金额/元 | 单位最高金额/元 | 个人最高金额/元 |
|---|---|---|---|---|---|---|---|---|
| 养老保险 | 5869 | 31884 | 16% | 8% | 939.04 | 469.52 | 5101.44 | 2550.72 |
| 医疗保险 | 5869 | 31884 | 9% | 2% | 528.21 | 117.38 | 2869.56 | 637.68 |
| 失业保险 | 5869 | 31884 | 0.5% | 0.5% | 29.35 | 29.35 | 159.42 | 159.42 |
| 工伤保险 | 5869 | 31884 | 0.2% | — | 11.74 | — | 63.77 | — |
| 生育保险 | 5869 | 31884 | 0.8% | — | 46.95 | — | 255.07 | — |
| 大病医疗 | — | — | — | — | — | 3 | — | 3 |
| 小计 | | | | | 1555.29 | 619.25 | 8449.26 | 3350.82 |
| 合计 | | | | | 2174.54 | | 11800.08 | |

表 12-3　2023 年北京居民社保缴费标准（年缴）

| 类型 | 缴费标准 | | | |
|---|---|---|---|---|
| 养老保险 | 个人缴费：年缴费标准，最低 1000 元，最高 9000 元。政府按不同档次进行补贴：2000 元以下，补贴 60 元／年；2000 元（含）-4000 元以下，补贴 90 元／年；4000 元（含）-6000 元以下，补贴 120 元／年；6000 元（含）-9000 元（含），补贴 150 元 | | | |
| 养老金领取 | 城乡居民每月领取养老金 = 基础养老金 + 个人账户养老金（基础养老金 =887 元） | | | |
| 医疗保险 | 人群分类 | 个人缴费 | 原价 | 政府补贴 |
| | 成人 | 665 元／年 | 2960 元／年 | 2295 元／年 |
| | 学生儿童 | 345 元／年 | 2010 元／年 | 1665 元／年 |
| | 男 60 周岁以上，女 50 周岁以上 | 370 元／年 | 4660 元／年 | 4290 元／年 |

表 12-4　2023 年上海职工社保缴费标准（月缴）

| 类型 | 最低缴费基数／元 | 最高缴费基数／元 | 单位承担比例 | 个人承担比例 | 单位最低金额／元 | 个人最低金额／元 | 单位最高金额／元 | 个人最高金额／元 |
|---|---|---|---|---|---|---|---|---|
| 养老保险 | 7310 | 36549 | 16% | 8% | 1169.6 | 584.8 | 5847.84 | 2923.92 |
| 医疗保险 | 7310 | 36549 | 10% | 2% | 731 | 146.2 | 3654.9 | 730.98 |
| 失业保险 | 7310 | 36549 | 0.5% | 0.5% | 36.55 | 36.55 | 182.745 | 182.745 |
| 工伤保险 | 7310 | 36549 | 0.16%—1.52% | — | 11.7—111.12 | — | 58.48—555.54 | — |
| 小计 | | | | | 1948.85—2048.62 | 767.55 | 9743.97—10241.03 | 3837.65 |
| 合计 | | | | | 2716.4—2816.17 | | 13581.62—14078.68 | |

表 12-5　2023 年上海居民社保缴费标准（年缴）

| 类型 | 缴费标准 |
|---|---|
| 养老保险 | 个人缴费（括号内为政府对应个人缴费档次补贴的金额）：分 10 个档次自愿缴纳，即每年 500 元（200）、700 元（250）、900 元（300）、1100 元（350）、1300 元（400）、1700 元（450）、2300 元（525）、3300 元（575）、4300 元（625）、5300 元（675） |
| 养老金领取 | 城乡居民每月领取养老金 = 基础养老金 + 个人账户养老金（基础养老金 =1300 元，缴费满 15 年以后，每超过 1 年加 20 元／月） |
| 医疗保险 | 人群分类　　个人缴费（未列政府补贴金额） |
| | 成人　　885 元／年 |
| | 学生儿童　　245 元／年 |
| | 60—69 周岁　　715 元／年 |
| | 70 周岁及以上　　545 元／年 |

表 12-6　2023 年哈尔滨职工社保缴费标准（月缴）

| 类型 | 最低缴费基数 / 元 | 最高缴费基数 / 元 | 单位承担比例 | 个人承担比例 | 单位最低金额 / 元 | 个人最低金额 / 元 | 单位最高金额 / 元 | 个人最高金额 / 元 |
|---|---|---|---|---|---|---|---|---|
| 养老保险 | 3858 | 19290 | 16% | 8% | 617.28 | 308.64 | 3086.4 | 1543.2 |
| 医疗保险 | 6430 | 19290 | 7.5% | 2% | 482.25 | 128.6 | 1446.75 | 385.8 |
| 失业保险 | 3858 | 19290 | 0.5% | 0.5% | 19.29 | 19.29 | 96.45 | 96.45 |
| 工伤保险 | 4479.35 | 22397.25 | 0.9% | — | 40.31 | — | 201.58 | — |
| 生育保险 | 6430 | 19290 | 0.6% | — | 38.58 | — | 115.74 | — |
| 大病医疗 | — | — | — | — | 3 | 3 | 3 | 3 |
| 小计 | | | | | 1200.71 | 459.53 | 4949.92 | 2028.45 |
| 合计 | | | | | 1660.24 | | 6978.37 | |

表 12-7　2023 年哈尔滨居民社保缴费标准（年缴）

| 类型 | 缴费标准 | | | |
|---|---|---|---|---|
| 养老保险 | 个人缴费（括号内为政府对应个人缴费档次补贴的金额）：分 12 个档次自愿缴纳，即每年 200 元（40）、300 元（50）、400 元（60）、500 元（70）、600 元（70）、700 元（70）、800 元（70）、900 元（70）、1000 元（70）、1500 元（100）、2000 元（120）、3000 元（140） | | | |
| 养老金领取 | 城乡居民每月领取养老金 = 基础养老金 + 个人账户养老金（基础养老金 =143 元） | | | |
| 医疗保险 | 无人群分类 | 个人缴费 | 原价 | 政府补贴 |
| | 个人 | 380 元 / 年 | 960 元 / 年 | 580 元 / 年 |

表 12-8　2023 年宁波职工社保缴费标准（月缴）

| 类型 | 最低缴费基数 / 元 | 最高缴费基数 / 元 | 单位承担比例 | 个人承担比例 | 单位最低金额 / 元 | 个人最低金额 / 元 | 单位最高金额 / 元 | 个人最高金额 / 元 |
|---|---|---|---|---|---|---|---|---|
| 养老保险 | 3957 | 22311 | 16% | 8% | 633.12 | 316.6 | 3569.76 | 1784.88 |
| 医疗保险 | 3957 | 22311 | 8.5% | 2% | 336.35 | 79.1 | 1896.44 | 446.22 |
| 失业保险 | 3957 | 22311 | 0.5% | 0.5% | 19.79 | 19.8 | 111.56 | 111.56 |
| 工伤保险 | 3957 | 22311 | 0.45% | — | 17.81 | — | 100.40 | — |
| 残保金 | 3957 | 22311 | 1.5% | — | 59.36 | — | 334.67 | — |
| 小计 | | | | | 1066.41 | 415.5 | 6012.81 | 2342.66 |
| 合计 | | | | | 1481.91 | | 8355.47 | |

表 12-9  2023 年宁波居民社保缴费标准（年缴）

| 类型 | 缴费标准 | | | |
|---|---|---|---|---|
| 养老保险 | 个人缴费（括号内为政府对应个人缴费档次补贴的金额）：<br>分 10 个档次自愿缴纳，即每年 100 元（60）、300 元（60）、500 元（200）、800 元（200）、1100 元（200）、1400 元（300）、1700 元（300）、2000 元（300）、3000 元（400）、5000 元（500） | | | |
| 养老金领取 | 城乡居民每月领取养老金＝基础养老金＋个人账户养老金＋缴费年限金（基础养老金＝330 元）（缴费年限金：交满 15 年，30 元／月，第 16 年开始每多 1 年加 5 元／月） | | | |
| 医疗保险 | 人群分类 | 个人缴费 | 原价 | 政府补贴 |
| | 成人 | 780 元／年 | 2870 元／年 | 2090 元／年 |
| | 6 周岁以下 | 630 元／年 | 1630 元／年 | 1000 元／年 |
| | 其他未成年人 | 290 元／年 | 660 元／年 | 370 元／年 |
| | 在校中小学生 | 290 元／年 | 660 元／年 | 370 元／年 |
| | 大学生 | 180 元／年 | 420 元／年 | 240 元／年 |

社保中的养老保险和医疗保险跟我们关系最密切，职工社保和居民社保之间也存在较大差别。

医疗保险的差异如下。

（1）职工医保：保障范围更广，报销比例更高，缴费金额也更高，不过缴纳的医保费用大部分由就职单位承担，按月缴纳，缴满一定年限（不同地区有差异，一般 15—30 年）后可以终身享受医保报销的待遇。

（2）居民医保：没有个人账户，缴费比例低，全部由个人承担，报销比例也低，不存在缴满一定年限后享受终身医保报销的待遇，按年缴纳，缴一年保一年。

养老保险方面的差异如下。

（1）缴费方式不同：职工养老保险按月缴费，根据个人收入按比例缴纳，由单位和个人共同承担；居民养老保险按年缴费，根据个人意愿确定缴费档次，全部由个人承担，国家给予一定补贴。

（2）领取年龄和待遇不同：职工养老保险累计缴满 15 年，女工满 50 岁，女干部满 55 岁，男性满 60 岁，可以开始领取；居民养老保险累计缴满 15 年后，男女统一满 60 岁方可开始领取养老金。考虑到老龄化趋势加快、出生率下降、劳动力结构变化、养老金账户压力等因素，未来退休年龄会逐渐延迟。另外，两者养老金的计算公式不同，前者退休后的待遇高于后者，见下文举例详解。

# 12.3 退休金怎么算?

养老保险在社保缴费中占比最大,主要有职工社保形式参保的城镇职工基本养老保险和居民社保形式参保的城乡居民基本养老保险两大类。

## 12.3.1 城镇职工基本养老保险

这类保险缴纳的费用比城乡居民社保多,得到的保障也更多,企业承担大部分,个人承担小部分,按比例支付。

假设王先生 25 岁参加工作,工资收入每月 8000 元,个人缴纳 640 元(8000 元 × 8%=640 元),单位缴纳 1280 元(8000 元 ×16%=1280 元),王先生每月需缴纳的养老保险合计 1920 元(640 元 +1280 元 =1920 元)。

严飞:"他一个月赚 8000 元,养老保险个人就要缴 640 元? 不可能啊,我一个月收入 35000 元,怎么个人只缴了 300 元出头?"

我:"社保缴费有个缴费基数,一般是上一年本市月均工资,即上一年的社会平均工资的 60%—300%(实操中个别地区会有调整,例如新冠疫情期间,为给企业减负,缴费基数下限降至社会平均工资的 60% 以下)。举个例子,如果上一年所在城市的社会平均工资为 6500 元,那么最低缴费基数是 6500 元的60%,即 3900 元,个人缴纳最少是 312 元(3900 元 ×8%=312 元),最高缴纳基数是 6500 元的 3 倍,即 19500 元,个人缴纳最多是 1560 元(19500 元 ×8%=1560 元)。如果你的月收入在 3900 元到 19500 元之间的,应按照实际收入缴纳,少于 3900 元的按 3900 元作缴费基数,高于 19500 元的按照 19500 元作为缴费基数。"

严飞:"那我应该按 19500 元的基数来啊!"

我:"实际操作中,很多企业为了节省开支,会按照最低缴费基数给员工缴纳社保,动机是降低成本。就像你,你说你只缴了 300 元出头,倒推过来可以算出你的缴费基数就是 3900 元上下,我们就按 3900 元来算,企业只需要给你缴纳 624 元(3900 元 ×16%=624 元)。正常来说,企业应该按照 19500 元基数给你缴纳,那可就了,它要帮你支付 3120 元(19500 元 ×16%=3120 元)。虽然你个人缴的也多了,多缴 1248 元(1560 元 –312 元 =1248 元),但是企业得为你多缴 2496 元(3120 元 –624 元 =2496 元)。这还只是养老保险,加上其他的保险,企业缴的更多。你多缴了其实也没关系,都在你个人账户上存着,最终还是你的钱，企业缴的部分就进了统筹账户。再说企业不止一个员工，如果每个人都按实缴纳，企业一个月多缴十几万元或几十万元是很正常的。"

严飞："等等，我的单位给我多缴或者少缴，跟我退休后每月领的养老金有多大关系？我都不会算自己的退休金。"

我："关系还是很大的，先列公式，再举例说，看完你自己就会算了。"

城镇职工养老保险累计缴满 15 年，并且到达法定退休年龄，就可以按月领取养老金，一直领到去世为止。

---

Tips: 养老金到底能领多少，和我们每月的缴费基数有关，和缴费的年限有关，还和当地平均工资高低有关。

---

职工养老金的领取有一个计算公式（对应字母为代称）：

每月领取的养老金 A= 基础养老金 B+ 个人账户养老金 C

基础养老金 B=（社会平均工资 P+ 本人指数化工资 Q）÷2× 缴费年限 N×1%

个人账户养老金 C= 个人之前缴纳养老金的总额 G÷ 计发月数 Y

本人指数化工资 Q= 社会平均工资 P× 本人平均缴费指数 R

用字母表达为：

A=B+C

B=(P+Q)÷2×N×1%

C= G÷Y

Q=P×R

将 Q=P×R 代入第二个式子得：

B=(P+ P×R)÷2×N×1%

　=P×(1+R)÷2×N%

即 A=P×(1+R)÷2×N%+ G÷Y

社会平均工资（P）：本地上年度在岗职工的月平均工资，政府会每年公布，可通过网络查询。需要注意的是，随着经济发展，现在的社会平均工资和未来退休后的社会平均工资是不一样的，会有一定比例的上涨，一般来说每年都会上涨3%—5%，各地略有差异。

本人平均缴费指数（R）：和上面提到的 60%—300% 有关，如果按照社会平均工资的60%作为缴费基数的，则本人的缴费指数为0.6,如果按照300%作为缴费基数，则本人的缴费指数为3。每个人在从业期间工资收入会有起伏，不一定按照一个固定的指数计算缴费基数，取平均数后即为本人平均缴费指数。

个人之前缴纳养老金的总额（G）：即每月个人缴纳的养老金部分，都存在个人账户内，会产生一定的利息收益。

计发月数（Y）：根据人口的平均寿命和本人的退休年龄来确定，有一个计发月数对应表，如表 12-10 所示。

> **Tips：** 需要注意的是，这个计发月数只是用来计算退休当年个人账户养老金发放数额用的，不是实际发放养老金的月数。实际中，只要人还活着，都会以这一数额为标准终身发放。

表 12-10　个人养老金计发月数对应表

| 退休年龄 | 计发月数 | 退休年龄 | 计发月数 | 退休年龄 | 计发月数 |
| --- | --- | --- | --- | --- | --- |
| 45 | 216 | 52 | 185 | 59 | 145 |
| 46 | 212 | 53 | 180 | 60 | 139 |
| 47 | 208 | 54 | 175 | 61 | 132 |
| 48 | 204 | 55 | 170 | 62 | 125 |
| 49 | 199 | 56 | 164 | 63 | 117 |
| 50 | 195 | 57 | 158 | 64 | 109 |
| 51 | 190 | 58 | 152 | 65 | 101 |

举个例子：陈先生 25 岁参加工作，我们来计算他 60 岁退休后能拿多少退休金。假设陈先生的工资涨幅和社会平均工资涨幅一致，均为每年上涨 5%，不考虑账户余额增值因素，第一年月收入 5000 元，当年社会月平均工资为 6000 元，至退休时陈先生一共缴纳社保 35 年。

（1）先计算出陈先生个人账户养老金总额。

第 1 年：5000 元 / 月 ×8%×12 个月 =4800 元

第 2 年：5000 元 / 月 ×(1+5%)×8%×12 个月 =5040 元

第 3 年：5000 元 / 月 ×$(1+5\%)^2$×8%×12 个月 =5292 元

……

第 35 年：5000 元 / 月 ×$(1+5\%)^{34}$×8%×12 个月 =25216.07 元

个人之前缴纳养老金的总额 =4800 元 +5040 元 +5292 元……+25216.07 元 =

433537.48 元

60 岁退休，计发月数为 139。

陈先生个人账户养老金 = 个人之前缴纳养老金的总额 ÷ 计发月数

$$=433537.48 \text{ 元} \div 139$$

$$=3118.97 \text{ 元}$$

（2）计算陈先生 35 年后退休时当地上年度在岗职工的月平均工资（即社会平均工资）。

社会平均工资 $=6000 \text{ 元} \times (1+5\%)^{34}=31520.09 \text{ 元}$

（3）计算陈先生的指数化工资，再推算出基础养老金数额。

本人指数化工资 = 社会平均工资 × 本人平均缴费指数

本人平均缴费指数 $=5000\div6000=0.8333$（由于本人工资涨幅和社会平均工资涨幅保持一致，因此指数保持不变）

本人指数化工资 $=31520.09 \text{ 元} \times 0.83$

基础养老金 =（社会平均工资 + 本人指数化工资）÷2× 缴费年限 ×1%

$$=（31520.09 \text{ 元} +31520.09 \text{ 元} \times5000\div6000）\div2\times35 \text{ 年} \times1\%$$

$$=10112.69 \text{ 元}$$

（4）最后，得出陈先生退休后当年每月能领取的养老金（养老金数额会根据社会平均工资的上涨而上涨）。

每月领取的养老金 = 基础养老金 + 个人账户养老金

$$=10112.69 \text{ 元} +3118.97 \text{ 元}$$

$$=13231.67 \text{ 元}$$

严飞："退休金能拿 1.3 万元左右？挺多的嘛！"

我："别忘了是 30 年后，按每年 5% 的涨幅计算，当时的每月社会平均工资是 3.1 万元左右，你可以自己算出养老金的替代率。比如陈先生能领的退休金和他退休前最后一个月工资相比，他的个人养老金替代率是 50.37%[13231.67 元 ÷5000 元 × $(1+5\%)^{34}\times100\%]$。放在当下比较，陈先生工资 5000 元，领退休金的话只能领到 2518.71 元，只能维持温饱。如果和当地社会平均工资相比的话，他的地区养老金替代率只有 41.98%(13231.67 元 ÷31520.09 元 ×100%)。"

列表比较会更加直观，假设当下社会平均工资为 6000 元，按照月收入 3000 元、5000 元、6000 元、12000 元、18000 元、30000 元、100000 元 7 个档次，比较各自退休可领取的养老金及其相应的替代率，如表 12-11 所示。

表 12-11 不同月收入养老金领取对比表

| 项目 | A 状态 | B 状态 | C 状态 | D 状态 | E 状态 | F 状态 | G 状态 |
|---|---|---|---|---|---|---|---|
| 当下个人月收入/元 | 3000.00 | 5000.00 | 6000.00 | 12000.00 | 18000.00 | 30000.00 | 100000.00 |
| 假设当下社会平均工资/元 | 6000.00 | 6000.00 | 6000.00 | 6000.00 | 6000.00 | 6000.00 | 6000.00 |
| 退休前个人收入/元 | 15760.04 | 26266.74 | 31520.09 | 63040.18 | 94560.26 | 157600.44 | 525334.80 |
| 退休前社会平均工资/元 | 31520.09 | 31520.09 | 31520.09 | 31520.09 | 31520.09 | 31520.09 | 31520.09 |
| 个人账户养老金/元 | 2245.66 | 3118.97 | 3742.77 | 7485.54 | 11228.31 | 11228.31 | 11228.31 |
| 基础养老金/元 | 8825.62 | 10112.69 | 11032.03 | 16548.05 | 22064.06 | 22064.06 | 22064.06 |
| 退休时可领取养老金/元 | 11071.29 | 13231.67 | 14774.80 | 24033.59 | 33292.37 | 33292.37 | 33292.37 |
| 地区养老金替代率 | 35.12% | 41.98% | 46.87% | 76.25% | 105.62% | 105.62% | 105.62% |
| 个人养老金替代率/元 | 70.25% | 50.37% | 46.87% | 38.12% | 35.21% | 21.12% | 6.34% |
| 折算成当下养老领取金额/元 | 2107.47 | 2518.71 | 2812.45 | 4574.91 | 6337.36 | 6337.36 | 6337.36 |

备注：假设每年个人和社会平均工资涨幅相同，均为 5%，不计账户余额增值，缴纳年限 35 年。

从表中的数据对比可以得出以下结论。

（1）社保养老金起到调节收入差距的作用，对于底层老百姓的保障效果大于高收入人群，个人养老金替代率随着收入增加下降明显。

（2）即使收入再高，受到缴费基数上限影响，养老金总额也是有限的。高收入人群想增加退休后的收入保障，需要考虑其他养老工具，如增加个人养老金或投保商业养老保险。

（3）虽然表格数据建立在假设前提下，但与实际情况较为相符。近年来，我国平均养老金替代率在40%出头，已经低于国际劳工组织公布的养老金替代率55%的国际警戒线，该警戒线以下的退休生活质量将明显下降。

（4）还有一个隐性现象值得注意，表格中的数据基于企业根据员工真实收入如实确定缴费基数，而现实中不少企业统一按最低缴费基数违规操作。

严飞："我现在的情况属于本应按照 F 状态缴纳社保，但是现实却是按照 B 状态缴纳社保？"

我："也不对，你的真实情况可能跟 E 状态更贴近，毕竟你不是一毕业月收入就有 3 万元多这么高，收入有增长的过程，未来也可能收入会下降，它是看你整个职业阶段的平均缴费水平。现实中你的单位按最低基数给你缴纳社保，你应该参考 A 状态，B 状态比你还好点，至少人家按照 5000 元作为缴费基数。"

严飞："按照 A 状态，我现在退休只能拿 2000 块钱，少了这么多，那怎么办？"

我："可以去公司所在地行政服务中心问一下找哪个部门维权，有些是人社局，有些归到税务口，他们查实清楚后会要求企业按照应缴比例给你补缴，你自己补缴个人部分。"

严飞："这个关系到我的退休生活，我一定要把它弄清楚，我在这家公司干了 7 年。"

我："提醒一下，虽然你暂时没有工作，但这段时间的社保不要断，有两种缴纳方式可选，一种是城镇职工社保，一种是城乡居民社保。"

严飞："城镇职工社保没有单位怎么缴？"

我："按照'灵活就业'方式缴纳，它属于城镇职工社保的特殊形式，虽然交的费用比居民社保多，但是保障也多，自由职业者、个体户、失业人员以及其他灵活就业的人员可以选择这类社保，包括养老保险和医疗保险（部分地区还有失业保险），这两方面的待遇和计发方式跟城镇职工社保相同，不强制，自愿缴纳。缴费基数范围也和职工社保一样，在基数范围内可以由本人自主选择，但是缴费比例不是8%，而是20%（个别地区有差异）。之所以是20%，是因为你得承担单位缴纳的部分，正常来说单位缴16%，个人8%，加起来24%，灵活就业方式已经为个人减轻了4%的缴费负担。"

严飞："听起来很符合我现在的情况，但缴费基数是越高越好还是越低越好？毕竟是花自己的钱，怎么选性价比最高？"

我："我们拿基础养老金来举例对比一下。"

根据公式：$B = P \times (1+R) \div 2 \times N\%$

累计缴费年限N为15年，本人平均缴费指数R为0.6，社会平均工资P为6000元，即P=6000，N=15，R=0.6时：

$B = 6000 \times (1+0.6) \div 2 \times 15\% = 720$

本人平均缴费指数翻一倍，R为1.2，其他不变，即P=6000，N=15，R=1.2时：

$B = 6000 \times (1+1.2) \div 2 \times 15\% = 990$

缴费年限翻一倍，N为30年，其他不变，即P=6000，N=30，R=0.6时：

$B = 6000 \times (1+0.6) \div 2 \times 30\% = 1440$

社会平均工资翻一倍，P为12000元，其他不变，即P=12000，N=15，R=0.6时：

$B = 12000 \times (1+0.6) \div 2 \times 15\% = 1440$

从上述指标变动和基础养老金数额的变化可以得出以下结论。

（1）本人平均缴费指数翻一倍，基础养老金只增加了37.5%。

（2）缴费年限翻一倍，基础养老金也翻了一倍。

（3）社会平均工资翻一倍，基础养老金也翻了一倍。

（4）对于灵活就业人士，可以选择较低缴费基数，但务必拉长缴费年限。

（5）在高收入城市退休，养老金会比低收入城市高不少，即使缴费最低限额也提高了，单位已承担大部分缴费比例，权衡之下还是划算的。

> **Tips:** 例如，在一线城市打工的外地朋友，尽量选择在大城市退休（提前咨询好在当地退休的条件，对于长期在此工作的人来说，达到当地退休条件还是相对容易的），争取不返回户籍地退休。

严飞："确实要深挖了才能看到底层的东西，我知道该怎么选了……没失业的时候根本不会考虑养老的问题，现在才体会到人活着真不容易。"

我："乐观些，既然来这世界走一趟，就玩好自己的角色，努力打怪升级。"

## 12.3.2　城乡居民基本养老保险

没有参加任何其他社会养老保险、享受社会养老保险待遇的人，只要年满 16 周岁，就可以参保城乡居民基本养老保险，参保人无论男女，符合年满 60 周岁，并且缴费累计满 15 年的，可以按月领取城乡居民养老金。该养老金终身支付，和城镇职工养老金一样，都由基础养老金和个人账户养老金两部分组成，但各地的具体标准会有差异。

城乡居民每月领取养老金 = 基础养老金 + 个人账户养老金

个人账户养老金 = 个人账户累积总金额 ÷139

> **Tips:** 基础养老金由各地政府根据中央确定的最低标准进行适当提高调整，大部分省份标准在 100—300 元之间，个别地区标准较高，如表 12-3、表 12-5 所示，2023 年北京的基础养老金为 887 元，上海为 1300 元。

个人账户累积总金额由个人缴费、政府补贴、集体补助、相应利息组成。其中个人缴费由个人根据若干档位自主选择，按年缴纳，缴费档位各地不尽相同，政府根据不同档位，给予相应补贴，如表 12-3、表 12-5、表 12-7、表 12-9 所示。

下面我们以 2023 年满 60 岁的赵先生举例，计算不同地区已缴纳社保累计满 15 年的养老待遇（为便于计算和理解，忽略缴费期内政策调整、工资增长、基数变动、通货膨胀、利息收益等因素）。

（1）假设赵先生是北京户籍，缴纳城乡居民社保，个人缴费 1000 元 / 年，根据表 12-3 可得：

个人缴费合计 =1000 元 ×15 年

=15000 元

每月领养老金 =887 元 + (1000 元 ×15 年 +60 元 ×15 年 )÷139

=887 元 +114.39 元

=1001.39 元

如果按照灵活就业方式，个人以最低缴费基数的 20% 月缴，根据表 12-2 可得：

个人缴费合计 =5869 元 ×20%×12 个月 ×15 年

=211284 元

每月领养老金 =10628 元 ×(1+5869÷10628)÷2×15%+5869 元 ×8%×12 个月 ×15 年 ÷139

=1237.28 元 +608.01 元

=1845.29 元

（注：10628 元为北京社会月平均工资。）

（2）假设赵先生是上海户籍，缴纳城乡居民社保，个人缴费 1100 元 / 年，根据表 12-5 可得：

个人缴费合计 =1100 元 ×15 年

=16500 元

每月领养老金 =1300 元 + (1100 元 ×15 年 +350 元 ×15 年 )÷139

=1300 元 +156.47 元

=1456.47 元

如果按照灵活就业方式，个人以最低缴费基数的 24% 月缴（上海灵活就业个人缴纳比例为 24%），根据表 12-4 可得：

个人缴费合计 =7310 元 ×24%×12 个月 ×15 年

=315792 元

每月领养老金 =12183 元 ×(1+7310÷12183)÷2×15%+7310 元 ×8%×12 个月 × 15 年 ÷139

=1461.96 元 +757.3 元

=2219.26 元

（注：12183 元为上海社会月平均工资。）

（3）假设赵先生是哈尔滨户籍，缴纳城乡居民社保，个人缴费 1000 元 / 年，根据表 12-7 可得：

个人缴费合计 =1000 元 ×15 年

=15000 元

每月领养老金 =143 元 + (1000 元 ×15 年 +70 元 ×15 年 )÷139

=143 元 +115.47 元

=258.47 元

如果按照灵活就业方式，个人以最低缴费基数的 20% 月缴，根据表 12-6 可得：

个人缴费合计 =3858 元 ×20%×12 个月 ×15 年

=138888 元

每月领养老金 =6430 元 ×(1+3858÷6430)÷2×15%+3858 元 ×8%×12 个月 × 15 年 ÷139

=771.6 元 +399.68 元

=1171.28 元

（注：6480 元为哈尔滨社会月平均工资。）

（4）假设赵先生是宁波户籍，缴纳城乡居民社保，个人缴费 1100 元 / 年，宁波的居民养老金除了基础养老金和个人账户养老金，还包括缴费年限金，根据表 12-9 可得：

个人缴费合计 =1100 元 ×15 年

             =16500 元

每月领养老金 =330 元 + (1100 元 ×15 年 +200 元 ×15 年 )÷139+30 元

             =330 元 +140.29 元 +30 元

             =500.29 元

如果按照灵活就业方式，个人以最低缴费基数的 20% 月缴，根据表 12-8 可得：

个人缴费合计 =3957 元 ×20%×12 个月 ×15 年

             =142452 元

每 月 领 养 老 金 =7437 元 ×(1+3957÷7437)÷2×15%+3957 元 ×8%×12 个月 ×15 年 ÷139

             =854.51 元 +409.93 元

             =1264.44 元

（注：7437 元为宁波社会月平均工资。）

将上述数据梳理后可得以下表格，如表 12-12 所示。

表 12-12　4 个城市养老金缴费及领取示例

| 地区 | 居民养老保险个人年缴费额（取近似缴费档次） | 居民养老保险个人缴费15年合计 | 居民养老保险每月领养老金 | 灵活就业个人年缴费额（按最低月缴基数） | 灵活就业个人缴费15年合计 | 灵活就业每月领养老金 |
| --- | --- | --- | --- | --- | --- | --- |
| 北京 | 1000 元 / 年 | 15000 元 | 1001.39 元 | 14085.6 元 / 年 | 211284 元 | 1845.29 元 |
| 上海 | 1100 元 / 年 | 16500 元 | 1456.47 元 | 21052.8 元 / 年 | 315792 元 | 2219.26 元 |
| 哈尔滨 | 1000 元 / 年 | 15000 元 | 258.47 元 | 9259.2 元 / 年 | 138888 元 | 1171.28 元 |
| 宁波 | 1100 元 / 年 | 16500 元 | 500.29 元 | 9496.8 元 / 年 | 142452 元 | 1264.44 元 |

注：为便于计算和理解，忽略缴费期内政策调整、工资增长、基数变动、通货膨胀、利息收益等因素。

严飞："我发现北京、上海的居民养老保险每年交 1000 来块钱，最后领到的养老金不比灵活就业少多少。"

我："主要是基础养老金部分政府定的标准较高，分别是 887 元和 1300 元，超过哈尔滨、宁波等全国其他地区的标准。"

严飞："既然这样，灵活就业模式在基础养老金高的地方是不是没有吸引力了？"

我："不一定，医疗保险这块区别比较大，灵活就业模式是和城镇职工社保一样的待遇，缴满一定年限可以终身享受医保待遇，并且报销额度较高，这是居民医疗保险比不了的。"

严飞："那我养老保险按居民社保来交，医疗保险按灵活就业标准来交不就行了。"

我："你想两头占便宜？上海直接就不允许你这么选，北京虽然没说不能分开交，但是交居民养老保险的人是无法享受终身医保待遇的，况且政策会调整、会不断完善，钻漏洞的想法不要有。我之所以讲得这么细，因为社保缴纳关系到每个人的切身利益，并且是一项持续几十年的长期行为，只有认真掌握和理解社保最底层的常识，才能知道如何维护自己的正当权益，如何尽早做科学的规划。"

# 12.4 如何补充养老金？

## 12.4.1 养老保障有哪些？

城镇职工养老保险和城乡居民养老保险属于基本养老保险，它们构成了我国养老保险体系中的第一支柱。养老保险体系一共有三大支柱，第二支柱是职业年金和企业年金，第三支柱是个人养老金和其他商业养老金融，如图 12-1 所示。

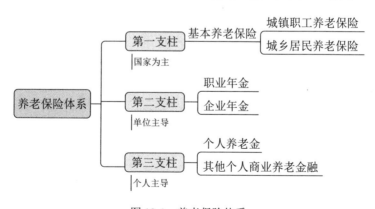

图 12-1　养老保险体系

职业年金：公务员、事业单位编制的从业人员特别享有的一种补充养老金。相当于单位为个人多缴了一笔钱用于养老。职业年金由单位缴纳和个人缴纳组成，以单位为主，缴纳工资的8%，个人缴纳工资的4%，两者全部进入个人账户，等到退休后按月领取，领取时职业年金的个人账户除以计发月数（如60周岁退休除以139，55周岁退休除以170）为每月领取金额。和基础养老金不同的是，职业年金个人账户里的钱领完为止，而非终身领取。

职业年金的诞生基于养老金并轨改革。原先公务员、事业单位编制员工的养老制度和企业员工的养老制度是不一样的，是两条轨道各自执行。前者不用交养老保险，全由国家承担，后者则必须实缴养老保险；在退休待遇上，前者的退休金普遍高于后者。为了改变这一不公平的养老双轨制度，国家下决心进行养老金并轨改革。

改革的步骤和内容不展开表述，最终结果是机关事业单位和企业执行统一的养老保险制度，退休金的计算方法也实现一致。养老金并轨改革会使得公务员、事业单位编制中缴费不满15年的员工退休收入下滑，在这一背景下职业年金应运而生，通过单位的额外缴费来对机关事业单位的基础养老金进行补充。

企业年金：通常是优质大型企业或利润高、福利好的企业给员工提供的补充养老金。企业年金和职业年金在缴纳方式、领取规则上相似，企业年金是按自愿原则参与，职业年金是强制缴纳；在承担比例上，职业年金规定单位缴纳8%，个人缴纳4%，而企业年金的承担比例不固定，上限是企业缴费比例不超过8%，个人缴存比例不超过4%，总比例不超12%。

总体上来说，能享受职业年金或企业年金的人群还是占比少数（截至2022年3月底，参与这两类年金的职工约7200万人），除此之外，想要补充养老金的可以从养老保险体系的第三支柱中寻找方案。

第三支柱中的个人养老金制度之前是没有的，2022年4月《国务院办公厅关于推动个人养老金发展的意见》的出台，意味着个人养老金制度的正式推出。

> **Tips**：个人养老金制度先由36个城市或地区作为试点，再逐步推广。

个人养老金的缴费全部由个人承担，所缴费用进入个人养老金账户，并且这部分支出在个税年度汇算时可以进行税前扣除，享受延期征税等税收优惠政策，目前每年缴纳上限为12000元，这些缴纳的个人养老金可以凭自己的意愿选择银行来购买相应的金融产品获取收益，如储蓄存款、公募基金、理财产品等，在达到领取条件前不可随意支取，起到强制储蓄作用。

领取条件：除了完全失去劳动能力或出国、出境定居了的人员能提前领取外，其余人员都必须等到退休后才能领。

领取方式：可选一次性领取或按月、分次领取，领完为止，并非终身领取。

严飞："年轻时定期存钱并进行保守投资，等老了再花，花完为止。我明白了，其实就是国家给予延期征税优惠，鼓励并督促老百姓存钱养老。"

我："是的，它是养老金的一种补充形式。如果觉得基本养老金和个人养老金还是不够用，可以考虑第三支柱中的另一个选项——其他个人商业养老金融，通俗讲就是，购买保险公司的商业养老保险。"

## 12.4.2　被忽视的商业养老保险

目前我们国家参与商业养老保险的人数占比还很少的，不是商业养老保险没用，而是很多人对养老的认知仍停留在依靠退休金养老、存钱加节俭、养儿防老或以房养老的层面，对提前规划养老，特别是主动利用保险工具对冲养老风险没有充分的意识。殊不知社会正在发生剧烈变化，很多因素正在加大未来养老生活的不确定性，必须引起重视和反思。

（1）光靠储蓄行不通。存款利息几十年下来一直在螺旋式下降，通货膨胀却一直稳步上升。比如一年期的存款利息，在 20 世纪 90 年代还有 10% 以上，到现在已不足 2%。储蓄的钱不仅面临贬值，而且取一次少一点，无法对抗退休后的长寿风险。

（2）关于养儿防老，从概率上讲，它一直是我国绝大部分家庭客观上解决养老问题的最终方式，也是我们中华民族几千年的优良传统。但随着观念的变化和人口结构的变化，有两个不断增大的不确定性因素正在挑战这一养老方式的有效性。第一，得有孩子。现在的社会观念不同以往，原先推崇多子多福、儿孙满堂，如今在生存压力和多元思想等综合因素的影响下，生育率开始下降，不少人选择不生孩子。如果没有孩子，养儿防老就无从谈起。第二，孩子少。以前一个家庭生育多胎，老人少、孩子多的人口结构能比较正常地发挥养儿防老的作用，即使存在个别孩子意外死亡或者不孝、败家，老人仍有其他后代照料。实行计划生育之后，人口结构在发生变化，独子后代的任何意外都会给家庭带来毁灭性打击。即使孩子身体健康，不孝、啃老、背债求助的现象也屡见不鲜。老人原本指望孩子来养老，最后却成了把孩子养到老。

（3）靠退休金养老。首先要肯定的是，社保的基本养老保险对我们的养老起到了保驾护航的作用，它是不可替代的，但社保的退休金又是明显不够用的，它解决的是基本的生存问题，无法保证退休后的生活品质。体制内的退休金尚且过得去，但绝大多数中小企业员工、农民工、农村百姓，他们的养老金能领的不多，社保养老金的替代率在逐渐下降也有目共睹，前文已详细阐述这部分内容，可反复回看以对照自身的境况。

（4）以房养老。有人认为有一两套房子在手，老年生活再怎么不济，至少能确保衣食无忧。如果是在一二线核心城市、核心地段，这种想法可能还有效。即使三四十年后房子再老，地段在那里，人口再降，虹吸效应还在，人气还在，手上的房子大概率还是有价值的。但除此之外的，就不好说了。

（5）离婚率上升。单从物质方面来说，两个人搭伙过日子比独自一人生活的成本更低，离婚未再婚的老人得到的经济扶持会更单一。另一个容易被忽视的风险是，离婚这件事并非能由一人掌控，也就是说你不能完全避免这一风险的发生，即使目前看来婚姻似乎尽在掌控中，客观上，它真的具有不确定性。

（6）依靠投资理财。如果现实中大多数人都能靠投资理财实现退休无忧，这本书就没有存在的必要了，之所以费尽心思普及理财常识，首要目的就是让大家少踩坑、不被骗。我看到太多的人拿着起早贪黑打工攒的钱往金融的坑里砸，若野心不大，只是买买银行理财倒也无妨，一旦跨出孙悟空划圈的金刚罩，必然凶多吉少。

综合上述现实因素，要想增加退休保障的确定性，商业养老保险是最有效的应对工具，没有之一。

商业养老保险的功能就是让被保险人达到一定年龄后开始领取稳定的养老金，以弥补因年龄增长降低的收入来源，保证退休后良好的生活质量。

> **Tips:** 商业保险中的年金保险、投资理财型保险、终身寿险等都能满足养老的目的，其中以年金保险的形式为主，也最为推荐，即养老年金险。

商业保险中的养老年金险和社保的基本养老保险很像，都是在年轻的时候定期缴纳保费，通过很长一段时间的积累，等到退休的时候再每月或每年分期支取养老金，一直领到死亡为止，具有收益稳定、强制储蓄、终身保障3大特点。

举个简化版的例子，李先生从35岁开始缴纳商业养老年金险，每年缴10万元，共缴纳10年，一共100万元的保费，从60岁开始领养老金。按2022—2024年的保障水平，每年大约能领11万元左右，即每月除了已有的基本养老保险外，再领9166.7元（110000元÷12个月=9166.7元/月），一直领到去世为止，即活到80岁，合计领取220万元；活到90岁，合计领取330万元；活到100岁；合计领取440万元。

严飞："如果他没领几年就去世了怎么办，不是亏了吗？"

我："保险会有应对条款，比如还没到60岁去世，会按照累计缴纳的保费和已有的现金价值来赔付，哪个金额大赔哪个。如果60岁以后马上身故，有不少保险产品还会确保领取20年，按照这个20年领取的金额来赔付，并且不管未来经济环境如何发展，不管投保的这家保险公司还在不在，都会按照合同来执行，国家会给你兜底。"

严飞："这个比以房养老好，如果用用 100 万元的保费去买套房子，20 年后我退休了，如果能活 80 岁，这房子得涨到 220 万元，如果我活到 90 岁，这房子得涨到 330 万元，才能追平养老年金险。可如果房价涨不上去了，那我要慌死了。"

我："你这算法太糙了，首付的钱和时间价值都省了，不过也差不多是那么个意思。这就是养老年金险的特点，收益确定，并且活多久领多久。但是万物都有两面性，既有优点，也一定会有缺点，养老年金险也不例外。"

严飞："商业养老保险是不是普通人都能保得起？"

我："对，门槛不高，可以趸交（一次性缴费）或按年缴费，年缴的话 1000 元、3000 元、1 万元都有，看不同保险公司的要求。有钱多交点，没钱少交点，根据自己情况来就行。"

严飞："哪款养老年金险好，你跟我说，我照着买不就行了。"

我："还是按照授人以渔的原则，我不推荐产品，只教你挑选的思路，了解了底层逻辑，不单是养老年金险，选择其他保险心里也会有底。"

## 12.5 理解 IRR 并不难

在你进行保险产品对比的时候经常会看到一个指标——IRR，Internal Rate of Return（内部收益率）的缩写，当你一头雾水的时候，客户经理通常会跟你解释说，IRR 就是复利，然后跟你科普复利的魔力，以此来和其他理财产品做对比。

那么，IRR 真的等于复利吗？

先说答案：IRR 不等于复利，它是用复利计算方式折现现金流后算出的内部收益率，是一种特殊的复利。

前面第二章"货币的时间价值"中有讲到复利和单利，如表 2-2 所示，复利就是利滚利，即 $F=P(1+i)^n$，当时间足够长，收益会实现惊人的增长。但要得到这种结果需要满足一个非常苛刻的条件，即在投入资金到实现最终收益的很长一段时间内，中间没有任何资金的流入或流出。

现实中的情形往往没有这么简单，资金的使用和回流是动态的，既有现金流出，又有现金流入，在这种情况下如何计算收益率？上述的复利终值公式已经无效了，需要用 IRR 来计算。

前面我们讲过资金是有时间价值的，不同时间段的资金价值不相等，无法比较。只有把所有资金，不管是流出还是流入的资金都折算成初始的现值，时间点统一了，才能进行比较。IRR 就是折现率，它是流入资金的现值和流出资金的现值总额相等，即净现值为零时的折现率。它是通过复利来折现现金流的，有了这个折现率就能将它和其他项目的投资收益进行比较，为投资项目的筛选做判断依据。

IRR 的计算公式比较复杂，我们通过简单的例子和计算来理解。

假设有一个投资项目 A，前 4 年每年投入 10 万元，从第 5 年开始到第 8 年，每年都有 14 万元的稳定回报，合计总投入是 40 万元，总回报为 56 万元，净回报 16 万，如表 12-13 所示。那么这个项目收益率到底是高还是低？如何计算 IRR？

表 12-13　A 项目投资回报现金流

| 时间段 | A 项目现金流 / 元 |
| --- | --- |
| 第 1 年 | −100000 |
| 第 2 年 | −100000 |
| 第 3 年 | −100000 |
| 第 4 年 | −100000 |
| 第 5 年 | 140000 |
| 第 6 年 | 140000 |
| 第 7 年 | 140000 |
| 第 8 年 | 140000 |
| 总投入 | −400000 |
| 总回报 | 560000 |

设 IRR 为 i，根据概念得：

流出资金的现值 $=100000+100000\div(1+i)+100000\div(1+i)^2+100000\div(1+i)^3$

流入资金的现值 $=140000\div(1+i)^4+140000\div(1+i)^5+140000\div(1+i)^6+140000\div(1+i)^7$

流出资金的现值 = 流入资金的现值

$100000+100000\div(1+i)+100000\div(1+i)^2+100000\div(1+i)^3=140000\div(1+i)^4+140000\div(1+i)^5+140000\div(1+i)^6+140000\div(1+i)^7$

可以求得 i=8.78%

算出来的 IRR=8.78% 有什么意义，可以拿它和市场上的其他投资活动收益率作对比，看看应该选哪个项目好。比如买银行理财的收益是 4%，A 项目有 8.78%，可以选择 A 项目。

对 IRR 的理解有点感觉了吧？我们再对比几个例子。

总投入、总回报、净回报都不变，分别是 40 万元、56 万元、16 万元，但现金流分布不同，得出的 IRR 也不一样，如表 12-14 所示。

表 12-14  不同项目的现金流比较

| 时间段 | A 项目 | B 项目 | C 项目 | D 项目 |
|--------|--------|--------|--------|--------|
| 第 1 年 / 元 | −100000 | −100000 | −400000 | −400000 |
| 第 2 年 / 元 | −100000 | −100000 | 0 | 0 |
| 第 3 年 / 元 | −100000 | −100000 | 0 | 0 |
| 第 4 年 / 元 | −100000 | −100000 | 0 | 0 |
| 第 5 年 / 元 | 140000 | 200000 | 140000 | 0 |
| 第 6 年 / 元 | 140000 | 160000 | 140000 | 0 |
| 第 7 年 / 元 | 140000 | 120000 | 140000 | 0 |
| 第 8 年 / 元 | 140000 | 80000 | 140000 | 560000 |
| 总投入 / 元 | −400000 | −400000 | −400000 | −400000 |
| 总回报 / 元 | 560000 | 560000 | 560000 | 560000 |
| 净回报 / 元 | 160000 | 160000 | 160000 | 160000 |
| IRR | 8.78% | 9.66% | 6.35% | 4.92% |

从表格可以看出：

（1）A 项目和 C 项目从第 5 年到第 8 年回流的资金相同，但 C 项目第 1 年就投了 40 万元进去，资金占用时间比 A 项目长，IRR 自然就更低。

（2）A 项目和 B 项目投入资金的情况是一致的，但 B 项目从第 5 年开始就回流了 20 万元，第 6 年回流 16 万元，都高于 A 项目的回流速度，因此 IRR 更高。

（3）D 项目从一开始投入后中间没有任何动静，直到第 8 年一次性收回 56 万元，资金占用时间最长，回流最慢，因此 IRR 最低。

（4）IRR 高不代表收益一定多，表格中的净回报都是一样的，但是 IRR 却各不相同，总收益多的 IRR 比总收益少的 IRR 还要低。这种现象也很常见，比如 D 项目，即使第 8 年的回报提高到 60 万元，IRR 也只有 5.96%，低于其他 3 个项目。

总的来说，投入越慢，回报越快的项目 IRR 越高。

Tips：内部收益率能反映投资收益的真实情况，是衡量项目可行性的关键指标。

严飞："原来这就是内部收益率，通过几个项目现金流的比较我终于看明白了。"

我："你肯定也明白了为什么 IRR 不等于复利。"

严飞："只有 D 项目这种一开始就一次性投入，中间没有任何资金进出，最后一次性拿到全部回报的 IRR 才和复利数值相同，它和初期一次性存入一笔钱，按复利计息，到期再收回全部本息的本质是一样的。"

我："是的，而且你会发现 IRR 的值一般都会比复利要大，因为资金在期间就有进出，并不会等到最后一次性回流。所以回到开头，保险销售跟你说 IRR 就是复利的时候，你要明白 IRR 会比我们所理解的复利值要大，之所以会大，并不是因为他在夸大宣传，而是你的现金流入并不是最后一年一次性拿到手，在这之前已经陆陆续续回本了。所以一个是理论上的复利魔力，一个是现实中的复利魔力。"

严飞："感觉瞬间活通透了，哈哈……不过 IRR 的公式那么复杂，这些数据都是怎么算出来的？"

我："很简单，用 Excel 表格两步搞定。"

第一步：在 Excel 表格里输入数据，如果是现金流出的，前面加个负号，如表 12-15 所示。

表 12-15　计算 IRR 第一步

| 时间段 | 现金流 / 元 |
| --- | --- |
| 第 1 年 | −100000 |
| 第 2 年 | −100000 |
| 第 3 年 | −100000 |
| 第 4 年 | −100000 |

| 时间段 | 现金流 / 元 |
|---|---|
| 第 5 年 | 140000 |
| 第 6 年 | 140000 |
| 第 7 年 | 140000 |
| 第 8 年 | 140000 |

第二步：空白表格内输入"=IRR"后下方会出现"*fx* IRR"，如图 12-2 中的截图 1；双击"fx IRR"后显示 IRR 函数，如图 12-2 中的截图 2；这时选中需要计算的现金流数据，如图 12-2 中的截图 3；敲击回车键就能算出答案，如图 12-2 中的截图 4。

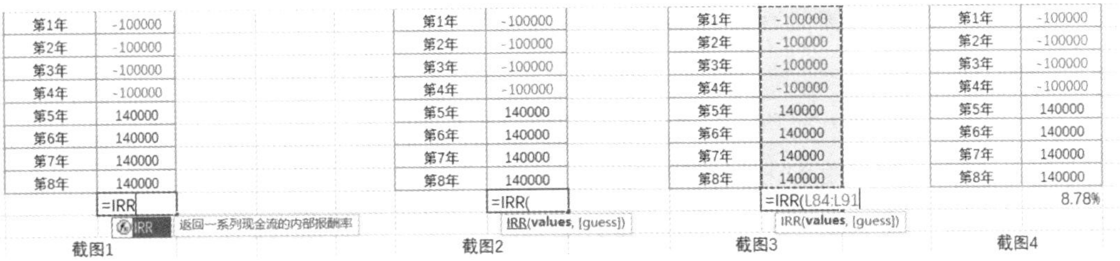

图 12-2　计算 IRR 第二步

严飞："好神奇，居然这么简单！"

我："你有没有发现这些现金流还和什么比较像？"

严飞："嗯……对了，就像养老年金险，一开始分期支付保费，退休后每月领养老金！"

我："这张表 12-16 是根据你的年龄，随机参考了一款养老年金险产品做的利益演示表，按照 10 年缴费期，年缴 1 万元计算的。如果要缴 10 万元，后面加个零就行。现在你已经理解了 IRR，再看这类表就更加清晰了。"

表 12-16　某款养老年金险利益演示表

| 保单年度 | 年龄年末 | 当期保费 / 元 | 现价增长额 / 元 | 现金价值 / 元 | 年领取金额 / 元 | 累计领取 / 元 | IRR | 年化单利 |
|---|---|---|---|---|---|---|---|---|
| 1 | 43 岁 | 10000 | 4026 | 4026 | 0 | 0 | | |
| 2 | 44 岁 | 10000 | 5331 | 9357 | 0 | 0 | | |
| 3 | 45 岁 | 10000 | 6394 | 15751 | 0 | 0 | | |
| 4 | 46 岁 | 10000 | 7189 | 22940 | 0 | 0 | | |
| 5 | 47 岁 | 10000 | 7686 | 30626 | 0 | 0 | | |
| 6 | 48 岁 | 10000 | 8213 | 38839 | 0 | 0 | | |
| 7 | 49 岁 | 10000 | 8768 | 47607 | 0 | 0 | | |

| 保单年度 | 年龄年末 | 当期保费/元 | 现价增长额/元 | 现金价值/元 | 年领取金额/元 | 累计领取/元 | IRR | 年化单利 |
|---|---|---|---|---|---|---|---|---|
| 8 | 50岁 | 10000 | 9355 | 56962 | 0 | 0 | | |
| 9 | 51岁 | 10000 | 9977 | 66939 | 0 | 0 | | |
| 10 | 52岁 | 10000 | 10634 | 77573 | 0 | 0 | | |
| 11 | 53岁 | | 3813 | 81386 | 0 | 0 | | |
| 12 | 54岁 | | 4012 | 85398 | 0 | 0 | | |
| 13 | 55岁 | | 4223 | 89621 | 0 | 0 | | |
| 14 | 56岁 | | 4447 | 94068 | 0 | 0 | | |
| 15 | 57岁 | | 4687 | 98755 | 0 | 0 | | |
| 16 | 58岁 | | 4944 | 103699 | 0 | 0 | 0.32% | 0.32% |
| 17 | 59岁 | | 5221 | 108920 | 0 | 0 | 0.68% | 0.71% |
| 18 | 60岁 | | −3107 | 105813 | 8630 | 8630 | 1.00% | 1.07% |
| 19 | 61岁 | | −2520 | 103293 | 8630 | 17260 | 1.30% | 1.42% |
| 20 | 62岁 | | −2566 | 100727 | 8630 | 25890 | 1.55% | 1.74% |
| 21 | 63岁 | | −2617 | 98110 | 8630 | 34520 | 1.76% | 2.03% |
| 22 | 64岁 | | −2665 | 95445 | 8630 | 43150 | 1.95% | 2.29% |
| 23 | 65岁 | | −2709 | 92736 | 8630 | 51780 | 2.11% | 2.53% |
| 24 | 66岁 | | −2750 | 89986 | 8630 | 60410 | 2.25% | 2.75% |
| 25 | 67岁 | | −2783 | 87203 | 8630 | 69040 | 2.38% | 2.97% |
| 26 | 68岁 | | −2810 | 84393 | 8630 | 77670 | 2.49% | 3.17% |
| 27 | 69岁 | | −2831 | 81562 | 8630 | 86300 | 2.60% | 3.36% |
| 28 | 70岁 | | −2846 | 78716 | 8630 | 94930 | 2.70% | 3.55% |
| 29 | 71岁 | | −2854 | 75862 | 8630 | 103560 | 2.79% | 3.72% |
| 30 | 72岁 | | −2852 | 73010 | 8630 | 112190 | 2.88% | 3.90% |
| 31 | 73岁 | | −2844 | 70166 | 8630 | 120820 | 2.96% | 4.06% |
| 32 | 74岁 | | −2826 | 67340 | 8630 | 129450 | 3.03% | 4.23% |
| 33 | 75岁 | | −2801 | 64539 | 8630 | 138080 | 3.10% | 4.39% |
| 34 | 76岁 | | −2765 | 61774 | 8630 | 146710 | 3.17% | 4.54% |
| 35 | 77岁 | | −2723 | 59051 | 8630 | 155340 | 3.24% | 4.70% |
| 36 | 78岁 | | −2669 | 56382 | 8630 | 163970 | 3.30% | 4.85% |
| 37 | 79岁 | | −2602 | 53780 | 8630 | 172600 | 3.36% | 5.00% |
| 38 | 80岁 | | −2521 | 51259 | 8630 | 181230 | 3.42% | 5.15% |
| 39 | 81岁 | | −2423 | 48836 | 8630 | 189860 | 3.48% | 5.30% |
| 40 | 82岁 | | −2306 | 46530 | 8630 | 198490 | 3.54% | 5.45% |
| 41 | 83岁 | | −2164 | 44366 | 8630 | 207120 | 3.59% | 5.60% |
| 42 | 84岁 | | −1994 | 42372 | 8630 | 215750 | 3.65% | 5.76% |

| 保单年度 | 年龄年末 | 当期保费/元 | 现价增长额/元 | 现金价值/元 | 年领取金额/元 | 累计领取/元 | IRR | 年化单利 |
|---|---|---|---|---|---|---|---|---|
| 43 | 85 岁 | | −1784 | 40588 | 8630 | 224380 | 3.70% | 5.91% |
| 44 | 86 岁 | | −1525 | 39063 | 8630 | 233010 | 3.75% | 6.07% |
| 45 | 87 岁 | | −1197 | 37866 | 8630 | 241640 | 3.80% | 6.23% |
| 46 | 88 岁 | | −9402 | 28464 | 17260 | 258900 | 3.86% | 6.39% |
| 47 | 89 岁 | | −2168 | 26296 | 8630 | 267530 | 3.90% | 6.53% |
| 48 | 90 岁 | | −2078 | 24218 | 8630 | 276160 | 3.94% | 6.66% |
| 49 | 91 岁 | | −1985 | 22233 | 8630 | 284790 | 3.98% | 6.79% |
| 50 | 92 岁 | | −1891 | 20342 | 8630 | 293420 | 4.01% | 6.93% |
| 51 | 93 岁 | | −1796 | 18546 | 8630 | 302050 | 4.05% | 7.06% |
| 52 | 94 岁 | | −1701 | 16845 | 8630 | 310680 | 4.09% | 7.19% |
| 53 | 95 岁 | | −1607 | 15238 | 8630 | 319310 | 4.12% | 7.31% |
| 54 | 96 岁 | | −1513 | 13725 | 8630 | 327940 | 4.15% | 7.44% |
| 55 | 97 岁 | | −1421 | 12304 | 8630 | 336570 | 4.18% | 7.57% |
| 56 | 98 岁 | | −1334 | 10970 | 8630 | 345200 | 4.21% | 7.69% |
| 57 | 99 岁 | | −1251 | 9719 | 8630 | 353830 | 4.24% | 7.82% |
| 58 | 100 岁 | | −1180 | 8539 | 8630 | 362460 | 4.27% | 7.94% |
| 59 | 101 岁 | | −1131 | 7408 | 8630 | 371090 | 4.29% | 8.06% |
| 60 | 102 岁 | | −1131 | 6277 | 8630 | 379720 | 4.32% | 8.17% |
| 61 | 103 岁 | | −1255 | 5022 | 8630 | 388350 | 4.34% | 8.28% |
| 62 | 104 岁 | | −1730 | 3292 | 8630 | 396980 | 4.36% | 8.39% |
| 63 | 105 岁 | | −3292 | 0 | 8630 | 405610 | 4.38% | 8.46% |

注：42 周岁，男，每年缴 1 万元，合计缴 10 年，60 岁开始领养老年金。

我："现在很多保单计划书都没有显示 IRR，你按照刚才说的方法自己算出来就行，这样方便比较。另外，从养老年金险的 IRR 变化趋势可以看出，活得越久，收益越高，而且不用担心钱花完了，人还在。"

严飞："现在我会看了，用它的 IRR 来和其他同类产品做比较，自己心里就有数了。"

我："有储蓄性质的保险用到 IRR 比较多，但保险种类不止这一种，它的本质是发挥风险补偿的杠杆效应，要想挑出适合自己的保险产品，需要从商业的底层逻辑中寻找答案。"

## 12.6　拨开迷雾看保险

如何选保险不掉坑？这个话题三天三夜也讲不完。况且保险产品不断推陈出新，条款不断修订变化，学得不如变得快。

既然在战术上贴身指点不现实，那就从战略上提纲挈领，从商业的底层逻辑去寻找答案。

> **Tips：** 赚钱是所有商业体存在的根本意义，保险行业既承担着社会责任，也要为生存发展而经营，了解保险公司到底赚什么钱，才能更好地指导自身的选保实践。

### 12.6.1　保险公司赚什么钱？

天下没有免费的午餐，没有人会平白无故对你好，保险也一样。保险公司既然是个商业组织，它的每一个举动的最终落脚点都是为了追求利润。带着做生意的脑袋看待保险产品，会让我们看得更清楚，能分辨谁比较厚道，谁在耍小聪明。

先拆解一下我们支付的保费，然后再看保险公司赚什么钱。

从传统的保费计算方法来看，我们支付的保费通常会被保险公司分为净保费（又称纯保费）和附加保费两部分，其中净保费包括风险保费和储蓄保费，附加保费包括风险附加、费用附加、利润附加，如图 12-3 所示。

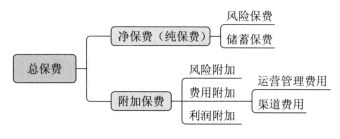

图 12-3　保费分解图

净保费中的风险保费和储蓄保费从广义来说都是为了支付赔付费用而提取的，可以看作对风险和保险本身的标价。

风险保费专用于支付预期的保险理赔金，相当于保险公司根据各险种的出险概率为应对可能的赔付而建立起的理赔资金池。

不是所有险种都有储蓄保费，储蓄型保险、年金险、重疾险等具有返还功能或使用均衡费率的险种会将一部分保费划为储蓄保费，由保险公司拿来进行投资增值，用于未来根据合同约定支付返还费用或平衡均衡费率后续产生的风险保费，剩余的作为保险公司的投资收益。

严飞："打断一下，返还功能的险种好理解，就是那种有现金价值的具有理财属性的保险，可你说的均衡费率是什么意思？"

我："跟年龄相关的费率有两类，自然费率和均衡费率。自然费率是随着风险发生概率高低来对应保费的高低，年纪越大，生病或死亡的概率越高，相应的疾病保险保费就高。但它有个问题，那就是人的经济收入并不随着年龄的增长而增加，相反会下降，很多人无力支付高额的保费。这个时候均衡费率就产生了，它的费率保持不变，你从年轻时候就开始缴费，保险公司帮你把缴纳的保费进行投资增值，用来弥补你老了以后的风险赔付或者用现金价值的方式返还给未出险的客户。"

严飞："明白了，原来是这样设计出来的，很人性化。"

附加保费可以看作维持保险运作发展的费用，要使保险行业生存下去，必须有做防备的风险附加，有能维持公司运作和服务的费用附加，还有体现每家企业存在意义的利润，这也是企业继续发展壮大的动力和基础。

风险附加：实际赔偿中可能会超出风险保费中预估的金额，这部分是保险公司做的意外准备。

费用附加：指的是围绕售前、售中、售后产生的所有经营成本，包括运营管理费用和渠道费用。运营管理费用有场地租金、员工工资、办公设备、广告投入、网络运维等。渠道费用是渠道拓客的酬劳，包括个人的佣金。销售人员过年过节送你的礼品都记在这个账上，羊毛出在羊身上。

利润附加：保险公司为自己预留的利润部分。

讲完了保费构成，那么保险公司到底赚什么钱？

以寿险业务举例，保险公司的利润主要来自3个"差"：死差、费差、利差。

（1）死差，即实际发生的风险和预估发生的风险之间的差值，比如实际发生的死亡人数90人，而预估死亡人数为100人，保险公司理赔比预估的少，这个收益叫死差益，反之，陪的比预估的多，叫死差损。

（2）费差：保险公司经营全过程中实际发生的费用成本与预计运营成本之间的差值，比如保费中的附加费用部分，收到的附加费用总和大于实际经营过程中发生的总成本时，就产生费差益，反之为费差损。

（3）利差：保险公司提取出部分保费做赔偿以及预留出法定准备金后，把剩余的保费用于投资获取收益，当实际投资收益大于预估收益，则产生利差益，反之为利差损。比如，保险公司给到客户的保证利率是3%，实际中保险公司投资获得的收益是4.5%，中间这1.5%就是保险公司赚的钱，如果投资收益小于3%，则亏损。

> Tips：保险的投资范围包括银行存款、债券、理财产品、基金、股票、非上市股权、不动产等，其中占主要的是债权型的固定收益资产。

## 12.6.2 从3个"差"找灵感

保险公司想要增加收益，得从这3个"差"想办法，我们想要避坑，也可以从这3个"差"找灵感。

### 1. 死差：如何理赔？

对于死差，如果收到的保费越多，赔出去的钱越少，那么保险公司就赚得越多，但死差绝对不是保险公司盈利的主要来源。因为死亡率、重疾率这些都是客观的，风险保费也是根据国家统一编制的经验生命表或经验发生率表来计算的，各保险公司差别不大。如果真发生了合同约定的风险事件，保险公司不会为了省这点理赔款搭上自己的信誉来拒赔。

虽然这样，但还会有人质疑，保险公司卖产品的时候许诺这也可以那也可以，等到该理赔了，这也不赔那也不赔。

这就衍生出了我们在选保时第一个需要关注的问题：如何理赔？

刚才说了，风险发生的概率是客观的，基本都一样，但是保险产品在设计的时候可以有选择性地覆盖风险，风险覆盖面小了，需要理赔的钱自然就少了。基于这个原理，有的保险公司会通过减少风险覆盖面来降低保费，促进销售，让你觉得它的保险产品比别家的便宜，而你不知道的是，保障的范围也缩小了。

> Tips：打个比方，同样是重疾险，有的保险对癌症的赔付是多次赔付，有些则一次性赔付，前者和后者的价格肯定不一样；对于理赔的责任，有些合同约定是赔付保额，而有些则只赔保费，这两者又差了很多钱；再比如，同样是报销医药费，有的产品覆盖报销范围广，有的范围窄，最终赔付的金额区别非常大。

所以我们在选择保险产品的时候一定要关注理赔范围和理赔条件，不要单纯贪便宜，你以为赚到的其实只是别人让你以为赚到的，不然他们赚什么？

## 2. 利差：自己到底要什么？

利差是目前我们国家大多数保险公司的主要利润来源，有些占利润总额的比例高达 70%、80%，个别公司甚至死差、费差都亏损，就靠利差活着，这种利润来源单一的状态对保险公司来说存在巨大的经营风险。早在 2016 年底监管机构就再次重申"保险业姓保"的问题，就是因为在经营过程中一些公司偏离了保险最核心的保障属性，一味追求投资收益，本末倒置，甚至激进展业，盲目投资，给保险资金的安全性带来隐患。

这些是保险行业发展存在的问题，从另一个层面，它其实给了我们很好的启示——关注保险的两大属性，即保障属性和投资属性。首先用好保障这一根本功能，其次再考虑投资的辅助功能，务必分清主次。

无论哪款产品摆在面前，最好都问自己一个问题：它赚的是哪部分钱？是赚死差、费差的钱？还是赚利差的钱？还是都赚？

> **Tips：**同等保障下，有返还的产品肯定会比纯消费的保险产品要贵很多，贵的部分其实就是保险公司帮你做理财，待保费增值之后再分配给你。

有的人在买保险的时候希望自己好处全占，属于"既要……又要……"的那种，出险了既要有赔付，不出险了又要能还钱，既要收益高，又要存取自由，这类人往往不在少数。有需求自然有供给，产品设计出来了，让你看上去什么都拥有，可是深挖的时候却发现哪里都打折，不是保障不足，就是保底收益低，不是附加条件多，就是风险覆盖面小。并不一定是产品不好，也许只是不符合你投保的初心。

自己需要什么，哪些又是可有可无的，一定要拎得清，这点很重要。不要试图占保险公司的便宜。

比如，对于收入紧张的家庭，对号称"有病赔付、无病返本"的产品要慎重，这类带有储蓄属性的返还型产品既然给了你"后悔药"，自然得占用你的现金流，用时间换金钱。凡事都有两面，但你得知道自己想要哪一面。如果目的就是应对突如其来的大病危机，补偿巨额医疗费用的开支，选一款纯消费型的保险产品就最为合适，即使没出险，钱也拿不回来，但花的钱少了很多，也用在了刀刃上。

再比如，上面提到的养老年金险，它也分不同种类，传统型养老险、分红型养老险、万能型养老险、投资连结型养老险，到底哪种适合你，首先要看它能否解决自身的关键问题，然后再比对各险种的功能，度量性价比。

如果只是单纯想为养老做打算，退休后有稳定的收入，传统型养老险的强制储蓄、保底收益高且现金流稳定的特点会很契合这一需求，如表 12-16 就是传统型养老年金险的利益演示表。

其余类型的养老险是为迎合客户更多的需求演变而来的，无论如何设计，都记住一点——羊毛出在羊身上。底层的就是保障和投资两种，一笔钱想要功能多，只能分割使用。比如万能型养老险，分为两个账户——保障账户和投资账户，保障账户用来扣除每年的保障成本，投资账户扣除初始费用后再进行投资。这类养老险适合对保障需求不高又没有太多投资渠道的群体。

还有一种选择保险的思路比较实用、清爽，即"做减法"。把次要功能都砍了，不要求多而全，功能越单一，产品之间越容易比较出优劣。功能齐全、样样可保的产品的侧重点不一样，对比口径不一致，很难对比，也容易给对方寻找各种借口和理由来掩盖缺点，"浑水才能摸鱼"。如果也想满足别的需求怎么办？很简单，再买一个针对性的保险即可。保险功能简单了，有针对性的保险同类之间比较起来也容易，自己搭配会心里有底，有时甚至不一定非要搭配保险产品。

> **Tips：** 话说回来，所有产品既然能存在，一定有其合理性。有的人就图省事，不想费工夫自己挑选组合，只要资金安全，收益在其次，多种属性结合的保险产品可能就非常适合。决定做减法还是做加法，要先补认知，再做决策。

### 3. 费差：渠道靠谱吗？

一家保险公司的费差考验的是运营能力，其中包括渠道管理和佣金激励制度，既然保险公司对渠道有监督、有考核，作为潜在客户，我们也应该对渠道是否靠谱做判断和筛选。

和我们直接接触的是渠道中的个人，可以从以下 3 个方向对他们进行观察和考量。

（1）立场与操守。

对方站在什么立场给你提供建议？是从自身佣金立场还是客户的立场？前面讲保险中介时我们知道有两类保险销售人员，一类代表单家保险公司，一类代表多家保险公司。不少人会说，代表多家保险公司的销售人员的客观性要比代表单家保险公司的销售人员的高一些，毕竟可以替客户做的选择更多。在这里我们不讨论哪类渠道好，每一类渠道都有好有坏，你以为代表多家保险公司的销售人员一定能站在客户立场推荐产品吗？有的可能是佣金有高低，有的可能只是和这款产品的保险公司对接人关系好，只要有利益的偏差或主观的好恶，销售人员的立场就可能会有倾向性。代表单家保险公司的销售人员也并非一定是"王婆卖瓜"，也有不少有立场与操守的顾问会在自己家有劣势的产品上闭嘴，对于确实有优势的产品列出客观公正的理由和数据，让客户到外面去比较一圈后再回来做决定。

一个人是否坚持立场与操守不是一两句话、一两天就能判断的，它包含的因素很多，人格基因、出身环境、家庭教育、社交圈子、价值观念等，我们能列出的只是保险行业优秀从业者的4点共性。

● 能如实披露各家产品的缺点，而非对关键劣势避重就轻。

● 主动引导客户关注理赔要点，而不只是宣传产品的好处或强调优惠福利的时效性。

● 自家产品无法满足客户需求时，能一如既往地热心帮助客户挑选同行产品。

● 不诋毁同行。

（2）专业度。

考量你的销售顾问时，"是否专业"应该排在"热情友善"之上，每一个做销售的都能展示他的热情友善，即使是出于礼节性，但是整个销售团队里面真正专业的人却是少数。在交流过程中，尽可能多地问一些专业性问题，从基础概念到理赔细节，由简到难来测试你的销售顾问是否应付得过来。如果他对于每个问题都能在第一时间精准回答并用数据、案例做对比，不仅说明他对工作负责敬业，而且学习能力和智商也在线。唯独要提防的是其中个别人在专业问题上用偷换概念或玩文字游戏忽悠客户，一本正经地胡说八道，不是他不懂，而是立场不公、心术不正。如何识破和应对？前面也有讲到，即用"专家治专家"的方法，记下他说的每一个要点，寻找其他同行或专家对此进行评价。如果意见相符，则可信度增强；如果意见相左，则扩大意见收集量再进行比较分析。

综合以上，立场与操守第一，专业度第二，两者兼得自然最好，若只有一样，有能力无操守的人，会比无能力有操守的人带来更大的麻烦。如果我们实在遇不到业务专家，那就优选有立场与操守的人。

（3）服务耐性。

为什么是"服务耐性"而不是"热情友善"？因为后者可能是装出来，而服务耐性需要时间来验证。现实中不少销售最开始都是热情洋溢，有问必答，广撒网，然后根据潜在客户的反应做分类筛选，对问东问西又迟迟不交钱的客户，态度逐渐冷淡。从他们的角度来说也没错，时间总量不变，只有提高单位产出，才能赚更多佣金，所以，要把精力放在成交可能性高的潜在客户身上，否则影响业绩。相反，从客户角度来说，销售越有耐性越好，最好随叫随到、发信息秒回，这样的人不是没有，得看缘分。

之所以写出这点，是提醒大家：一方面可以试着观察你的渠道对你是否是真正的热情友善，不妨试着多打扰他，给他来个压力测试；另一方面对方即使真的耐性有限，也要理解，会心一笑即可，学会从对方的角度考虑问题，读懂他们跟你说话时的潜台词，这些对你的行为抉择都大有帮助。

# 第13章
# 看懂资管才能看透理财

想一想，你的钱是谁在帮你打理呢？资管产品和理财产品是什么关系？是一回事。

监管部门和金融机构称之为资管产品，全称是"资产管理产品"；老百姓则称之为理财产品。

所以，看懂资管，才能看透理财。

## 13.1　资管和理财

和严飞探讨的保险内容是理财树的树根中的重要组成部分，我把它作为"外功技战术"系列主题之一，单独做了一期直播分享，严飞自告奋勇在直播会上分享了他对保险的新认知，希望其他人也能重视并利用好这一抗风险最直接、最有效的工具。

按照顺序，本应在讲完"树根"之后分享"树干""树枝"和"树叶"的内容，考虑到理财实践中会遇到各种名目繁多的理财产品，让人眼花缭乱、难以理解，所以有必要插入一个重要模块——资管。看懂了资管，就能轻松理解各类看似复杂高深，实则简单粗暴的金融工具。

第3期系列分享会的主题是"看懂资管才能看透理财"。

分享会一开始，屏幕上出现一堆名词：定向资产管理计划、集合资产管理计划、集合资金信托、现金管理类产品、单一信托、非标债权、券商收益凭证、质押式报价回购……

"每个字都认识，怎么拼在一起就看不懂了！我就知道'现金'。"杜建国发了一条弹幕，附上哭笑不得的表情符号。

"'现金'和'现金管理类产品'是两码事好吧？你应该是一个也不知道。"苏鸿光怼了一句，加了一个"大笑脸"。

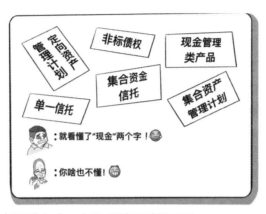

理财其实就只有两种方式：自己理财和委托理财。

自己理财是自己安排钱的用处，存银行或者直接买股票、期货、债券、保险等，自己直接面对市场风险。

委托理财是把自己的钱给别人，由别人帮忙投资、管理风险，这就是"资管"的概念，即资产管理。你把钱委托给别人打理，你属于委托方，接受委托来管理你资产的一方是受托方。如图 13-1 所示。

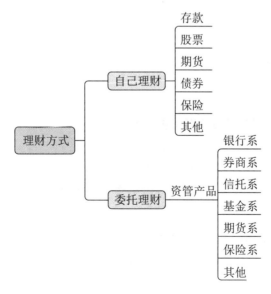

图 13-1　理财方式

> **Tips：** 委托方是真正的金主，可以是个人也可以是机构，受托方通常是金融机构，如银行、证券公司、基金公司、信托公司、期货和保险的资管子公司等，不同类型的机构推出各自的资管产品来满足不同的委托方。

从监管部门和金融机构的角度来说，委托服务就是资管产品；从老百姓的角度来说，委托服务就是理财产品。

资管产品根据募集方式、投资性质等又有不同的分类。机构有不同的类型，产品种类又有好几种，资管产品的名目繁多也就可想而知了。而无论产品叫什么、怎么包装，底层的投资方向都是相通的，无外乎国债、央行票据、各类债券、股票、非标债权、金融衍生品等。

严飞："金融机构和它们各自的资管产品，像极了江湖中的武林门派和每个门派的武功。比如少林派的易筋经、金刚指、罗汉拳，武当派的太极拳、玄虚刀法、梯云纵，峨嵋派的七伤拳……"

梁亭："那底层投资方向的债权、股票、国债这些像什么？"

严飞："这还不简单，就像武术的基本功法呗，比如硬功、轻功、柔功，就算你会九阴真经，那也是基本功法练出来的。"

梁亭："我懂了，我买谁家的产品，就像是学习那个门派的武功，是不是飞哥？"

严飞："这么快就活学活用了，再想象一下，钱少的学些小打小闹的功夫，钱多的学厉害的功夫，江湖就是社会，很现实。除非你像郭靖这么好运气，彩票中奖了才有人教你降龙十八掌。"

严飞这个武侠迷，比喻打得还有点意思。

## 13.2　不得不提的《资管新规》

在前面第 7 章中的"银行理财子公司"部分，我们提到过《资管新规》（即 2018 年 4 月 27 日出台的《关于规范金融机构资产管理业务的指导意见》），这部具有里程碑意义的新规是在当时刚性兑付、资金错配、多层嵌套、影子银行等风险日趋暴露的背景下颁布的，了解它的核心内容有助于理解监管当局对资管行业发展的监管思路，有助于看懂当下的理财市场的现状，理清理财产品的包装逻辑。

让我们来重温资管新规的 6 大核心思想。

### 13.2.1　打破刚性兑付的净值化管理

新规出台之前，不少银行理财和信托产品承诺保本甚至保息，新规出台之后金融机构不得对风险进行兜底，卖者尽责披露风险，买者自担风险损失。

原先发行的产品会有预期收益率，到期后基本都是按照这一预期收益率结算本息，新规要求所有产品实行净值化管理，产品发行人及时披露产品单位份额净值，像基金一样按净值申购和赎回，投资者根据净值高低，收益有浮动，可能赚也可能亏。

---

**Tips**：如果买入时每份净值为 1 元，赎回时只有 0.98 元，这时投资者就需要自己承担损失；如果赎回时净值为 1.03 元，就说明投资有收益。

---

宋小默：“保本保收益不是挺好吗？老百姓能稳稳地得到实惠，为什么不允许了？”

我：“从个体角度，这一规定确实影响每个人收益的确定性，但是它偏离了资管产品‘受人之托、代人理财’的本质，既然是理财投资就一定有风险、有收益，这是客观规律。只有理财收益，没有风险，那么就没人存款，没人买国债，或者导致存款和国债收益也跟着提高。无风险收益率提高意味着贷款利率的提高，影响到实体经济的借贷成本，成本最终还是转嫁到每个老百姓头上，这只是一个例子。违背市场规律的刚性兑付不仅会助长投机行为、引发道德风险，还会破坏市场在资源配置中发挥的作用。”

### 13.2.2　禁止资金池业务和期限错配

资金池就是放钱的池子，钱哪里来？由销售资管产品汇聚来。这些钱被放到指定的账户里，也就是一个“池子”里，对外是代客理财，帮忙投资，其实这笔钱投哪里投资者是不知道的。当有投资项目时，钱再被从池子里打出去，项目结束，本金和收益再回到池子里，投资者不用管投了什么，只要按照约定利率拿回本金和收益就行。超出部分的收益就是金融机构赚的钱，万一项目亏了，金融机构就从池子里拿别人的钱来支付本金和收益，等到其他项目赚钱了再填补亏损。

有的投资项目期限长，资管产品的期限短怎么办？短期产品滚动发行，相互拆借流动性。比如项目投资需要 2 年才能回本退出，资管产品如果是 6 个月到期，那么发行 4 期就能“以短投长”，这就是期限错配，实操会更加复杂，但原理是相通的。

新规为加强资金投向的审慎管理和防范流动性风险，明令禁止资金池业务和期限错配，要求每只资管产品对应单独的投资标的，期限也要匹配，两年期的项目，就发行两年期的产品，不能再滚动发行、集合运作、分离定价。

### 13.2.3　设置投资门槛，加强风险隔离

资管产品投资者分为不特定社会公众和合格投资者两类：前者可投资的产品风险较低，金额无特殊限制；后者可投资的产品范围更广，投资风险大于前者，因此门槛也更高。如果是法人单位，需要最近 1 年末净资产不少于 1000 万元；如果是个人，需要有 2 年以上投资经历，并且满足下列 3 个条件之一——家庭金融净资产不少于 300 万元，家庭金融资产不少于 500 万元，近 3 年本人年均收入不少于 40 万元。

合格投资者在投资产品时也有资金要求。

（1）投资单只固定收益类产品，金额不少于 30 万元。

（2）投资单只混合类产品，金额不少于 40 万元。

（3）投资单只权益类或金融衍生品类产品，金额不少于 100 万元。

对于资金来源的要求，投资者不能用借来的钱投资，必须使用自有资金投资资管产品。

### 13.2.4　禁止多层嵌套，抑制通道业务

监管出于风险和合规考虑，对金融机构的各类资管产品投向会有不同的限制，比如对 A 类金融机构的资管产品限制其投向房地产行业。但上有政策、下有对策，A 类为了规避这种投资限制，会找到能投房地产行业的 B 类金融机构，由 B 类发行投资房地产行业的资管产品，A 类通过投资 B 类的资管产品来间接实现投资房地产行业的目的。在整个投资链条中，B 类实质上借了投资通道给 A 类，做了一笔通道业务，通道业务不承担风险，钱还不上了，由 A 类负责，B 类只收取少量通道费。A 类用其资管产品投资了另一个资管产品，属于一层嵌套模式，有时候为了规避强监管，会设计出多层嵌套的模式，如图 13-2 所示。

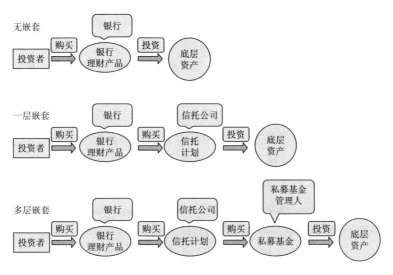

图 13-2　嵌套模式举例

新规禁止金融机构为其他金融机构的资管产品提供规避投资范围、杠杆约束的通道业务，允许一层嵌套，禁止多层嵌套，即资管产品可以再投资一层资管产品，但不能再次投资其他资管产品（再投资公募证券投资基金的除外）。

方眉："难怪之前买银行的理财产品会写投资某个信托计划或资管计划，原来这就是嵌套。但为什么要禁止多层嵌套呢？不就是多付了一些通道费吗？都是金融机构在做投资，有什么不好的吗？"

我："嵌套一开始出现的时候是为了资金能得到更有效的利用，得到更好的配置。比如大家理财最相信的是银行，信誉放在那里，所以买银行理财产品的人很多。银行理财资金多了很多，但是可以投资的项目少，投资团队也不够用，理财资金也不能闲着。这时，同是金融机构的信托公司正好有项目但没钱投，双方一拍即合，银行的理财产品投资信托计划，信托计划再投向最终的底层资产。客观来说嵌套还是起到正面积极作用的。嵌套的危害主要来自多层嵌套。"

为什么要禁止多层嵌套？

（1）多层嵌套通常是为了躲避监管。

新规发布之前，银监会和保监会并未合并，再加上证监会，这三会分别监管各自的金融机构，银监会管银行、信托公司，保监会管保险业机构，证监会管券商、基金、期货公司等机构。假设银行理财产品投了券商的资管计划，券商资管计划又投了保险资管计划，保险资管计划又投了基金资管计划，这种层层嵌套会使监管机构难以管理，形成监管盲区，从而变相躲避了监管。监管机构无法识别和明确资金最终的投向，各机构责任纠葛不清，风险承担难以区分，最终损害投资人利益。

（2）造成资金空转，降低资产配置效率。

有部分金融机构拿着投资人的钱不往实体经济中投，只是在各金融产品之间空转，或者底层资产重合，导致投资风险最终无法分散、隔离。比如王老板有 1000 万元资金，想分散风险，选择了 A 和 D 两家金融机构分别投资。他在 A 金融机构买了资管产品 B，B 又投了其他资管产品 C，C 最终把资金投给了企业 G；在 D 机构买了资管产品 E，E 投了资管产品 F，F 最终也把资金投给了企业 G。王老板当然不知道资金最终的流向，产品说明书中也不会披露最底层的资产投向，他煞费苦心地做风险隔离安排，最后，底层资产都是同一家企业 G。

（3）层层支付通道费，投资成本明显增加

每一个层级的资管产品都不是免费的通道，都要收取通道费。蛋糕就这么大，分的人多了，留给投资者的收益就会大打折扣。

## 13.2.5 对分级资管产品从严规定

先普及一下概念，分级资管产品，也叫结构化产品。为满足客户对风险和收益偏好的不同需求，将资管产品的投资份额分为优先级、中间级（夹层）和劣后级，这些份额中存在一级份额以上的份额为其他级份额提供一定的风险补偿的制度安排，收益的分配不按照份额比例来，而是由合同另外约定，这类产品就是分级资管产品。

> Tips：优先级、中间级（夹层）、劣后级是什么意思？通俗讲就是，当该资管产品出现风险时，劣后级份额首先承担亏损，亏完劣后级亏中间级，优先级最后遭受损失；在收益分配上则倒过来，既然劣后级承担了最大的风险，因此有钱赚的时候，劣后级收益最多，中间级次之，优先级最少。

举个最简单的例子，某个结构化资管产品一共募集了 6 亿元资金进行投资理财，其中优先级、中间级、劣后级的比例分别为 3：2：1，即优先级份额为 3 亿元，中间级份额 2 亿元，劣后级份额 1 亿元。

优先级要求风险最小，收益不需要太多，达到 5% 即可，中间级次之，要求收益达到 10%。如果投资收益未达到这些要求，甚至本金也亏损了，就由劣后级的资金来补偿本金损失，保证优先级和中间级的收益，顺序是先满足优先级，然后再满足中间级。

如果投资收益在分配完优先级和中间级后还有多出来的，则全部归劣后级所有。

比如 6 亿元资金投资结束后总收益为 15%，即净赚 9000 万元，优先级要求的收益是 1500 万元（3 亿元 ×5%=1500 万元）。中间级要求的收益为 2000 万元（2 亿元 ×

10%=2000万元），最后劣后级分配到的收益为5500万元（9000万元–1500万元–2000万元=5500万元）。劣后级花了1亿元本金，赚到5500万元，收益率高达55%。

反过来的情况是，如果6亿元资金投资结束后发现亏损了，只剩下4亿元，那么首先保证优先级资金3亿元的安全，然后中间级拿走1亿元，亏损1亿元，劣后级全亏（有些合同约定在亏损发生时连优先级的收益也要保证）。

以上就是结构化产品的原始设计逻辑。

回到现实中，结构化产品从2005年开始陆续出现，2012年开始爆发式增长。常见的有发行结构化产品投资到企业并购项目或干脆"借"给企业，这时企业或它的关联方通常做劣后级，自己出一部分资金，然后再募集优先级、中间级资金，一旦出问题了，由劣后级资金作风险补偿；也有的结构化产品用于二级市场股票投资，操盘方吸收银行等金融机构的资金做优先级，自己出一部分资金做劣后级，银行资金通过制度设计，往往在股票亏到劣后级资金差不多亏完前，强行退出以保证自己的安全。

结构化产品在经历了2015年的"股灾"之后进入低谷期，监管机构加强了对结构化产品的清理整顿，并出台了一系列规定和底线要求，其中就包括影响较大的"同亏同盈"原则。在这一原则下，上面举的例子就不适用了，产品出现亏损时，不允许只有劣后级亏钱，要亏大家一起亏，如果有盈利，哪怕只赚一点点，也必须各级份额一起赚钱，这一规定和之前的结构化产品设计初衷有较大差别。唯一可以变通的是不同级别份额之间承担风险的比例和分配收益的比例可以在合理范围内自行约定，以此保留"结构化"的特点。

2018年的《资管新规》统一了所有金融机构结构化产品的分级要求，杠杆倍数=优先级份额/劣后级份额，中间级份额归入优先级计算，并且对各类资管产品的分级比例从严要求：优先级和劣后级的比例，固定收益类产品不超过3：1，权益类产品不超过1：1，商品及金融衍生品类产品、混合类产品均不超过2：1。另外，禁止公募产品和开放式私募产品进行份额分级。

## 13.2.6　明确定义标类资产

标类资产和非标资产就是业内人士通常所说的"标"（标准化债权类资产）和"非标"（非标准化债权类资产），前者需要符合的要求更高，相对的，资产安全性也比后者要高。《资管新规》进一步明确了定性为标类资产需要同时满足以下5个条件。

（1）等分化，可交易。

（2）信息披露充分。

（3）集中登记，独立托管。

（4）公允定价，流动性机制完善。

（5）在银行间市场、证券交易所市场等经国务院同意设立的交易市场交易。

> **Tips:** 具体的认定规则在央行会同其他监管部门于 2020 年 7 月 3 日联合发布的《标准化债权类资产认定规则》中做了详细说明，有了具体的认定规则，对标类资产和非标资产的管理就有了明确的实操依据。

"标"和"非标"与老百姓的理财到底有什么关系，会产生什么样的影响，这块内容在下一章作详细介绍。

## 13.3　大资管时代

### 13.3.1　序幕已拉开

《资管新规》的出台，直接目的是遏制资管发展中的乱象，最终目的是推动资管行业的规范整改和业务转型，它从制度发布到完成转型需要一个过渡时期，毕竟老的存量产品还没到期，产品结构还需要调整，配套文件和管理办法仍需要落地。这一过渡时期原本定于 2020 年底结束，但新规的推行涉及面很广，存量金融产品的压降直接影响到企业的融资和经营，为了更加平稳地实施整改，过渡期延后一年，直到 2021 年底才正式结束。

从 2018 年《资管新规》发布到过渡期结束这几年，我们国家的监管部门密集出台了一系列管理办法、指导意见、指引、通知等文件来协调、落实资管行业的转型、整合，大资管时代的序幕已正式拉开。大资管时代，也是大理财时代。部分文件如表 13-1 所示。

**表 13-1　2018—2021 年部分资管行业相关文件**

| 时间 | 文件 |
| --- | --- |
| 2018 年 04 月 27 日 | 《关于规范金融机构资产管理业务的指导意见》 |
| 2018 年 09 月 26 日 | 《商业银行理财业务监督管理办法》 |
| 2018 年 10 月 22 日 | 《证券期货经营机构私募资产管理业务管理办法》及《证券期货经营机构私募资产管理计划运作管理规定》 |
| 2018 年 11 月 28 日 | 《证券公司大集合资产管理业务适用〈关于规范金融机构资产管理业务的指导意见〉操作指引》 |
| 2018 年 12 月 02 日 | 《商业银行理财子公司管理办法》 |
| 2020 年 03 月 18 日 | 《保险资产管理产品管理暂行办法》 |
| 2020 年 04 月 16 日 | 《关于金融资产投资公司开展资产管理业务有关事项的通知》 |
| 2020 年 05 月 08 日 | 《信托公司资金信托管理暂行办法（征求意见稿）》 |
| 2020 年 07 月 03 日 | 《标准化债权类资产认定规则》 |
| 2021 年 05 月 27 日 | 《关于规范现金管理类理财产品管理有关事项的通知》 |

这是什么样的大资管时代？用一张图来直观模拟各玩家之间的相互作用，如图 13-3 所示。

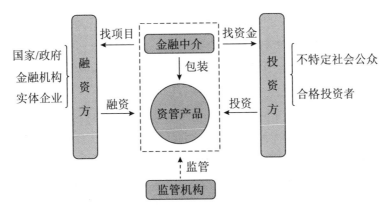

图 13-3　资管业务参与方及其相互作用

金融中介包括银行、信托、保险、基金、期货等机构。它们中的一拨人负责找项目，接触各类融资方，筛选出符合不同资金属性要求的融资项目，在和融资方博弈之后敲定融资成本及其他融资条件，办理一连串手续、签署一堆协议，最终，包装完毕的资管产品就出炉了，这就像工厂生产产品的过程；另一拨人负责找资金，对接各类投资方，其实就是干着销售的活，卖的"货"就是资管产品，有些"货"对谁都能卖，有些高风险、高收益的"货"只能卖给符合一定条件的人。整个投融资的生态链中，还有一只无形的手——监管机构，监督管理着金融中介的一切行为,致力于营造有效、稳健、正向的金融环境。

> **Tips:** 资管产品，对于融资方来说是融资筹钱的工具，对于投资方来说是投资理财的工具。除了把钱直接存银行，或在交易场所直接买卖有价证券，或者直接进行黄金、实物、地产等另类投资，其余绝大部分理财都属于资产管理范畴。

## 13.3.2 理财面纱的背后

某某理财 ×× 号、某某固定收益类理财计划、某某日日鑫、月月盈、季季红理财产品、某某封闭式理财 ×× 号、某某混合类开放式理财产品 ×× 号、某某集合资金信托计划第 ×× 期、某某债券投资集合资金信托计划（第 × 期）、某某混合 E、某某 90 天滚动持有中短债债券 C、某某产业股票 A……选购理财产品时总会遇到这些眼花缭乱的名称，它们到底是什么产品，有什么区别，钱都投到哪里，风险有多大，光看名字只能知其一二，要想真正了解内在本质，需要揭开理财的面纱一探究竟。

对于绝大多数理财产品，它们面纱背后的实质就是资管产品，资管产品根据不同角度，有不一样的分类。

（1）从监管口来区分，有两大体系，国家金融监督管理总局（原银保监会）体系和中国证券监督管理委员会体系。

（2）从金融机构来分，包括银行系、信托系、保险系、券商系、基金系、期货系等。

（3）从资金来源区分，有单一资金和集合资金。

（4）按发行对象不同，分为不特定社会公众和合格投资者两类。

（5）按运作模式，分为开放式和封闭式。

（6）按投资性质不同，分为固定收益类、混合类、权益类、商品及金融衍生品类。

（7）按募集方式，分为公募产品和私募产品。

官方在统计资管产品数据时会根据不同机构产品的归类侧重点不同，结合多个标准进行统计，如表 13-2 所示。

我："这张表，就是理财面纱背后的真面目，市面上能看到的几乎所有面向个人投资者的理财产品，只要是正规的，名字无论怎么取，销售平台无论是支付宝、微信，还是银行、信托、券商，都能在上表中找到对应类别。表中的文字和数字虽然不会说话，却能为我们展现当下理财市场的全貌。"

表 13-2　各类资产管理业务数据统计（截至 2022 年底）

| 监管 | 类型 | | 规模占比 | 规模/万亿元 |
|---|---|---|---|---|
| 国家金融监督管理总局 | 银行及理财公司理财产品 | | 100% | 27.65 |
| | 按募集方式分类 | 公募理财产品 | 95.41% | 26.38 |
| | | 私募理财产品 | 4.59% | 1.27 |
| | 按投资性质分类 | 固定收益类 | 94.50% | 26.13 |
| | | 混合类 | 5.10% | 1.41 |
| | | 权益类 | 0.33% | 0.09 |
| | | 商品及金融衍生品类 | 0.07% | 0.02 |
| | 按运作模式分类 | 封闭式产品 | 17.29% | 4.78 |
| | | 开放式产品 | 82.71% | 22.87 |
| | | 其中：现金管理类产品 | 38.30% | 8.76 |
| | 按风险等级分类 | 一级（低） | 28.35% | 7.84 |
| | | 二级（中低） | 60.40% | 16.7 |
| | | 三级（中） | 10.89% | 3.01 |
| | | 四级（中高） | 0.22% | 0.06 |
| | | 五级（高） | 0.14% | 0.04 |
| | 信托计划[1] | | 100% | 15.03 |
| | 单一资金信托计划 | | 26.75% | 4.02 |
| | 集合资金信托计划 | | 73.25% | 11.01 |
| | 保险资管机构管理资产（全口径） | | 100% | 24.52 |
| | 规模合计（银行、保险、信托） | | 100.00% | 67.2 |
| 中国证券监督管理委员会 | 公募基金[2] | | 100% | 26.031 |
| | 封闭式基金 | | 13.45% | 3.5 |
| | 开放式基金 | | 86.55% | 22.531 |
| | 其中：股票基金 | | 11.00% | 2.478 |
| | 其中：混合基金 | | 22.18% | 4.997 |
| | 其中：债券基金 | | 18.96% | 4.273 |
| | 其中：货币基金 | | 46.41% | 10.456 |
| | 其中：QDII 基金 | | 1.45% | 0.327 |
| | 私募基金 | | 100% | 20.282 |
| | 私募证券投资基金 | | 27.67% | 5.613 |
| | 私募股权投资基金 | | 54.79% | 11.112 |
| | 私募创业投资基金 | | 14.31% | 2.902 |
| | 私募资产配置基金 | | 0.02% | 0.005 |
| | 其他私募投资基金 | | 3.20% | 0.65 |
| | 证券公司及其子公司私募资产管理计划[3] | | 100% | 6.87 |
| | 单一资产管理计划 | | 45.12% | 3.1 |
| | 集合资产管理计划 | | 46.29% | 3.18 |
| | 证券公司私募子公司私募基金 | | 8.59% | 0.59 |
| | 基金管理公司及其子公司私募资产管理计划 | | 100% | 7.1194 |
| | 基金管理公司 | | 73.03% | 5.1991 |
| | 其中：单一资产管理计划 | | 57.42% | 2.9852 |
| | 其中：集合资产管理计划 | | 42.58% | 2.2139 |
| | 基金子公司 | | 26.97% | 1.9203 |
| | 其中：单一资产管理计划 | | 71.11% | 1.3656 |
| | 其中：集合资产管理计划 | | 28.89% | 0.5547 |

| 监管 | 类型 | 规模占比 | 规模 / 万亿元 |
|---|---|---|---|
| 中国证券监督管理委员会 | 期货公司及其资管子公司私募资产管理计划 | 100% | 0.315 |
| | 单一资产管理计划 | 19.37% | 0.061 |
| | 集合资产管理计划 | 80.63% | 0.254 |
| | 基金管理公司养老金 | 4 100% | 4.269 |
| | 资产支持专项计划 | 100% | 1.948 |
| | 规模合计（证券业）[4] | 5 49.86% | 66.8344 |
| 总规模合计 | | 100.00% | 134.0344 |

数据来源：中国理财网、中国保险资产管理业协会、中国信托业协会、中国证券投资基金业协会。

注：

1. 不含管理财产信托规模 6.11 万亿元。

2. 此处私募基金的规模指的是期末基金净资产规模，不同于"管理基金规模"。

3. 含证券公司私募子公司私募基金实缴规模，不含证券公司管理的养老金规模。

4. 此处养老金包括基金管理公司管理的社保基金、基本养老金、企业年金和职业年金，不包括个人养老金产品及境外养老金。

5. 总规模中包括各类机构的公募业务、私募资产管理业务、私募基金业务、养老金业务（不包括证券公司养老金业务）、资产证券化业务，其中剔除了私募基金顾问管理类产品与私募资管计划重复部分。

要想深入了解理财市场的全貌，我们可以对着表格中不同机构资管产品的细分种类来比较相互之间的共同点和不同点，如果有不懂的地方，可以查阅相关监管文件来帮助我们理解产品的来龙去脉。

这里要注意，在对比各类理财产品时，先不着急看网上的产品宣传说明，也不着急问自己的客户经理。最好的办法，也是最傻的办法，就是从头到尾看完它的监管文件，碰到不明白的地方再去网上搜索相应的词语解释、文件解读，一点一点地把晦涩的金融名词、监管语言吃透。这其实就是学习理财知识的方法，当我们看得懂监管文件以及它背后的用意之后，再回过头来看理财产品的宣传说明，一定是降维打击。

## 13.3.3　资管理财的 12 点注意

如何用表格来指导大资管时代下的理财实践？注意以下 12 点。

### 1. 按投资性质区分理财产品

上面提到资管产品的种类划分有很多标准，其中按投资性质分类，对于理财实践来说更具有指导意义，风险由低到高依次为：固定收益类、混合类、权益类和商品及金融衍生品类。无论帮你打理钱财的是哪家机构，理财资金的最终投向都能在这 4 类当中对号入座。

比如，公募基金中，货币基金和债券基金属于固定收益类，混合基金属于混合类，股票基金属于权益类。

投资性质的划分依据如下。

（1）固定收益类产品：投资存款、债券等债权类资产的比例不低于80%。

（2）权益类产品：投资股票、未上市企业股权等权益类资产的比例不低于80%。

（3）商品及金融衍生品类产品：投资商品和金融衍生品的比例不低于80%。

（4）混合类：投资资产不满足上述三类比例标准。

**2. 现金管理类产品和货币基金**

广义上的现金管理类产品包括货币基金。表格中的现金管理类产品特指银行系现金管理类产品，它是银行或理财公司推出的理财产品，受国家金融监督管理总局（原银保监会）监管；货币基金属于基金的一个种类，受证监会监管。不少人分不清银行现金管理类产品和货币基金的区别，也有的人在理财时纠结到底买哪个更好。这两者虽然"出身"不同，但从普通投资人角度和投资效果来看，没有任何区别，投资范围和期限基本相同，投资组合的久期和风险控制也基本相同，都是风险极低、流动性极强的理财工具，虽然收益不高，但足够安全。银行现金管理类产品相当于"银行版的货币基金"，如果投资金额不大，闭眼入手即可，甚至不用考虑两者之间细微的手续费差异。

**3. 公募基金和公募理财产品**

公募基金大家更熟悉，是所有老百姓都能买的理财产品，主要投资对象为有价证券。

《资管新规》发布后，银行理财业务进入净值化时代，公募理财产品占据绝对份额。它和公募基金本质是一样的，都面向不特定社会公众公开发行；投资门槛也差不多（理财子公司的公募理财产品不设投资起点金额，和公募基金一样；商业银行的公募理财产品投资起点为1万元）；投资范围类似，但占比上有区别，公募理财产品以固收类资产为主要投资标的，权益类、混合类涉及较少，这和银行相对保守的风格有关；费用收取和业绩报酬提取方面略有差异，但总体区别不大。

就理财实践来说，如果投资者的偏好是固定收益类产品的话，两者没有本质区别，如果想投资权益类、混合类的产品，公募基金的产品更多，而且公募基金存在时间久，可以挑选的优质基金经理多，容易通过比较历史业绩、投资风格来对产品进行判断。

### 4. 私募产品和合格投资者

私募产品不仅仅局限于私募基金，凡是面向合格投资者以非公开方式发行的，都属于私募产品，例如保险资管产品、信托计划、证券行业的各个私募资产管理计划、银行体系的私募理财产品等。

《资管新规》发布前，各类机构对合格投资者的认定标准不尽相同。例如证券公司的集合资产管理计划又分为"大集合"和"小集合"，大集合单笔金额投资不低于 5 万元或 10 万元，小集合单笔投资金额不低于 100 万元；银行理财根据产品的风险评级，将投资的起点金额分别设为不低于 5 万元、10 万元、20 万元、100 万元等。

《资管新规》发布后，合格投资者认购各类产品的最低金额标准趋于统一。

（1）投资单只固定收益类产品，金额不少于 30 万元。

（2）投资单只混合类产品，金额不少于 40 万元。

（3）投资单只权益类、期货、金融衍生品类产品，金额不少于 100 万元。

（4）投资非标准化资产的，金额不少于 100 万元。

　　方眉："为什么我去买信托公司的产品都要求 100 万元或 300 万元起步？如果投资的方向是债券、同业存单、指数基金之类的固定收益类资产，不是 30 万元就可以了吗？。"

　　我："30 万元是固定收益类产品的最低起投金额，目前大多数信托公司还是延续老习惯执行 100 万元的标准，也有少数 30 万元起投的超小额信托开始面向合格投资者认购。"

> **Tips:** 补充一个比较小众的资管业务——金融资产投资公司开展的资产管理业务，主要是收购银行对企业的不良债权，然后债转股，对未能进行债转股的进行重组和转让。它对合格投资者的认定标准更严格，投资单只债转股投资计划的金额不低于 300 万元。

### 5. 单一资金和集合资金概念

表 13-2 中信托计划下面是单一 / 集合资金信托计划，证券公司、基金公司、期货公司下面是单一/集合资产管理计划。其中的单一资金指的是资金由单一客户提供，大多是机构客户或者超高净值客户会进行单独委托，投资金额一般较大，比如资管

计划的初始募集规模要求不低于 1000 万元；集合资金指的是资金由多个客户提供，也就是投资者数量不止一个，并且投资者需符合合格投资者的认定标准。

### 6. 资产支持专项计划

表 13-2 中的资产支持专项计划属于证监会监管的证券公司、基金子公司的资产证券化业务，即 ABS（Asset-backed Securities）业务，也叫企业资产支持证券（企业 ABS），它是实体企业融资的一种工具，企业把能产生稳定现金流的基础资产单独拿出来由金融机构包装成金融产品（有价证券）发行募资，最后再用产生的现金流偿还所发行证券的本金及支付利息。

我们国家的 ABS 业务根据主管机关的不同被人为分割成 3 个板块，即证监会主管的企业 ABS、中国人民银行主管的信贷资产支持证券（信贷 ABS）和交易商协会主管的资产支持票据（ABN，Asset-Backed Note）。

> **Tips**：从投资角度来说，ABS 主要面向机构投资者，如果个人想投资，一般通过金融机构发行的投资标的为 ABS 的理财产品、信托产品、基金产品等来进行购买。

### 7. 保险资管到底是什么？

保险资产管理机构管理的保险资产管理产品（通常简称为"保险资管产品"或"保险资管"）包括组合类资管产品、股权投资计划、债权投资计划、保险私募基金等，其中组合类资管主要投资公开市场上的债券、股票等标准化产品和银行存款、大额 / 同业存单、公募基金以及其他包装好的金融产品，组合类的占比最大，其余 3 类以另类投资为主。

总的来说，保险资管的投资风格以稳为主，固收类资产占绝对主力，在可投资的范围方面限制少。无论是交易所交易的标准化产品还是交易所之外的非标准化产品，无论是上市公司股票还是非上市公司股权，都有保险资管的身影。由于它追求绝对收益，且投资期限较长，资金量稳定，在房地产、政府基建等实体项目的债权融资和非上市企业股权融资中占非常重要的地位。

> **Tips**：我们口中的"险资大金主"，它真正的幕后决策者就是保险资管产品的管理人，即各家保险资产管理机构。

保险资管产品和其他资管产品相比还有一点比较特别，那就是资金的来源。别的资管产品通过募集合格投资者的资金来进行投资运作，而保险资管产品的钱绝大多数来自保险资金，保险资金的主要来源则是从保费中提存的各项准备金（即暂时不用的保费，用它来投保险资管产品赚利差）。除此之外，保险资管产品的资金还来自于银行理财资金、企业年金、职业年金、社保基金等保险业外资金。

### 8. 私募基金各细分类型的区别

私募基金通常要求 100 万元起投，这一点不用赘述，具体说说各细分类型的区别，表 13-2 的 5 种私募基金是按照底层投资标的的不同来区分的。

（1）私募证券投资基金：主要投资公开市场的股票、债券、期货、基金以及金融衍生品等品种，和公募基金的投资品种比较类似，不同的是投资风格相比公募基金更加激进，投资品种和投资比例受到的限制更少、更灵活，在管理费和收益提成上也比公募基金更高。虽然私募证券投资基金和公募基金相比收益高、风险也高，但和其他私募基金相比已经算是风险相对较小的，毕竟投资的大多都是公开市场的标准化产品。

（2）私募创业投资基金：投资各个创业阶段有成长性、有潜力公司股权的基金，这一类基金期限较长，通常 5 年起步，由于创业成功概率低，一支基金通常不会只投资一家公司股权，而是分散投资十几家甚至二十几家的高成长性公司，把鸡蛋放在不同篮子里以降低风险。其中只要有一家公司上市成功，所得的成倍收益足以覆盖投资失败的项目。

（3）私募股权投资基金：也是投资未上市的企业股权，只是该类企业比私募创业投资基金投资的企业更为成熟，离上市距离更近，只差临门一脚或两脚，企业估值也更高，不像私募创业投资基金投的企业，估值偏低，需要陪跑、辅导、慢慢养大。

（4）私募资产配置基金：类似 FOF 基金（FOF 基金投资的标的也是基金，即"基金中的基金"），它的底层投资标的是各个种类的金融产品，如投资公募基金、私募基金以及资管产品。

（5）其他私募基金：这类基金更特殊，主要投资的是除股票、债券、基金以及金融衍生品之外的其他品种，比如艺术品、古董、红酒、白酒等商品。这一领域水比较深，投资难度和风险都比较大，非行家不建议参与。

### 9. 千万不要越界理财

要想理财理得明明白白，看到产品名称的第一步就是将其和表 13-2 中的产品类型进行匹配，追根溯源，看是否能够对号入座。不仅产品要能找到对应的类型，购买渠道也要能在表格中找到对应的金融机构，越界理财往往跌得很惨。

之前让无数人血本无归的P2P、网络众筹、伪金交所产品、野鸡私募基金等不正规的金融理财产品充斥市场，没有一个能在表格中找到合理出处。

苏鸿光："什么是伪金交所？感觉就像是'小雷音寺'。"

我："之前我们讲过金交所经历过野蛮生长的阶段，大量P2P公司、财富公司、私募机构利用金交所做通道来备案发行所谓的理财产品，导致在其他金融机构融不到钱的地产商、民营企业，无论良莠都来通过金交所募资，大大增加了风险隐患。后来监管部门开始整顿清理地方金交所，虽然金交所这条路走不通了，但需求还在，怎么办？道高一尺，魔高一丈，方法是在中西部偏远区县设立具有类似金交所备案功能的公司，营业执照上通常带有'备案''登记''交易''资产''挂牌'等字样，有的甚至直接在公司名称中出现'资产登记''备案中心'字样，更具有迷惑性，再加上当地金融监管部门盖个章、发个批文，就开始以合法合规名义开张营业，为各地产商、缺钱企业'备案'各种'定向融资计划'和'理财系列产品'。这些注册在穷乡僻壤的公司按照备案金额的3%左右收取通道费，不需要有任何科技含量，几乎没有任何运营成本，也不用对理财产品承担任何责任，只是出具一张自己盖章的'备案函'，一年上千万元的收入闭着眼睛往里挣。这些提供所谓合规备案的公司在财富公司销售经理嘴里和产品介绍材料上面却被称为'金交所'。"

宋小默："我奇怪为什么当地监管部门会允许它们设立并经营？"

我："之前有媒体爆料过这事，大体有两方面原因，一是经济落后地区对招商引资需求迫切，加上投机分子打着金融扶持实体经济、增加当地税收的旗号要求政府给予公司设立的便利；二是当地金融监管部门专业性不足，加上执法部门职能设置漏洞导致监管缺失，给投机分子可乘之机。"

严飞："我妈之前买的暴雷的产品，备案机构也是一家不知名的小公司，我还亲自去了工商注册地址的所在地，想找对方负责人，发现那是一个破写字楼，里面一个房间同时给多家企业注册地址，办公的人一个都没有。这种产品只要稍微在网上查一下各参与机构的关系，就会发现最后其实都是一家公司在那里忽悠人。"

方眉："是的，这类企业很多都涉嫌自融，自己需要钱了，就让自己名下的财富公司发个理财产品，再找个和自己关联的企业给自己担保一下，对外宣传自己实力有多强，背景有多厚，其实都是10个锅3个盖，资不抵债，稍有风吹草动资金链就断了，老百姓的钱就打水漂了。负责人要么卷款潜逃，要么被抓坐牢，不过投资者投的血汗钱是回不来了。"

杜建国："老板娘，你怎么知道得这么多？"

方眉："我的闺蜜就投了这种理财，什么全国前20强房地产商的优质在建项目，我让她不要贪那点利息，她就是不听。她现在钱拿不回来了，哭着喊着来求我想办法，律师都是我花钱帮她请的。上百亿元理财产品都兑付不了，受害者可想而知有多少，官司打赢了能有什么用，这种企业欠的钱多了去了，就算有资产也不够那么多债主分的！"

苏鸿光："我还想知道野鸡私募基金是什么？"

我："野鸡私募基金没有官方的定义，一般指的就是没有在中国证券投资基金业协会备案的所谓'私募基金'。有的是成立一个有限合伙就完事了，然后就开始以基金名义对外'募资'；有的根本没有正儿八经的项目，虚假宣传，夸大投资收益，甚至承诺兜底，接受小金额投资。它们最后的归宿都是'非法集资'，一抓一个准。"

梁亭："社会上这么多私募基金，我们怎么分辨真假？"

我："之前徐晓岚问到如何辨别私募基金管理人是否靠谱的问题时，我的回答也适用你的问题，那就是去中国证券投资基金业协会官网查。凡是野鸡私募基金，在这个官网上都查不到，都没有在协会备案，属于非法募资机构。"

## 10. 表格的重点防范区域

但凡理财都有风险，市场行情的风险总是存在的，自不必说，重点是如何提前规避一些不必要的、看得见的风险。

不越界理财是起码要做到的第一步，出圈了很有可能遇到妖怪。那么表格内的理财产品就都是善人了吗？未必。

表 13-2 中的重点防范区域是私募基金。

私募基金相对表中其他金融机构，设立门槛是最低的，基金数量也最多。私募基金投资限制较少，监管难度较大，即使在中国证券投资基金业协会备案过，也不能肯定它就一定能持续合规运营。

> 梁亭："我记得分享会提到过目前有 15 万只私募基金，这让我们怎么挑选啊？"

> 我："没法让你挑，首先，它不是公募基金，不能公开宣传，其次，必须 100 万元起投，也不是所有人都能选。但有一点是肯定的，有钱人身边总会有朋友推荐私募基金，风险往往就在这个时候产生。"

> 杜建国："别像我一样遇到野鸡私募基金，各位老板。"

> 我："野鸡私募基金不止风险大，还涉嫌违法犯罪，即使是备过案的 15 万只私募基金，也是良莠不齐，需要我们谨慎应对。之前媒体报道过一家私募基金，备案手续齐全，却虚假宣传投资项目，夸大投资回报，承诺刚性兑付，募集了几十亿元的投资款。最后这些钱不知去向，管理层被判刑，投资者血亏。"

> 方眉："那到底要怎么谨慎面对私募基金？我们又不专业。"

> 我："我站在非专业的投资人角度，给 3 个操作性强的分辨渠道和 1 个最偷懒的实用方法。"

### 11. 侧面了解私募基金的 3 个渠道

（1）登录"国家企业信用信息公示系统"网站后，搜索基金名称或基金管理人名称，查询其行政处罚信息，如有没有加入黑名单，经营是否异常等状况。

（2）在"中国证券投资基金业协会"官网，输入私募基金管理人名称，查询它运作的基金有哪些，以及产品信息、实际控制人、高管名单、登记注册日期、备案信息等，具体路径参见第 8 章内容。

（3）查询第三方信息平台，例如企查查、天眼查。输入私募基金管理人名称或者与其关联的企业名称，看看它们都有哪些"对外投资"的企业，是否有投资经验，然后核查所有被投资企业的状态，包括各类司法风险、工商变更情况、股东情况以及其他公开的信息。另外，你投了钱的有限合伙是不是真的成为了被投企业的股东，你的名字有没有出现在有限合伙中，也可以在这上面查到，如果查不到，说明情况不妙。

严飞："如果通过这 3 个渠道查了，确实像机构说的有这些信息，看不出什么问题，是不是说明就是靠谱的？"

我："这 3 个渠道只是最基础的信息核实渠道，验证对方最起码的诚信。要想放心投资，最主要的是看对方的专业度。一个校队的短跑冠军跟你说他能拿到奥运会参赛资格，和一个全运会的短跑冠军跟你说他能拿到奥运会参赛资格，虽然他们都是合格的运动员，但哪个人更靠谱、更可能实现目标？"

**12. 选择私募基金最偷懒、最实用的方法——自上而下。**

把目光直接对准知名私募基金，怎么找？搜索排名。

你想投股票这种二级市场的，就找"证券投资基金"，想投非上市公司股权的，就找"股权投资基金"，根据多个大型金融类网站的排名找到重叠的基金名称，那些大概率就是公认还可以的私募基金。然后从最牛的开始筛选，一般顶尖私募基金不是所有人都可以投得进去的，通常会在额度上设置高门槛，比如起投金额不是 100 万元，而是 500 万元，甚至 1000 万元。还是自上而下的思路，第一名、第二名的私募基金没机会投，就投第三名、第四名的，再不行就投第五名、第六名……对于普通人，用这种方法会大大降低出错率。不是行内人、没有分辨能力，那么做减法是最明智的选择。

其实投资很简单，排名靠前的机构收益率都大差不差，假设一个排名靠前的机构一年收益率为 9%—10%，一个从来没听过名字的基金告诉你它可能有 12% 回报，并且给你看它的历史业绩，你投哪个？两者之间投资策略的差异有多大？你又能看懂多少？就算给你 15% 又能怎样？你能靠这点本金发财吗？今年赚到了，保证年年都赚到吗？很多人贪小便宜，投资不知名的私募基金，几年后收益一平均，就傻眼了。

这里不是说小基金都不行，也有不少很出色的高手操盘的私募基金，但是在茫茫 15 万只基金中，让你碰到的概率有多大？

克制欲望，有所为，有所不为。切记！

苏鸿光："如果大家都能这么做就好了，可惜很多人就算知道这个逻辑，实际操作中还是做不到，经不起各种游说，仍然心存侥幸。"

我："摆渡所有人不现实，能帮到其中一二，足够值得！"

# 第 14 章
# 稳健型累积

最后 3 期系列分享会采用线上线下同步的形式举行，既能提供线下交流见面的机会，又能让无法到场的朋友通过线上视频的方式实时参与精彩的讨论。

2 点开始的分享会，严飞提前 1 个小时就到楼下了，说是好久没见我，想唠唠嗑，电话里听得出他的状态好了很多。

"老同学，好久不见想死我了！"严飞这一嗓子，上下两层的人都听得见，人还没见，声音先到。

提早来唠嗑的看来不止他一个，徐晓岚和梁亭也跟在后面，还有一个人挺眼熟……宋小默！

"大家好久不见……你们一起来的？"我有些惊讶宋小默和他们同行。

"对呀，没想到小默姐和我们这么熟吧？嘿嘿！"梁亭右手挽着徐晓岚，左手挽着宋小默，俏皮地说。

"荃老师好，我们加了微信经常有联系，有空了还会一起喝茶逛街。我做主播也没什么朋友，岚姐和小亭人很好，跟我很合得来！"宋小默微笑着说，显得有些拘谨。

"老师这里不用见外，老严不知道来麻烦他多少次了，没关系的。"徐晓岚对着宋小默努了努嘴。

"是啊，上次问问题时你不是挺自然的么，不用见外。"我边说边招呼大家坐下。

"老同学，先向你汇报一个好消息，我找到新工作了！也是一家外贸公司，比之前的规模大，更加规范一点！"严飞开心地说，"多亏你让我去维权，老单位后来没办法，把少缴的社保给补上了，我去这家新公司面试，他们参考我之前社保基数的时候就有优势了。不然凭我原来那点缴费基数，他们不可能给我高薪水。"

"恭喜你，中年人现在择业本来就不容易，你能找到满意的工作也是你能力的体现，说明你对企业有价值！"听了严飞的话，我真心替他高兴。

"老师，我现在除了兼职做舞蹈助教，还在帮一家葡萄酒品牌做市场推广，1周1次，"梁亭也自豪地分享她的近况，"我想为我转行做销售提前准备起来！"

"小亭，你事业上起色蛮大，个人情感上是不是也该考虑一下了？让老师帮你介绍一个？"徐晓岚看看梁亭，朝我挤了挤眼。

"岚姐啊，我说过好几次了，一个人挺好的，努力赚钱和用心学习理财，就是我人生中最快乐的两件事，它们才能给我最大的安全感，没有别的可以代替。经济问题解决了，其他很多问题都不是问题！"梁亭用手推了推徐晓岚的胳膊，转身拉起宋小默的手说，"倒是小默姐遇到了选择又害怕走错路，想请老师给指点指点！"

宋小默："老师，您应该知道杜建国在追我的事，他约了我好几次我都拒绝了，其实是我自己很犹豫，虽然他离过婚，年龄也比我大好多……说实话我也有过一段短暂的婚姻，还有个一岁的女儿，怪我遇人不淑……我和他聊天感觉他人很直，虽然性子急，但应该没什么坏心眼，也会对我们母女俩好。但是毕竟我不是小孩子了，而且还有一个小孩子要照顾，很多男人嘴上说得很好，等真的生活在一起了又变成了另一个样子，这个是我最怕遇到的。唉，要是我像小亭一样一个人就好了，可以很洒脱……他说跟您提起过这事，还说您很支持他，我想当面听听您的想法。"

好一个杜建国，什么叫我很"支持"他？小脑筋挺多。

"他确实跟我提起过，希望我帮忙撮合一下，本来我还在想怎么跟你开口提这事儿，我答应帮他问问你的想法。"我赶忙解释，"他跟你说了他的经济情况和家庭背景吗？"

宋小默："这个没有，他就说了为什么和前妻离婚。"

我："嗯，如果你想了解，我一会儿单独告诉你。"

## 14.1　再看理财树

第 4 期系列分享会的主题是"稳健型累积"。

杜建国掐着点进门，左顾右盼找位置，我示意他在前排靠右的位置坐下，那是特意给他留的，杜建国挪进座位后发现左边坐的正是宋小默，目光相撞那一刻，两人的脸刷一下都红了，坐在后面的苏鸿光憋着笑。

屏幕上重现了"外功技战术"系列第一期分享会时的图片——理财树，如图 11-1 所示。

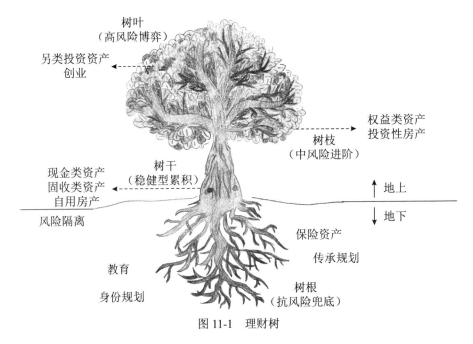

图 11-1　理财树

当我们补充了资管的认知之后再来看这棵理财树，对上面的各类资产就有了更加深刻的认识。

理财树的范围大于资管概念，并且在某些类型划分上根据理财实践做了适当调整。例如在银行理财产品中，固定收益类产品包含了现金管理类产品，该现金管理类产品属于狭义上的，而理财树中的现金管理类产品是广义上的概念（包括货币基金），因此把它单独拎出来，和现金、存款等一起组成现金类资产单独归类，作为满足人们日常开支所需的项目，以区别于资金暂时不用而投向各类债权的固收类资产。

梁亭："资管产品里都是'产品'，理财树这里都是'资产'，'产品'和'资产'这两个词要怎么理解呢？"

我："对投资者来说是一样的，只是表述的角度不同，表达不同而已。金融机构设计出特定属性的投资产品进行售卖，它本身不是一个实物，而是一份协议，卖出协议后收到的钱用来投资各类资产。所以当投资者购买了某个金融产品后，他便持有了某类金融资产。"

将理财树上的各类型资产进行细分，就能了解理财资产的全貌，如图14-1所示。

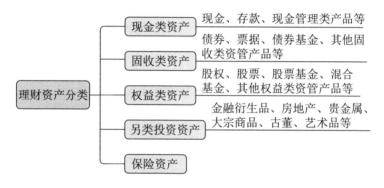

图 14-1　理财资产分类

现金类资产：顾名思义，就是类似于现金的资产，这类资产有两个特点：一个是期限很短、流动性很强，要用钱时支取方便，当天或隔天就能拿到现金；另一个是风险低到可以忽略。所以只要在银行卡里保留很少的现金，其他的都能以持有现金类资产的形式让它生利息。

> **Tips：**投资现金类资产的方法很简单，在平时用的支付宝、微信或金融机构的官网和 App 上都能购买现金类资产，线上一条龙操作到底，无须线下奔走。

固收类资产：这一类型资产中，个人投资者直接持有债券或票据的比例很小，基本以购买固收类资管产品为主，包括债券基金也是固收类资管产品的一种。固收类资产的底层金融产品以债券为主，即大部分个人投资者购买固收类资管产品的钱由专业的机构投资者代为打理，最终购买的是各类债券，债券属于标准化金融资产，剩余的小部分钱购买的则是各类非标准化金融资产。

权益类资产：股票基金、混合基金归为权益类资管产品，除此之外，直接的权益类资产有股权、股票，前者为投资未上市企业股权，后者为上市公司股票。

> **Tips：**强烈建议非专业人士不要碰股票，散户的亏损是机构投资者获得超额收益的主要来源。

另类投资资产：股票、债券等传统投资品类以外的个性化投资资产，主要包括金融衍生品、房地产、贵金属、大宗商品、古董、艺术品等。

保险资产：即购买保险产品所形成的资产。

## 14.2 现金管理类产品

广义范围来看，现金管理类产品由 4 个"派系"组成，即银行系、基金系、券商系、信托系。具体分类如图 14-2 所示。

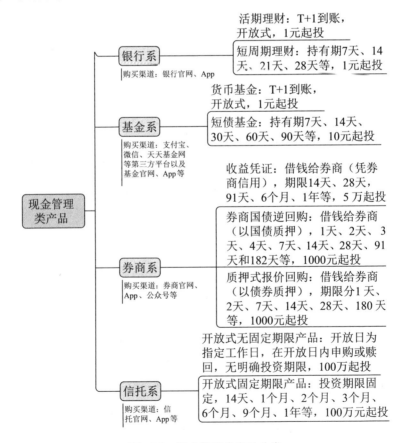

图 14-2　现金管理类产品分类

需要注意的是，信托系现金管理类产品起投金额一般为 100 万元，属于私募性质，它的投资范围相比其他 3 个派别更加宽松，有时会投资一定的低流动性债权类资产和其他资管计划以期获得相对更高的收益。

方眉："我看到网上媒体报道有信托系现金管理类产品发生逾期或暴雷，这么保守的投资也会亏？不是说现金类资产和其他理财比是最安全的吗？"

我："对于这类新闻我们要学会独立思考，当你分析它的底层投向后就会发现，这些信托产品本质上不是现金管理类产品，信托公司只是起了通道作用，就是前面我们提到的被动管理的资管业务，信托公司只承担事务管理的责任，不对资金的投资风险负责，钱投到哪里是由资金方来决定，最终并没有投到低风险的标准化资产，而是另有底层借款人，到期后借款人还不出钱产生了违约。所以我们在投资时一定要弄清楚自己的钱最终投到哪里，这才是辨识风险的根本途径。"

苏鸿光："普通老百姓哪有这些辨别能力哟，没点金融底子，新闻都看不懂，唉！"

严飞："所以要学底层的理财知识，不求发财，只求不被忽悠，哈哈！"

# 14.3 债券地图

固收类资产最主要的组成部分就是债券，2022 年，我们国家的债券市场总存量比资管业务总规模的 134 万亿元还要多，超过了 140 万亿元，其中利率债存量超过 80 万亿元，占债券市场的大部分，信用债存量超 40 万亿元，剩余为同业存单的存量。

利率债、信用债是对债券的一种分类，我国债券种类极其复杂，口径不同，分类也多种多样，为便于理解，我们从风险特性和发行主体两个角度对债券的全貌进行描绘，如图 14-3 所示。

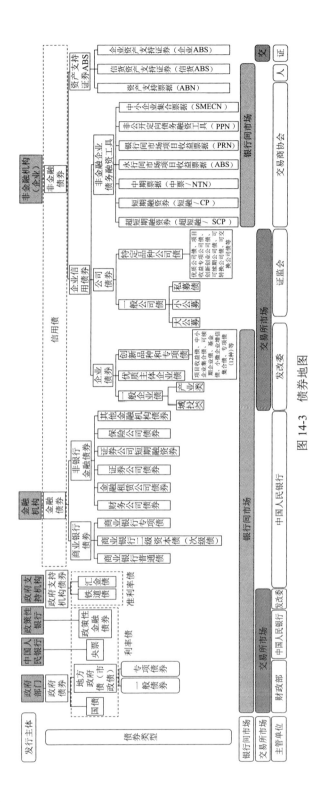

图 14-3　债券地图

### 14.3.1  利率债和准利率债

从风险特性角度来看，债券分为利率债和信用债两大类，利率债可以理解为无风险的债券，只看利率的债券，比如国债、央票、地方政府债、政策性金融债券，它们依靠的是国家信用，一般不用担心风险，因此这种债券的利率很低。

利率债中的国债和地方政府债都是政府部门发行的，由财政部主管的政府债券。其中国债比较容易理解，它是为了国家建设和社会福利支出等需要，由国家政府出面向社会公众募集资金的一种金融工具，期限短的有 3 个月，长的可达几十年，一般以 1 年期、3 年期、5 年期、10 年期居多。当经济不景气的时候，国家也会增加国债的发行来筹集更多的资金集中搞建设，从而刺激经济发展。

国债可分为记账式国债和储蓄国债两种。记账式国债只有机构能买，并且可以在交易所进行交易；储蓄国债面向个人投资者发行，个人可以通过商业银行柜台购买，储蓄国债又可分为凭证式和电子式两种。

地方政府债，也叫市政债，以省级政府和计划单列市作为发债的主体，分为一般债券和专项债券两种，前者主要用于医疗、教育、卫生、行政等公共事务的开支，后者主要用于各类基础设施投资或其他具有收益性的项目建设。地方政府债由于依靠地方税收和政府信用作担保，安全性非常高。个人可以通过银行柜台购买地方政府债，起购金额一般为 100 元。

央票即中央银行票据，不少人听说过但是对它并不熟悉，它是国家进行宏观经济调控的一种工具，央票不是因为需要筹钱才发行，它最直接的功能是调节货币的供应量。当央行发现社会上的现金太多，流动性过剩时，就会发行央票来换取金融机构手中的货币。金融机构把钱给了央行，拿到手里的是央票(也就是央行给的借条)，这样钱就回笼到央行手中了。当社会上的现金紧缺的时候，央行又会从金融机构手里购回央票，实质上就是把钱再投放到市场中，当市场中资金多的时候，融资成本就下降了，能间接起到促进生产和投资的作用。个人无法直接购买央票，只能通过购买资管产品而间接持有。

政策性金融债券是由政策性银行发行的债券，规模和国债差不多，流动性则更强一些。这里的政策性银行除了中国进出口银行和中国农业发展银行之外，还包括一家开发性金融机构，即国家开发银行。这三家银行是由政府设立的非营利性金融机构，其职能是在特定领域为贯彻政府经济政策而开展各项金融业务，正因为它们特殊的身份和强大的政府背景，其发行的债券也被认为是无风险的利率债。

准利率债包括铁道债和汇金债，铁道债发行的主体是中国国家铁路集团有限公司（前身是铁道部），汇金债发行的主体是中央汇金投资有限责任公司。它们虽然是公司的形式，但是追溯其最终股东会发现，它们都是国务院 100% 控股，信誉度非一般企业可以比拟，因此也叫政府支持机构债券。

> **Tips:** "准利率债"其实并不是官方的名称，它在债券种类划分上比较特殊，表面上发行主体都是企业，应归属于信用债。但鉴于其特殊政治背景，它在实际交易中又被当作利率债看待（风险权重为 0），为了和利率债作区别，在前面加了个"准"字。

个人还能零星地通过商业银行柜台买到铁道债，但是并不是经常有。汇金债发行得更少，且都是面向银行等金融机构的。相反，和我们老百姓理财相关的，是防骗。社会上已经出现很多带有"汇金"字样的所谓集团公司或者投资、交易平台，它们通过混淆概念，假借名义来欺骗老百姓投资，实则杀猪盘。即使现在，我们通过中央汇金投资责任有限公司官网还能看到相关防诈骗声明，如图 14-4 所示。

**关于谨防冒用我公司名义进行诈骗的声明**

2021-09-16

近来，有不法分子冒用"中国投资有限责任公司""中投公司""中投国际有限责任公司""中投国际""中投海外直接投资有限责任公司""中投海外""中央汇金投资有限责任公司""中央汇金""汇金公司""中央汇金资产管理有限责任公司"等名义进行诈骗，为维护公司声誉，郑重提醒如下：我公司不开展代客投资理财活动，除http://www.china-inv.cn/和http://www.huijin-inv.cn/外的任何链接均非我公司官网。对于假冒我公司或我公司工作人员名义进行诈骗的单位或个人，将依法追究其法律责任。

图 14-4　中央汇金投资责任有限公司官网防诈骗声明

### 14.3.2　信用债

信用债，顾名思义，是含信用风险的债券，信用的高低根据发行主体以及发行产品的属性有所区别。

比如，金融债券因受到严格监管，并且金融机构运作相对非金融机构更加规范、严谨，其安全性一般来说高于非金融债券；再比如，都是公司债，大公募比小公募安全性高，小公募比私募债安全性高，原因很简单，对发行大公募公司债的企业要求最高，无论是净资产规模、利润规模还是负债结构,而私募债在规模门槛、担保评级、履约历史等方面都没有硬性要求。

与风险相对应的，为了保护投资者利益，安全性高的大公募面向所有公众投资者开放，小公募只有合格投资者，也就是钱多的人可以购买，私募债不仅需要合格的投资者，而且单个产品的投资者人数不能超过 200 人。

　　梁亭："为啥我们就不能买，有钱人却可以？"

　　我："对于风险高的产品，本金亏损的概率也大，而普通人的风险承受能力低，国家这样做是用最简单快速的方法筛选出风险承受能力高的人，它默认一次性能拿得出几十万元的家庭比拿不出的家庭更亏得起，也更应该具备风险辨别能力。"

　　信用债包含的债券种类特别繁多，从发行主体和主管单位两个不同角度来作区分有助于理解和记忆。比如按照发行主体不同，将信用债分为金融债券和非金融债券两大类，金融债券中又分为商业银行债券和非银行金融债券，如图 14-3 所示。

　　而非金融债券板块按主管单位来区分会更加清晰，发改委、证监会和交易商协会三者都有不同类型的债券适合不同企业，各自对企业有哪些具体要求在此不论。

　　从企业在意的发债速度快慢来看，发改委的流程较长。发行周期由长到短排序是企业债券、公司债券、非金融企业债务融资工具。

　　从投资者角度来看，三者的投资期限长短不同。企业债券的期限普遍最长，一般为 3—15 年，其中 5 年期、7 年期居多；公司债券一般为 1—5 年，其中 3 年期居多；非金融企业债务融资工具期限较短，其中超短融 270 天以内，短融 1 年以内，中票 1 年以上，三者期限由长到短排序为企业债券、公司债券、非金融企业债务融资工具。

　　苏鸿光："企业信用债券和资产支持证券这两个是按照什么来区分的？应该都是给企业融资的吧。"

　　我："前者是依靠企业本身的信用资质来发债融资，对企业主体的要求比较高，但有的企业负债已经很高了或者资质要求达不到，还想融资怎么办？如果它手里还有优质资产，并且这个资产还能在未来产生稳定现金流的话，就可以通过资产证券化的方式把它单独拿出来包装成资产支持证券进行融资。这里的资产可以是高速公路的收费权、设备租赁费、住房抵押贷款、贸易应收款等等，按照不同主管单位，又可以分为 ABN、ABS 和信贷 ABS。"

　　接下来说说信用债的信用问题。

　　2016 年之前我们很少有听到哪个债券违约了，但是从 2016 年债券打破刚兑开始，每年都会发生信用债违约事件。那么投资债券是不是就不安全了？这个问题就像是在问"坐飞机到底安不安全"。

　　结论是，总体风险很小。

违约债券的规模约占信用债总规模的 1% 左右，这一数字已经很低了，而且违约债券不等于本金全都亏没了，有的是延期支付，有的只是小范围亏损。

> **Tips**：话说，既然都称为"信用债"了，如果还一直保持刚兑，那凭什么收益要比利率债高？当利率债收益 3% 而企业债是 6% 时，中间的差异就是信用风险的补偿溢价。

最后，是关于个人投资信用债的问题，这里的个人分为两类，一类是合格投资者，一类是普通社会大众，如何区分两者的标准之前已讲过，不再赘述。

普通大众可以投资的信用债为债项评级 AAA 的大公募公司债和企业债，合格投资者在此基础上还能投资债项评级 AAA 的小公募公司债和企业债，总体上可投资范围比较有限，如果想投资其他种类的债券，更多的方式还是得通过资管产品间接持有。

## 14.4　固收类理财绕不开的话题

### 14.4.1　标和非标

标和非标是理财人士绕不过去的一个话题，无论他知不知道这两者的概念和区别，只要是持有了固收类资产，则要么是标准化资产，要么是非标准化资产。

关于标和非标其实有不同角度的提法，比如标准化资产和非标准化资产、标准化债券和非标准化债权、标准化产品和非标准化产品。这些提法容易让人产生概念上的混淆，从实用主义出发，我们老百姓只要知道自己买的产品的底层基础资产是标准化的还是非标准化的即可，这是区别风险性质的关键，如图 14-5 所示。

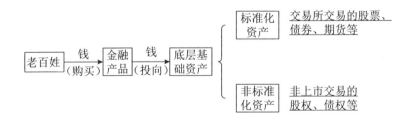

图 14-5　关注底层资产

上图中，老百姓购买的金融产品可能直接就是标准化金融产品，比如直接购买上市交易的股票、债券，那么它的性质无疑是标准化的；也有可能买的是资管产品，比如某公募基金、私募基金、信托计划、券商集合资管计划、银行理财产品，这时我们要再往下深挖，最终这些产品募集来的钱到底投了哪种底层基础资产，到底是投了非上市公司股权、债权，还是交易所交易的股票、债券，以此来判断其性质是标类还是非标类。

标准化资产发行要求高，受到的监管严格，融资主体资质较好，交易更加透明，总体来说风险比非标准化资产更低，是普通大众投资理财的首选。

非标准化资产从融资主体的资质要求到价格撮合以及最终的协议签署、成交，都是个性化、非标准化的，信息透明度低，风险复杂难辨，虽然收益会高于前者，但投资尤须谨慎。

接下来以固收类理财中比较典型的城投债为切入点拓展说明，方便理解。

## 14.4.2 聊聊地方政府融资

> 苏鸿光："等等，城投债？我看债券地图上没有这个债的类型，它属于地方政府债吗？还是企业债？我看到企业债下面有'城投类'3个字。"
>
> 我："城投债是地方融资平台为主体发的债，它横跨了债券地图上不同的债券类别，比如大部分以企业债券的形式发行，也有部分以公司债券或非金融企业债务融资工具的形式融资。"
>
> 方眉："我听说还有政信债，这又是什么？和地方政府债、城投债什么区别？一下子感觉凌乱了。"
>
> 我："我们来梳理一下。"

政信债，顾名思义是基于政府信用的债，所以广义上政信债包括国债、地方政府债、政策性金融债以及城投债等。狭义上的政信债就是指城投债，城投债又叫准市政债。

地方政府肩负当地的经济建设重任，比如基础设施建设、教育医疗投入、公共福利支出等，面临着巨大的资金压力。地方政府债是省一级政府为主体发行的债券，地市级以及区县级政府没有发债资格怎么办？办法比困难多，各级政府通过设立地方融资平台公司，比如某某城投公司、交投公司、建投公司、旅投公司等进行对外融资，之所以能融到钱，背后依靠的还是政府信用。

地方融资平台的融资方式可谓"八仙过海，各显神通"，主要有股权融资、债权融资、资产证券化融资、合作经营融资这4种，和固收类理财相关的是债权融资和资产证券化融资两种。

现在我们从理财者的角度，也就是资金方的视角，来看看地方融资平台通过金融机构包装的融资产品，哪些是标准化产品，哪些是非标准化产品。

如图 14-6 所示，凡是通过债券地图中出现的债券类型进行融资的都属于标准化产品，它们符合公开交易市场对于发行主体的各项要求，其特点是发债主体资信通常比非标融资主体更优质，面对的监管审核更严格，信息披露更充分，交易价格及持仓情况更透明，即使出现风险，兑付顺序也先于非标准化产品，总体来说风险更低。

> **Tips：**我们在购买这些产品时一定要做到心中有数，明确自己买到的底层资产到底是什么。

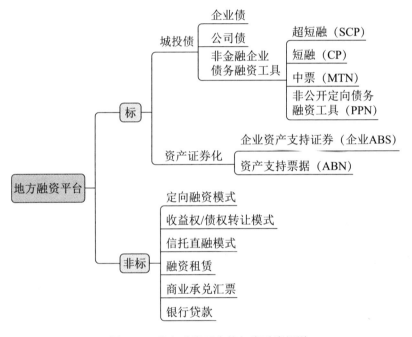

图 14-6　地方融资平台债权类融资渠道

非标渠道的融资方式包括定向融资模式、收益权/债权转让模式、信托直融模式、融资租赁、商业承兑汇票和银行贷款，其中定向融资模式和收益权/债权转让模式较为常见，原因是对企业主体要求灵活，流程简单，发行速度快，对资金用途要求不严。它们通过金交所备案或挂牌（有些甚至找伪金交所代替），把融资工具包装成定向融资计划、定向债务融资工具或收益权/债权转让计划等产品，由第三方机构以非公开方式定向募集。

严飞："这个我看到过，三方理财公司的产品说明书中有出现过这些融资计划和转让计划，原来它们属于非标准化产品。"

我："是的，三方理财公司只负责卖产品，投资人的资金直接通过托管账户打给融资平台，也正因为这样，监管机构很难监控地方融资平台的融资规模，这些通过非标模式募集来的资金都成为了地方政府的隐性债务，增加了监管难度，积累了大量潜在风险目前定向融资和收益权/债权转让这两种模式的融资正面临清退，未来非标转标是一个大的趋势。"

苏鸿光："这么说，理财产品如果投的是非标类资产，是不是比投标类资产风险要大？"

我："要说投资风险，跟个人相关的，是我们购买的理财产品属性是什么，它拿我们的钱最终投向是标类资产还是非标类资产。比如你买信托产品，它的资金如果是用来认购城投债或资产支持证券的，就属于标债类信托；如果信托资金直接以贷款形式发放给城投公司的，就属于非标信托，后者的风险肯定是大于前者的。但这并不意味着一定不能买非标类的产品，毕竟收益也是后者大于前者，只是要关注融资方的资质和实力，比如同是地方融资平台借款，贫困地区的违约风险肯定会大于发达地区。另外，要注意你的钱是不是真的打给了政府融资平台，确保投资渠道的正规性是第一步。"

# 14.5 债券基金那些事儿

## 14.5.1 债券基金是什么？

债券基金即主要投资于标准化债券的基金，并且债券的比例在整个基金中不低于 80% 剩余部分，除了投资债券外还可以投资股票、金融衍生品等资产。债券基金总体上分为被动型和主动型两类，如图 14-7 所示。

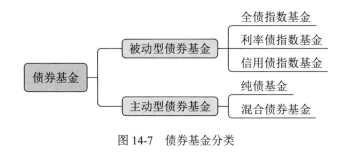

图 14-7　债券基金分类

被动型债券基金细分为全债指数基金、利率债指数基金和信用债指数基金，它们比较简单透明，不受人为经验技术影响，投资者只须根据自身偏好和期限长短来选择不同的指数类型即可，指数基金包含的所有样本债券的涨跌以及所占权重直接影响债券基金是赚还是亏。

主动型债券基金细分为纯债基金和混合债券基金。

纯债基金：只投资标准化债券，其他一概不投。

混合债券基金：除了投资债券以外，还能投资二级市场股票、可转债等其他有价证券。

方眉："我见过还有'固收 +'债券，这又是什么？"

我："'固收 +'是被包装出来的一个概念，从字面来看这类基金主要投资固收类资产和外加的其他资产。固收类资产用来保持基金的稳健风格，其他资产用来增厚基金收益，由于外加的资产比例较小，所以基金整体风险相对不大。固收类资产就是我们通常理解的定期存款、央行票据、国债、金融债、企业债等资产，外加的资产可以是股票、衍生品等金融资产。当债券投资占比大于或等于80%时其实就是混合债券基金，小于这个比例时属于混合基金范畴，'固收 +'这个新名词很好地迎合了投资者既想要安全可预期又想要收益可增加的心理。"

## 14.5.2　债券基金赚什么？

了解了债券基金的构成，我们基本可以猜出它赚的是什么钱。债券基金的收益来源大体分为 3 大块：债券本身的收益、债券以外的投资收益、杠杆收益。

### 1. 债券收益

（1）债券持有到期的利息收益：利息收益对应的是债券的信用风险，只要债券不出现违约无法兑付的问题，持有到期会根据票面利率获得利息收入。

（2）债券交易的价差收益：价差收益对应的是债券的市场利率风险，当持有的债券在债券市场价格上涨后，不需要持有到期，直接卖掉债券就能获得价差收益。

为什么会有价差收益？我们举例说明。

假设市场利率是 4%，一年期的债券面值是 100 元，债券票面利率为 4%，也就是说花 100 元买入债券并持有一年后可以获得 4 元的利息收入。如果这个时候大家普遍预期未来市场利率会降到 3%，那么大家都抢着要利率 4% 的债券。有人愿意出 105 元来买你的 100 元面值的债券，因为买家到期后的收益率为 3.81%（4 元 ÷105

元 =3.81%），大于 3%；甚至还有人会加价到 120 元买你的债券，因为到期后收益率为 3.33%（4 元 ÷120 元 =3.33%），仍然大于 3%；一直加价到 133.33 元为止，因为这时收益率算下来差不多正好 3%。

从上面的例子可以看出市场利率和债券价格成反比例关系，当市场利率上涨，债券价格就下跌。

> Tips：对于投资者的启发是：在信用风险不变的前提下，如果市场利率有上升趋势，就可以考虑择时卖出离场，如果市场利率有下降趋势，就可以考虑择时买进入场。

**2. 其他投资收益**

其他投资收益包括债券基金所投资的股票、可转债、衍生品等资产产生的收益。与该收益相对应的风险即投资标的价格涨跌的市场波动风险。

**3. 杠杆收益**

把持有的债券进行质押融资，用借来的钱再去投资债券，就能获得杠杆收益。获得杠杆收益的前提是借钱的利息比债券收益便宜，若融资成本高于债券投资收益则亏损。

## 14.5.3　债券基金怎么选

通过支付宝、微信以及各大银行、基金公司的 App 等渠道都能非常方便地进行债券基金信息查询和购买。要想挑选合适的债券基金，可以参考以下几条建议。

（1）每个人的投资偏好和目标不同，根据自己的投资风格、风险承受能力来确定债券基金的投资类型。如保守类投资者可以考虑被动型债券基金或纯债基金，纯债基金中期限短的纯债基金比中长期纯债基金风险小、收益低。

> Tips：很多人之所以在决策时犹豫不决和心态有关，既想要安全又想要高收益。做出取舍是找到适合自己的产品的前提条件。

（2）关注所投资信用债的行业风险。不同经济周期和宏观环境可能会影响特定行业信用债的违约发生概率，例如近两年债券违约主体主要集中在民营房地产企业，建筑和工程行业受房地产行业影响出现盈利下降、负债增加和评级下调现象。务必做好行业调研，充分识别风险、减少决策失误。

（3）通过查看产品介绍或说明了解债券基金6大要素：基金公司整体实力、基金基本信息（属性、成立时间、规模、期限、费用）、基金投资风格和底层资产构成、基金经理履历、基金历史业绩、风险回报比。

①基金公司整体实力的评估需要关注团队的投研能力、整体历史业绩和规模等。

②尽量选择存续期不低于3年的基金，如果存续期5年以上并且没有更换基金经理，很大程度上可以说明这只基金能被用心对待并且得到了基金公司的肯定。如果回撤表现同样良好，则说明其在风险控制层面有过硬的功底，这类基金值得重点关注。

> 梁亭："打扰一下，回撤是什么意思？"
>
> 我："回撤也就是回撤率，是基金在一段时间里面净值从最高点跌到最低点的幅度。比如一个季度内，A基金净值最高1.2元，最低净值1元，那么这只基金在这个季度的最大回撤率是(1.2–1)÷1.2×100%=16.67%。激进的投资者会考虑回撤大的基金，意味着基金反弹的机会更大些，保守的投资者则相反。"

③基金规模大一点好还是小一点好？要看基金类型。

被动型债券基金规模越大越好，作为指数类基金不需要主动操盘，基金申赎成本就显得重要，规模越大的指数类基金，成本平摊得越少，基金申赎对净值影响也越小，并且规模越大的基金的流动性越好。

主动型债券基金规模无须太大，适中即可，规模太小有清盘的风险，规模太大则管理难度增加，并且不利于买到更多优质的债券。比如纯债基金，几亿元到十几亿元规模就比较合适。

④基金投资风格须和自身投资偏好相符，知晓底层资产属性和潜在风险点。

⑤基金经理的选择以任职年限长者为优，拥有跨周期经验是加分项，另外要关注基金经理的历史管理业绩情况，比如是否能用较低风险资产配置获取较高收益回报，以及行情下行时产品的最大回撤是否在同类基金中表现突出。

⑥一定不要只看近期的或近一年的基金的业绩，要拉长时间来看，并要学会寻找基金短期内大幅涨跌的深层次原因。

> 方眉："为什么我的运气总是不好？近一年涨10%多的债券基金轮到我买了，总是买进就亏，就算持有1年也只有它去年涨幅的1/3，总感觉被基金公司要了！"
>
> 我："其实不只是你，很多人在选择基金时也都只看近一年涨跌幅排行，哪个排第一就买哪个，这要不得。从那么多年数据跟踪来看，前一年涨得高的

在接下来的一年中的表现往往没那么好，甚至相反。我们更应该关注它去年涨这么高的原因是什么，是基金经理的本事大还是碰巧遇到了市场利率调整。"

方眉："债券基金价格涨跌和市场利率之间的关系可以再说得细一点吗？"

我："债券基金的收益和市场利率是成反比的，比如大家都知道 10 年期国债收益率上升意味着债券基金的净值下降。如果一支债券基金持有类似的债券并且期限较长，还加了杠杆，也就是借钱买债券，那么当市场利率下行的时候短期内净值大幅提升的现象也会很常见。另外如果债券基金还持有部分股票仓位的话，碰到股市大涨，也会在该债券基金层面表现出净值的大幅拉伸。"

苏鸿光："我明白了，选择债券基金时要剔除之前市场变动的偶发性因素，然后再做比较，才能更加客观地反映债券基金的真实实力。"

# 第15章
# 中风险进阶

理财树的树枝包括权益类资产和投资性房产，这两类资产的配置需要投资者具有更高的专业度、心理素质、战略眼光以及风险承受力。投资性房产在现阶段以及未来很长一段时间都不建议普通投资者重度参与，闭眼入手就能躺赚的时代已经一去不复返了。

第 5 期系列分享会的内容以权益类资产投资为主，核心观点还是希望投资者在配置权益类资产时量力而行，在不具备上述能力的前提下仍应以避坑为首要任务，其次放平心态，通过学习理财逻辑找到靠谱的投资渠道来正确借力。

## 15.1 股市——散户爱你不容易

权益类资产投资者中有一类比较特殊——股市散户，其类型大致分为 6 种：小白型散户、自学型散户、赌徒型散户、娱乐型散户、资深型散户、金融型散户，如图 15-1 所示。

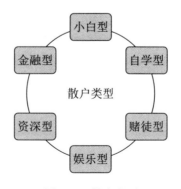

图 15-1　散户类型

杜建国："赌徒型散户，哈哈！这是在说我嘛！我以前觉得玩股票就像赌大小，押对了就赚钱！"

严飞："我觉得别人炒股能赚到钱，我也可以，我又不比他们差，只要给我时间……"

徐晓岚："还好意思说！贪心、冲动、自负、虚荣，人性的弱点你都集齐了，要不是我拦着你，房子你都抵押了！"

严飞："是是是，老婆批评得对，我不是财政大权都上交了嘛，自从你限我在5万块钱里面折腾股票，我就变娱乐型了，心态好了！"

"飞哥，怎么之前的财政大权你没上交啊！"宋小默揶揄道。

"我早就不炒股了，要是现在结婚，肯定马上让老婆管钱！"杜建国连忙插入广告，边说边偷瞄宋小默。

梁亭："金融型是什么意思？"

我："指本身从事金融行业，比如银行、信托从业者或做金融投资的专业人士。从事金融行业不代表炒股票一定赚，赚钱概率和其他人其实差不多。金融行业和股票投资有相关性，并且人群特征鲜明，因此单独划分一类。"

方眉："咱这儿有资深型的吗？"

"喏，苏老师炒股15年了，你怎么闷声不响啊！"杜建国往后一转用手指了指苏鸿光，"苏老师不但是资深型还是自学型，买了好多炒股书……"

"没这么夸张，就是打发下时间……"苏鸿光慌忙解释，真心想把多事的杜建国揍一顿。

方眉："苏老师，跟炒股后辈们说两句肺腑之言吧，资深股民的经验分享能让我们少走很多弯路！"

苏鸿光："惭愧惭愧，我顶多算个自学型，不是时间长就算资深，还要有充分的理性和很好的信息处理能力、分析能力，这方面我还差很远。07、08年那会儿是大牛市行情，连菜场卖菜的大爷大妈都开户进场了，我也是随大流入市的，之所以现在还在炒……也不怕你们笑话，主要是当时投的太多，后来被套住了，一直不甘心。至于经验，股票这东西和其他行业不同。别的行业是你干的时间越久，经验越丰富、技术越好，像医生、搞科研的、老师、技术工人；炒股这件事，你炒股的时间越久不一定代表技术越好、赚的越多。那些人说自己赚到钱也不一定是真的，他们赚钱了到处吹牛，亏了都憋着不说，所以所谓的经验没有任何意义。谈到散户这个话题我本来不想说话的，杜建国你这个大嘴巴子……"

以下是不同类型的散户认为个人炒股可行的8个理由。

（1）从网络媒体的广告宣传中相信了个人炒股是能够比较容易赚到钱的，时间还自由，只需要稍微学习一下炒股的知识或者加入某个社群，跟着某位"炒股专家"做，又或者买个软件跟着说明操作，就能成功。总之，关键是相信了。

（2）认为K线图有用，加强技术面的学习就能掌握赚钱的规律。

（3）认为关键要会看基本面，股票反映实体企业的长期运行状况，对于有发展潜力的企业长期持有一定会有收获。

（4）认为之所以亏钱是心态不好，如果能战胜贪婪、感性和急躁，再加上自己的眼光，还是可以赚钱的。

（5）自创一套炒股方法论，有别于其他人，并认为在股市中有效。

（6）认为自己有内幕消息或者遇到贵人可以赚一把。

（7）其他事业不顺，以此作为一种精神寄托。

（8）闲来打发时间或者试着碰碰运气。

> **Tips**：不管因为何种理由入市，不管如何努力，散户的结局一般以亏损居多，更有资深散户感慨："散户炒股，一赚二平七亏损。"

之前有业内专家进行过统计，资金量在50万元以下的散户的比例占近9成，其中10万元以下的散户最多，资金量越少，亏钱比例越大，相反，机构投资者获得盈利的居多。

这些现象背后的本质是什么？只有了解底层真相，然后再对照自己的决策逻辑、行为轨迹，才能评估自己的努力有没有意义，才能知道接下来该做些什么或不做些什么。

# 15.2 股民必备认知清单

炒股是一门复杂的学问，对于下决心以散户身份入市的朋友，我送上炒股认知清单，方便大家对照框架自行寻找知识点学习，查漏补缺，务必做好功课再出门战斗。

### 1. 炒股基础知识

（1）股票市场的定义、分类、交易规则、股市指数种类、股市常用语。

（2）股市参与者种类、职能和相互关系。

（3）股票的概念、种类、特征、交易方式。

### 2. 上市公司的那些事儿

（1）公司上市流程、组织架构、监管要求。

（2）公司并购、重组、清算、解散流程和规则。

（3）分红配股规则及利弊、信息披露制度、公开资料及监管文件解读。

### 3. 股票交易实操

（1）账户开立、交易、委托买卖。

（2）软件应用、公开信息获取。

### 4. 技术分析

（1）分时图和K线图。

（2）常见分析指标（各种线、指数、指标等）。

（3）波浪理论、亚当理论、随机漫步理论、黄金分割率理论等。

### 5. 基本面分析

（1）宏观经济政策、指标与股市的相关性。

（2）行业分析。

（3）公司基本面分析。

（4）财务数据分析。

### 6. 股票投资技巧

（1）庄家概念、类型、操作手法（建仓、洗盘、拉升、出货）。

（2）庄股捕捉、辨认、跟踪。

（3）投资组合管理（投资组合搭建、调整、评估）。

（4）投资策略选择。

> Tips：比如，牛市策略、熊市策略、止损策略、止盈策略、涨停板策略、波段操作策略等。

### 7. 其他技能

包括权证、股指期货、交易心态、炒股哲学等。

## 15.3 权益基金怎么选？

除了直接下场买股票外，还有一种间接参与股票投资的方式，那就是投资权益基金。相比自己炒股，它具有投资专业化、分散化两大特点，能有效降低权益类资产配置的风险，如果选择得当，收益并不比自己炒股来得低，非常适合普通老百姓参与。

那怎么挑选适合自己的基金呢？

记住5个"看"：看类型、看公司、看个人、看历史、看时机，如图15-2所示。

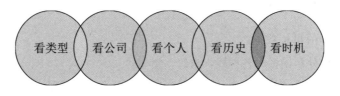

图 15-2　权益基金 5 "看"

### 15.3.1 看类型

这块内容有点多，一开始可能会觉得有些繁杂，反复比较和理解概念后，权益基金的脉络就会逐渐变清晰。

## 1. 按照投资对象分为股票基金和混合基金

之前提到这两类基金的划分标准，混合基金按照所投资标的的占比不同还可以细分为偏债混合基金、偏股混合基金、平衡混合基金、灵活配置混合基金，如图 15-3 所示。

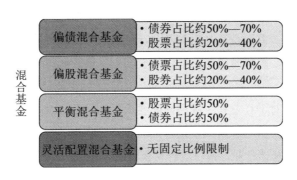

图 15-3　混合基金细分类型

## 2. 按照投资方式分为被动型和主动型

被动型基金和主动型基金的核心区别在于是否有人为的干预。

被动型基金本质是按照一定的选股标准选出一揽子股票，根据它们的综合表现直接映射到基金的涨跌幅，基金经理不主动干预操作。

主动型基金则相反，为了追求超越市场的业绩表现，基金经理从自身专业度出发，通过主观选股和择时交易来操盘整个基金的运作。

（1）被动型基金分类

被动型基金通常也称为"指数型基金"，指数型基金的细分没有严格的官方界定，简单来分的话可以大致分为宽基指数基金和窄基指数基金。如果按照属性来分，可以分为综合指数基金（如上证综指、深证综指、创业板综指等）、策略指数基金（如红利指数、基本面指数、低波动指数等）、行业指数基金、主题指数基金、风格指数基金等。

"宽基指数"字面理解就是选择的一揽子股票的范围比较"宽"，不限于某个行业、某个主题，比如沪深 300 指数、上证 50 指数、中证 500 指数、中证 1000 指数、创业板指数、中证红利指数、香港恒生指数等。

"窄基指数"选股范围相对较"窄"，多限定在某个行业、主题或风格，比如能源、医药、消费、化工、金融等行业，养老、环保、一带一路、国企改革等主题，成长和价值风格。

被动型基金比较适合新手投资，不需要考虑基金经理、公司团队等人为因素，并且交易成本低廉。尤其是宽基指数基金，反映的是整体行情的起伏，波动幅度比窄基指数基金更小，购买时关注其估值的变动，尽量在低点进入或以定投方式降低持仓成本。

窄基指数基金对于行业和主题的判断要求更高，适合进阶类投资者参与，在特定经济周期或特殊经济环境（如疫情时期）中，某些相关行业（如医药行业）的业绩表现会整体高于其他行业，投资者容易获取超额利润。

> **Tips：** 在被动型和主动型中间，还衍生出一种"指数增强型"基金，它介于两者之间，其实就是在被动管理的基础上稍微增加一点基金经理的主观操作，目的是希望能在指数基础上表现得更加出色一些。

（2）主动型基金分类

主动型基金数量繁多，如何高效地寻找适合自己的基金，从基金类型切入是一条捷径。按照投资风格、主题，以两种标准对主动型基金进行分类，是进行基金筛选比较实用的两个视角。

股票按规模来分有大盘、中盘、小盘，按策略来分有价值型、成长型、平衡型（均衡型），以这 6 个指标为参数可以组合成 9 种基金风格：大盘价值、大盘成长、大盘平衡、中盘价值、中盘成长、中盘平衡、小盘价值、小盘成长、小盘平衡。

很多基金类网站，比如天天基金网，已经将这些基金风格用九宫格的形式展现出来了，并用每格颜色深浅代表投资占比的大小，投资者一眼就能直观判断该只基金的调性，实操指导性强，如图 15-4 所示。

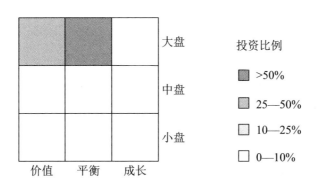

图 15-4　天天基金网上某只基金的投资风格

按主题划分基金相比于按行业划分更加灵活，它可以就某一题材在行业内做筛选，也可以是跨行业的股票组合。比如化学制药主题、人工智能主题、工程机械主题、新能源主题，也可以是军民融合主题、国企改革主题、独角兽主题、一带一路主题等。

## 15.3.2　看公司

优秀的基金公司旗下的基金不一定个个优质，但是至少从概率上来说一定比其他普通基金公司更容易产出优秀的基金。投资者辨识基金公司好坏可以参考以下5点建议。

### 1. 排名

这是最简单、傻瓜式的方法。

看排名时关键要注意这些名次是谁排的，是官媒、有公信力的第三方机构还是民间机构，又或者是没有出处的软文广告。

多收集权威性机构公布的排名报告，在多家机构给出的排名前20中找出在各家都有上榜的基金公司作为重点关注和研究的对象。

> Tips：这一方法同样可以适用在基金经理排名或基金排名上。

### 2. 公司资历

市场行情起伏有时需要较长周期，虽然成立时间短的基金公司里面的个人的从业时间可能很长，但组合成整体的公司，经历风浪的机会少，比较难判断是否能在逆境中表现突出。相比而言，老牌的基金公司在这一点上确定性更强。

### 3. 研究团队

研究团队是基金公司的核心竞争力。

公司创始人、成员结构、团队稳定性、管理基金规模、整体业绩、投资策略，这些都是考查的重点方向。

### 4. 客户集中度

有些基金公司的客户以少数机构为主，集中度高会影响整个基金运作的稳定性，所以，要尽可能选择客户总数多的基金公司。

### 5. 持续盈利性

拉长时间来看公司是否能够保持持续盈利，而不是牛市时业绩异常突出，熊市时亏损严重，注意避开业绩大起大落的公司。

## 15.3.3  看个人

一个理发师如果技术高超，不管他在哪家理发店工作，他的顾客都会跟着他人走。基金行业也有这种现象，明星基金经理往往能获得更多的投资者追随。

辨别基金经理能力强不强或适不适合自己，可以看以下9点。

（1）是否在权威机构的排名中位次靠前，或者有拿过一些奖项。

（2）回撤在同类型比较中，越少越好。

（3）基金经理任职的基金，总回报越高越好。

（4）尽量选择跳槽少的基金经理，并且所在团队也须稳定，不能有太大的人员流动。

（5）基金经理相关从业年限越长，阅历越丰富。

（6）基金经理的投资理念和风格策略是否与自己匹配。

（7）行情好的时候会主动劝说客户赎回，为客户着想，这种有度不贪的基金经理要珍惜。

（8）对于混合基金，通过复盘基金的历史净值来评估基金经理的多空判断是否靠谱。

（9）关注人品、责任心和兴趣爱好。

> Tips：通过网络、媒体、新闻等渠道尽可能多地了解基金经理人品、价值观、生活作风是否正面积极，并对其言论和行为是否一致做评估。

### 15.3.4 看历史

基金的历史业绩表现是判断该基金是否值得入手的重要指标，那么业绩又该怎么看呢？

**1. 和大盘指数、同类基金作横向比较**

这种比较，现有的基金类网站已经展示得很充分了，坐标轴曲线、百分比对照表、排名对比等。这里再补充两点：一是建议选出多个目标基金，根据其指标做横向对比，除业绩比较外还可以进行资产配置比较，如份额规模、股票、债券、现金的各自占比、前十大持仓股等；二是横向比较不要只看一天，就选择入手哪只基金，务必每天记录数据，持续观察一段时间，即做好动态的横向比较。

**2. 纵向比较时切勿只看短期业绩，关注中长期收益是关键**

股票基金和债券基金都有一个"怪"现象，即去年表现好的基金，今年往往表现不如预期。而现实中很多初级投资者只看排名，简单追逐业绩排名第一的基金，结果总是收获失望。

短期业绩不能真实反应基金的质地，有的碰巧遇到好行情，有的可能只是刚经历过谷底，而中长期业绩的表现更能说明一只基金的持续盈利能力。

初级投资者在筛选基金时，可以在选定基金品种、行业或题材之后，将同类型基金中的季度涨幅、半年度涨幅、年度涨幅、3 年涨幅中排名均在前四分之一的基金挑出来作为目标基金，然后再在目标基金中做更进一步的比较分析，这是一种简单高效的排除法，可以使投资者节省时间、聚焦精力。

**3. 关注最大回撤比率和夏普比率**

基金业绩的好坏只看收益高低是不全面的。

比如有两个基金，一年到头，收益率都是 30%，但是 A 基金在 2 月份到 4 月份这段时间内最多亏了 20%，然后收益率才爬升为正，而 B 基金的收益是一路稳定增长，呈一条向上的笔直斜线。虽然这两个基金收益率都是 30%，但是很明显，B 基金要优于 A 基金。如果你是借钱来投资的，有可能还没有等到收益 30% 的时候，就已经在最大亏损的时候被淘汰出局了。所以看一个基金的好坏，不仅要看收益率，还要看波动风险，这两个因素要综合起来评估。

最大回撤比率能衡量一个基金的波动性，在同类型基金中，最大回撤比率越低，说明基金表现越稳定、风险越小。而夏普比率也叫夏普指数，用来评估当承担单位风险时能获得多大的收益，不记公式也没关系，只要知道夏普比率越高，基金的收益在同等风险下越高，越具有性价比。

**4. 务必留意历史业绩**

当你发现一只基金在某个阶段的业绩非常不理想，不要立即"怪罪"基金经理，也许当时并不是他在位。看基金历史时，不要忘记将基金与操盘手对应起来。

## 15.3.5 看时机

如果上面所有的工作都做好了，最后一步就是选择交易时间，这里的交易时间不仅仅是入市时间，还包括离场时间。

基金买入时有以下 5 点建议。

（1）对于初级投资者，可以选择定投方式买入，降低波动风险。

（2）借鉴基金经理以往的最大回撤区间，如果基金净值的下跌已经接近最大回撤点，就可以开始分批买入，相比在高位入市，风险更低、上涨速度更快、幅度更大。

（3）如果基金经理刚换人，业绩起死回生的效果明显，在认可新基金经理前提下，可以考虑分批买入，即新人接手的初期购入。

严飞："像被动型基金这种基金经理不做干预的基金，要怎么判断买入时点？"

苏鸿光："我在用'市盈率百分位'的方法，市盈率百分位低于 50%，说明这个指数估值低了，可以考虑买入，高于 60% 时可以考虑卖出。"

严飞："等等，市盈率我知道，是股票价格除以每股收益，你说的'市盈率百分位'是什么东西？"

我："这个正是接下来的第 4 点，先说概念，再讲这个方法该怎么用，它不是所有情况下都有效的。"

　　（4）被动型基金的选择可采用市盈率百分位估值法，但需要排除干扰因素。

　　买股票时我们会去看市盈率的高低，市盈率低的通常被认为估值低、性价比高，被动型基金也一样，但是市盈率 20 倍到底算高还是低？单独一个数字，没有比较就无法衡量，股票需要拿它和行业平均水平以及自身历史来做比较，被动型基金可以把指数的当前市盈率和历史市盈率作比较，这就引入了"市盈率百分位"的概念。假设某只指数基金的市盈率是 20 倍，市盈率百分位是 25%，这就说明历史上有 75% 的时间，指数基金的市盈率都比现在的 20 倍要高，如果现在买进，就战胜了 75% 的时间。如果战胜了 82% 的时间，那么市盈率百分位就是 18%（100%–82%=18%）。

　　为了方便投资者比较，很多基金网站都列出了市盈率百分位的估值对照表，但是这些百分位数据真的有效吗？不一定。

　　比如，对于一家快速成长的企业，前期利润有可能会比较高，市场给出的市盈率也会比较高，但是进入成熟期甚至衰退期，企业的利润会下降，市场给出的市盈率也会下降，这时它所代表的意义和我们想了解的是不一样的。

　　所以我们在参考市盈率百分位时想要它有效果，必须剔除上述的干扰因素，选取一个时间区间段来作比较。比如在被动型基金选择上，如果是宽基指数，可以取近 10 年的数据作参考；如果是窄基指数，还要分析整个行业或某个主题企业所处的经济周期和发展趋势，剔除上行和下行趋势的干扰因素后再进行比较。

　　（5）操作层面，尽量控制在下午收盘前购买，即下午 3 点前购入基金，由于买入时点和收盘时点接近，基金的当日估值和收盘后的净值相差不会很大。除非市场情绪很好或者借某个重大利好事件行情高涨，那么可以选择在上午 10 点前购入。

　　基金卖出时有以下 6 点建议。

　　（1）尽量不要做短线，投了基金就安心持有。

　　（2）不要想踩在最高点卖掉，没有人能做得到。基于这个逻辑，在卖出时可以像分批买入时一样分批卖出。

　　（3）基金在权威机构的评级下降是一个信号，必须重视，并分析是否需要调整基金持有仓位。

　　（4）对照基金历史收益率，若行情已接近历史收益率上限，可做止盈动作，见好就收。止盈收益率可提前做好目标，在退出时也可采取分批次逐渐离场。

（5）卖出前计算好赎回成本，只有净收益才是真正装进口袋的钱。

（6）遇到更换基金经理的情况高度重视，及时对新任基金经理进行评估，若不认可，则尽早离场。

# 第 16 章
# 高风险博弈

第 5 期分享会一结束，杜建国在下面起哄："老师，就剩一期了，今天一起讲完吧，大家难得聚在一起，又是周末！"

"对，意犹未尽！"梁亭附和。

"我赞成，但是到饭点了，你们不饿吗？"最后一排的传媒公司陈老板拍着肚子说。

杜建国："没事没事，吃饭好办，我请大家在这里吃，马上让我的顶级大厨给大家现做套餐送过来。晚上听完课，有兴趣的再去我店里吃宵夜，我请客！"

苏鸿光："就等你这句话！"

宋小默："我请大家喝奶茶！"

"你们这就给老师做主了啊？"方眉看看大家再看看我。

我："大家有兴致的话我就一起讲了，有事情的可以回头看我们的录播回放。"

弹幕："杜老板，线上的还管饭不？"

杜建国对着屏幕勾勾食指："你过来啊！"

享受完杜老板的美味佳肴，我点了些零食、水果、甜品，再搭配上宋小默的暖心奶茶，活生生地把分享会开成了茶话会。

第 6 期——高风险博弈——在欢声笑语的休闲氛围中开始了。

## 16.1　金融与择偶

相比理财风险，婚姻择偶更是一次不能输的投资，一生中的投资决策次数可以很多，但是婚姻选择能有几回？投资损失的最大风险至少是可预测的，以投入的本金为限，而失败的婚姻带来的则是物质和精神双重毁灭打击，是名副其实的高风险博弈。

梁亭："所以我干脆不结婚，一个人多好。"

我："无论是选择婚姻还是选择独身，我们都可以运用金融来服务自己的人生。独身的可以加强对退休后物质保障的提前安排，做好现金流规划和保险配置，选择婚姻的除了运用金融工具理财外，还可以借助金融的投融资逻辑来更新自己的择偶逻辑，降低失败风险。"

我们拿择偶和融资进行对比，它们的底层逻辑之间有很多共通点，如表 16-1 所示。

严飞："好家伙，全是人性！"

徐晓岚："我以为是找对象的标准，什么有房有车，存款多少……原来是理性的底层逻辑。小默，这个表格你应该很受用哦。"

宋小默："我一条条看下来很有启发，谈恋爱不能太冲动、太感性、沉溺于甜言蜜语，被骗了才后悔没看清这个人。"

徐晓岚："这张表就是'照妖镜'，教你怎么看清一个人，小默你好好把握，可惜我已经来不及了。"

"你什么意思？我是妖怪吗？"严飞推了把徐晓岚。

表 16-1　项目融资和婚姻择偶对比

| 要素 | 要点 | 项目融资<br>项目 | 婚姻择偶（男女皆适用）<br>异性 |
|---|---|---|---|
| 接触目标 | 试错要快 | 越好的项目，融资成本越低，资金越好找 | 越优秀的人追求者越多，越容易找到优质的异性 |
| 总的来说 | 门当户对 | 融资申请书做得很漂亮，罗列一堆优势，拍着胸脯保证能按时还款 | 个个衣冠整洁，有礼有节，面带真诚 |
| 从表面看 | 分不清好坏 |  |  |
| 深入之后 | 所剩无几 | 抵质押物不行／负债过高／报表难看／经营困难／盈利能力差／民间借贷多／有法律纠纷等 | 性格不来／三观不符／不够专一／家庭背景不认可／经济能力不足／有怪癖／习性难融等 |
| 风险发生 | 影响巨大 | 通期还款／本金损失 | 离婚／财产损失／影响孩子／耽误再次择偶 |
| 渠道选择 | 提高效率 | 同样是推荐项目，合作多年的渠道比陌生渠道靠谱，银行、券商等优质机构比小中介公司靠谱 | 同样是寻找对象，优质圈子比小婚介、网络交友靠谱 |
| 风控措施 | 不能光听对方怎么说 | 详细尽职调查（尽调） | 详细尽职调查（尽调） |
| 如何尽调 | 寻找<br>客观证明 | 1. 要求提供相关公司征信记录<br>2. 网站查询是否有司法诉讼记录<br>3. 收集纳税报表而不是企业自制报表<br>4. 现场调研<br>5. 拷贝只财务电脑的明细数据和往账凭证<br>6. 从企业员工、当地工商税务等打听企业资信情况及声誉<br>7. 了解实际控制人及主要股东个人及其家庭成人征信记录、财产情况<br>8. 确保抵质押物规范签署，担保充足，落实法律文书规范签署，减小操作风险 | 以下方法建立在对等坦诚基础上，能核实的越多，靠谱性越大（概率），实践时考验表达方式<br>1. 确认对象真实身份（身份证、户口）<br>2. 核实对方真实身份，其掌握对方的工作单位，如吹嘘或暗示自己生意做得很大，查询其持股情况或实地了解，对方人品和动机值得怀疑<br>3. 如吹嘘或暗示自己已经济实力雄厚，了解其产证记录，行驶证信息，有价证券信息，收集个人征信记录，如果都无法核实，对方人品和动机值得怀疑<br>4. 自主判断对方人品、口碑，不以其本人表述为准。如通过朋友圈子，他人评价以反观他人接触细节中的待人接物和处事作风来判断对方层次和为人<br>5. 借力判断对方行为人，将其介绍给身边的朋友，以他们的反馈作参考<br>6. 恋爱时尽早考察实质性、底线性、原则性问题，如异性往往尺度，是否考虑生育、产证署名、婚后收入支配方式、健康检查等，以免谈了很久再讨论此类话题而逃避讨论<br>7. 尽早接触对方亲人，一来确定双方家长素质是否得到长辈认可，以免谈了很久因对方家长评价不良；二来感受对方家质和家庭氛围，若家风不良，须有次审慎评估对方；三来不顾家人反对发誓和你在一起的，容易陷入复杂事态与纠纷中，须深入了解情况<br>第三，尽可能了解对方长辈认可，并评估后果是否能接受 |

"岚姐意思是她运气好，来不及看这个表格就能找到飞哥你这么好的老公！"梁亭赶忙打圆场。

严飞听了似笑非笑地瞪大眼睛转向梁亭："我感觉你变了，你卖酒这事儿，我看能成！"

我："虽然找对象和找项目很像，可以借鉴思路来降低风险，但是感情这事毕竟有很大的感性因素在里面，表格之外就是双方对彼此有没有感觉的问题了，这个没有逻辑可言。"

针对上表，需要注意以下几点。

（1）人性经不起考验，筛选下来合适的人可能所剩无几，要有心理准备。

（2）都说合适的人难找，在概率小的情况下，一方面提升渠道质量，争取加大概率；另一方面只能增加筛选样本，加快试错效率。

（3）人生能有几次婚姻，相比找项目，找对象更容不得失败。

（4）择偶尽调的理性与爱情的感性是矛盾的，风险往往被忽视。

（5）对照表格进行实践时尤其要注意方式方法，要求别人配合前不妨自己先拿出诚意，主动向对方展示证明。

> Tips：动机不纯或心虚的人面对这些严密的逻辑网，通常会恼羞成怒（表露出来或不表露出来），然后对你进行说教（道德、爱情绑架）以逃避核验，整个过程你的决心和主见很重要，若对方感受到你的坚定，他/她会择机退出，你就能安全上岸，最后要做的是调整心情、重新开始。

（6）婚姻的本质之一就是资源匹配，客观认识自身条件，不要好高骛远。

## 16.2　请认真梳理黄金类投资

高风险博弈包括另类投资资产和创业，其中另类投资资产种类繁多，在此我们选择最受欢迎且最容易混淆概念的黄金类目做避坑介绍，帮助大家辨别不同种类黄金投资之间的特征和区别，减少投资决策时的失误。

### 16.2.1　认识黄金

民间流传着"盛世买古董，乱世买黄金"的俗语。黄金作为贵金属中最受欢迎的投资品种，人们看重它保值和避险的功能，与黄金相关的各类投资也陆续出现。

在理清黄金类投资之前我们先了解一下有关黄金的一些常识。

## 1. 黄金是什么？

黄金是一种抗腐蚀性很强的贵金属，化学元素为"金（Au）"，在金融界的英文代码是 GOLD 或 XAU。只由一种化学元素"金"组成的物质是不存在的，所以世界上没有纯度 100% 的黄金。

黄金由按照纯度高低来区分，常见的表示纯度的方法有两种，一种用百分比（%）或千分比（‰），还有一种用"K"表示。

前者比较好理解，"K"怎么理解呢？即把一个物质切成 24 份相等的重量，黄金占了几份就是几 K，比如 24K 指的是 24 份全是由纯金组成，18K 指的是由 18 份纯金组成。

> 杜建国："什么？不是说世界上没有 100% 纯度的黄金吗，24K 哪里来的？"
>
> 我："现实中确实没有 100% 纯度的黄金，我们国家规定含量达到或超过 99.96% 的才算 24K 金，也俗称'千足金'（3 个 9）。我们平时买黄金时，店员说的 24K 金指的就是千足金，其实还有'万足金'（4 个 9），它的纯度达到或超过 99.99%。严格来说，现在国家规定没有'千足金''万足金'这个叫法了，只能标注'足金'（2 个 9），足金的最低纯度为 99%。黄金纯度等级可以看表 16-2。"

表 16-2　黄金纯度等级

| 黄金占比最小值 | 纯度的其他表示 |
| --- | --- |
| 99.99% | 足金 9999（万足金） |
| 99.90% | 足金 999（千足金） |
| 99.00% | 足金 990（足金） |
| 91.60% | 22K |
| 75.00% | 18K |
| 58.50% | 14K |
| 37.50% | 9K |

黄金纯度不同，颜色和质地也不同，纯度越高的黄金的颜色越黄得发红，随着纯度降低，颜色由深赤黄变为浅赤黄，当纯度在 65%—70% 时为青黄色，即人们口中的"七青八黄九赤"。

质地方面，越纯的黄金越软、越重，拿在手上沉甸甸的，它比同体积的银、铜、铝、铁等都要重，掉在硬地面上声音沉闷、无弹力，牙齿咬一下能留下牙印，甚至指甲都能划出划痕。相反，纯度低的黄金硬度高、重量轻，掉落时声音清脆、有弹力。

另外，分辨黄金纯度时还可以用火烧，在鉴别黄金饰品时也有人会用到这招，用打火机把黄金烧到发红，然后观察它冷却时的颜色变化。如果颜色又变回了原来的色泽，说明纯度很高；如果冷却后颜色发黑，说明纯度低。

## 2. 黄金交易市场

集中买卖黄金的地方就是黄金市场，在国际上，黄金交易方式包括现货交易和期货交期，前者一手交钱一手交货，在成交后两个营业日内交割完毕，后者按合同约定在未来某一时间交割。

国际现货交易场所以伦敦黄金交易所和苏黎世黄金交易所为主，黄金期货交易比较有影响力的场所包括纽约黄金交易所、香港黄金交易所等。

2002 年 10 月，上海黄金交易所（简称"上金所"）开业，这标志了我国黄金市场的开放，并实现了黄金生产、消费和流通体制的市场化，它主要提供竞价、询价、定价、租借、清算与结算、交割、国际板、黄金 ETF 等产品和服务。自成立至今，上金所已经成为我国黄金交易、交割的重要枢纽性平台，也是全球重要的黄金、白银、铂金交易中心。

> Tips：上海黄金交易所实行会员制，原先个人是可以成为会员进行交易的，现在已停止个人会员的交易活动，仅保留机构会员。

根据上金所官网显示，截至 2023 年底，会员合计 292 家，其中金融类会员 29 家、外资金融类会员 9 家、综合类会员 119 家、特别会员 32 家、国际会员 103 家，参见上海黄金交易所官网。

上海黄金交易所从事的主要是以商品实物买卖为主的现货交易，属于商品性市场。当下的国际黄金市场分为商品性市场和金融性市场，其中商品性市场的交易份额占比非常小，绝大多数的交易份额被金融性市场所占据，即黄金金融衍生品交易是整个黄金市场的主流。为此，我们国家于 2007 年 9 月开始，在上海期货交易所推出了黄金期货业务，并在此基础上逐步开展一系列的衍生品业务，比如期权、远期、黄金 ETF 等。

> Tips：其实，黄金实物买卖本身并不算是高风险业务，何况它还含有一定的消费属性。之所以认为它风险高，主要是它有金融衍生品属性，既有看涨看跌的双向交易，又有保证黄金交易的杠杆效应，价格的小幅波动都会对盈亏产生巨大影响。

知道了黄金交易的这两种市场属性，能让我们在投资黄金时理性选择赛道，避免不必要的风险。

### 3. 黄金价格高低跟什么有关?

黄金价格主要受到供给、需求、经济、政治4大因素影响。

（1）供给因素。

黄金产量增加，无论是开采力度加大还是新增黄金产地，黄金的直接供应量多了，金价呈下跌趋势。如果总供给不足，则价格呈上涨趋势。截至2023年上半年，全世界各国的黄金总储备约为3.6万吨，其中美国以8133.5吨居首位，中国一直在积极地增持黄金，以2010吨排名第6。前10的国家或组织分别是：美国、德国、国际货币基金组织、意大利、法国、中国、俄罗斯、瑞士、日本、印度。

开采成本下降，意味着供给方总成本减少，金价呈下降趋势。

（2）需求因素。

黄金用料需求的增加会使金价上涨。比如人们对黄金首饰的追捧，电子、医学、建筑等领域对黄金需求的增加。

保值或投机需求增加时，会促使金价上涨。

（3）经济因素。

各国央行的货币政策调整对金价的影响。比如采取宽松货币政策时，货币供应量增加、通货膨胀上升，会导致黄金价格呈上涨趋势。要注意的是，在很多人的意识当中，金价应该是对通货膨胀非常敏感的，这其实是误解，并不是一点点通胀就会导致金价上涨，两者呈正比例的关系是从长期来看的，短期的金价受影响的因素比较复杂，并不一定能和通胀的节奏对应起来。

美元汇率。一般来说美元汇率和黄金价格呈反比例关系，美元强势了金价就跌，美元贬值了金价则涨。

国家外债赤字及经济基本面。债务国面临债务危机或者经济恶化，会引发相关国家对黄金储备需求的上涨，从而拉高金价。

股市行情。股市行情和金价行情通常呈反比例关系,这也体现了资本流动的方向。当股市赚钱时，资金大量涌入股市投机，黄金交易相对就会冷淡，价格就下降。

（4）政治因素。

政治动荡、战争会推高金价;反之，国泰民安，世界和平，黄金的存在感就会降低。

原油价格。原油价格和黄金价格呈正比例关系，逻辑是原油以美元标价，油价上涨导致美元贬值，美元贬值即美元汇率下跌，所以金价上涨。

严飞："这个逻辑我还是看不懂，刚才就想问，为什么美元汇率下跌，金价就上涨，这里又说原油价格上涨，美元就会贬值，这是为什么，能举例说说吗？"

我："美国的原油消费量是全世界最大的，即使开发了页岩气，它仍然是全球最大的原油进口国，油价上涨对美国来说意味着支付成本上升，连带着相关工业品、汽车等行业的产品价格上涨，不利于出口和赤字的减少。贸易赤字的增加会导致货币贬值，同时企业经济受损对股市行情不利，资金会倾向于暂时撤离美国市场，从而出现抛售美元以兑换外币的行为，这也会使得美元贬值。美元贬值说明它的购买力下降了，而黄金总量比较稳定，这时人们会增加黄金的持有以发挥它的抗通胀和避险功能，黄金价格和美元汇率呈反比例关系。"

综合来看，影响黄金价格的因素不是各自孤立而是相互影响的。比如，美元贬值或通货膨胀，人们就会增加保值和投机的需求；又比如，黄金开采国的政治环境一定是和本国的黄金产出密切相关的。我们在看待问题时需要关注彼此之间的内在联系。

### 4. 黄金投资分类

黄金投资种类很多，为了方便理解和区分，可以根据上面讲黄金市场时提到的商品性市场和金融性市场这两条脉络来做大致的分类，将黄金投资分为黄金现货和黄金金融产品两大块，如图16-1所示。

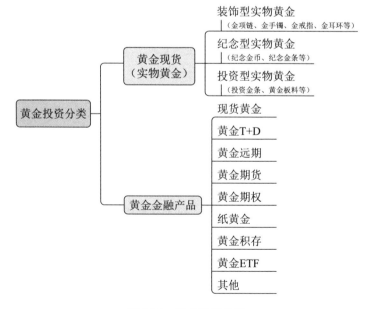

图 16-1　黄金投资分类

### 16.2.2  黄金现货

黄金现货，也就是人们常说的实物黄金，按照功能不同又可分为装饰型、纪念型和投资型 3 种。

**1. 装饰型**

装饰型实物黄金，包括金项链、金手镯、金戒指、金耳环等，每逢金价有上涨预期，总有大批老百姓跑到金店里抢购各种金银首饰，金店为了吸引顾客也会搞打折促销或者"亏本"一口价活动。如果为了装饰消费那另说，但若是想用这种方式来投资黄金则非常不建议这么做。

饰品类黄金严格来说并不具有真正意义上的投资属性，无论是打折价还是一口价，金店售卖的黄金对应不同纯度标准的单价后，你会发现每克金价比上海黄金交易所报价高出很多，比如溢价 80 元、100 元甚至 200 元，这中间包含了加工费、运输费、手续费、中间商利润等。而且买进后想再卖出的话，回收渠道不多，金店一般只认自己卖出的商品，并且会附带很多要求，比如要包装完好，发票、证书齐全等，就算有愿意回收的，回收价又会狠狠打上一个折扣（如在上金所报价基础上再打 7 折）。一番折腾下来，这涨上去的金价还不够折损的。

**2. 纪念型**

纪念型实物黄金，多指一些银行或大型黄金公司发行的带有纪念意义的金币、金章、金条，比如熊猫金币、奥运金条、生肖金条等。相比黄金首饰，它们多了一种收藏功能，每克金价也会比黄金首饰要低一些，购买这类实物黄金的投资者更看重的是收藏价值。

**3. 投资型**

（1）投资金条。

投资型实物黄金，多指银行或大型黄金公司发行的投资金条，含金量为99.99%，纯度比一般的实物黄金要高，之所以具有一定的投资价值，是因为相比装饰型和纪念型黄金，投资金条的加工费更低（加工简单），回购时的折价相对更少。

> **Tips:** 投资金条的价格在上金所实时报价的基础上每克加价 10—20 元不等（相比装饰型和纪念型黄金算低了），回购时的价格比上金所报价低 2—5 元 / 克。

购买投资金条注意以下两点。

第一，购买前了解清楚回购时的要求，包括须提供的包装、凭证等。购买渠道无论是银行、金店还是线上网购，一般都只认可自家金条的回购，若通过第三方回购，折扣会变高。

第二，仔细对比各家机构相比上金所的实时报价，每克溢价了多少钱，另外，需要事先问清楚各家机构回购时的折价比例及其他费用。不同机构的差别是很大的，有的机构溢价14元/克，有的溢价19元/克，有的收取手续费、运保费，有的则免费或包含在售价中。因此，要尽可能多做比较。

杜建国："每克加价10块到20块也不少了，100克就要贵好几千块，有没有加工费更便宜的？"

我："有，黄金板料。"

（2）黄金板料。

黄金板料也叫原料金，是加工各种黄金产品的原材料。各大金店、银行推出的黄金首饰、黄金藏品、投资金条等都是用黄金板料加工而成的。

那这些机构的黄金板料又是从哪里来的呢？

银行和大型金店通过上海黄金交易所购入一手黄金后，由上海黄金交易所指定的标准金锭供应商（可通过上海黄金交易所查询），将指定规格的金锭、金条运送到就近的银行仓库。这些标准金锭、金条就属于一手的黄金板料，它看上去做工粗糙，经过设计加工之后被打磨成各种精美的黄金饰品、纪念币、纪念金条、投资金条等。

梁亭："原来如此，不过这个金锭是什么？和金条有啥区别？"

我："比较重的叫金锭，比如1千克、3千克、12.5千克，重量轻的通常叫金条，有100克、50克。上金所交割的黄金中，重量50克、100克的金条就是人们常说的'标准金条'；1千克、3千克、12.5千克重的叫'标准金锭'。它们根据黄金纯度不同又可以分为不同的品级。"

杜建国："一手黄金板料是不是最便宜的实物黄金？"

我："是的，在国内，从上金所直接购买的黄金板料是最便宜、最正规的，市场上流通的很多黄金板料属于二手黄金板料，这里面的水就比较深了。"

杜建国："来说说看说说看！"

我："二手黄金板料主要有3种，第1种是从上金所指定供应商那里出来的在市面上流通的金条、金锭，这些流通的黄金板料材质没有问题。第2种是高仿盗版黄金板料，这类的比较常见，是黄金回收后重新熔炼的没有提纯的金条、金锭。很多小的黄金回收商为了省事、省钱，不去购买昂贵的专业提纯设备、环保设备，办不出排污许可证，直接把回收来的金条重熔之后浇铸压制出新的金条，然后仿冒别的品牌刻上图标和参数，以假乱真。第3种更缺德，第2种至少黄金是真黄金，只是纯度上会打折扣，第3种属于掺假金条，甚至完全就不是黄金，而是包金板料，外面包一层黄金，里面是其他金属。"

梁亭："那我们直接从上金所买不就行啦？"

严飞："丫头，个人是不能直接在上金所交易的。我想问的是，我们个人想买黄金板料要怎么办呢？毕竟比投资金条还便宜啊。"

我："看你买它的目的是什么。有些人买黄金板料是用来加工后做买卖，他们对黄金板料是否为原厂正品没有要求，即使是高仿的，只要价格优惠也会接受，这些人都是行内人，有固定的上游渠道。如果纯粹个人来做投资，肯定希望能买到正品的黄金板料，由于个人无法直接从上金所购买，所以只能通过它的会员企业或跟会员企业有合作的销售渠道代为购买。总成本相比上金所实时报价每克溢价约5元左右，相比投资金条更加便宜，但关键是东西要是正品，如果因为贪小便宜，买到盗版或假货可就得不偿失了。"

严飞："这就是重点了，我们个人投资者该怎么分辨呢？"

我："个人拿到这些原料金是很难分辨的，就算拿去第三方机构检测，普通的表面检测只能精确到纯度的99%，高仿的未提纯回收黄金板料纯度一般在99%左右，正好卡在那个点上，除非是做破坏性检测，否则真的很难鉴定到底是99.99%还是99%，这也正是高仿盗版货流行的原因。商家是不会跟你说这些底层逻辑的。"

严飞："那我们还有应对办法吗？"

我："有的，抓住两点——渠道是不是正规，手续是不是齐全。这二者缺一不可。比方说，提供增值税发票是很重要的一道手续，商家如果不能给你开，这种板料很可能就会有问题。但即使商家给你开了13%的增值税专用发票，也只能说明它正规的可能性比较大，并不能证明一定是正品。有的商家正品和盗版混着卖，看你好忽悠就给你盗版的，你问他要增值税发票他也能给你开出来，到手开给你正品出售时没开的发票。所以渠道正规和手续齐全两个要求要同时满足才行。"

"具体怎么操作呢？"严飞不依不挠。

我："上金所指定的44家供应商出厂的黄金板料才是正品，在购买时注意核实是否有上述供应商出具的出厂质量证书、出厂码单，核对商标钢印、增值税专票以及对公收款账户信息。尽量现场拿货，如果是邮寄，务必要求提供货品交接、快递发货包装封箱并有显示封箱纸编号的连贯、完整、清晰的视频，在收到货时拍摄开箱验货的全过程视频作证据留存。如果是通过供应商下一级的销售渠道代购，除上述手续外，要求不经其手，直接去供应商提货点自提黄金板料，销售代理渠道基本都会配合买家的要求。关于付款，很多正规渠道不需要提前付清全款，只须支付少量定金，余款在提货时当场付清即可。"

严飞："讲得很详细，有画面感了！魔鬼往往藏在细节里，钱打出去前一定要事先详细地过一遍流程，保证环环相扣、逻辑通畅，不留任何能钻空子的漏洞。"

## 16.2.3 黄金金融产品

除了实物黄金，黄金金融产品种类更多，包括银行推出的黄金类账户、黄金金融衍生品，还有以黄金作为投资标的的基金等，如图 16-1 所示。

### 1. 现货黄金

现货黄金即"国际现货黄金"，由于起源于英国伦敦，所以也叫"伦敦金"。现货黄金交易是即期交易，对标国际黄金价格，不需要进行实物交割，所有买卖记录都体现在账户上，既可以看涨也可以看跌，全天 24 小时交易。另外它不需要全款支付，可以利用保证金制度进行杠杆交易，收益和风险都被同步放大了。

> Tips: 现货黄金属于国际投资，在境内没法做。我国境内与之类似的产品是黄金 T+D。

### 2. 黄金 T+D

黄金 T+D 是上海黄金交易所推出的一种现货延期交收业务，它可以选择在交易日当天交割实物，也可以延期交割甚至无限期延期交割。"T"代表"Trade"（交易），"D"代表"Delay"（延期）。

与现货黄金类似，黄金 T+D 也可以通过保证金交易（有杠杆作用），可以看涨或看跌，但交易时间不是 24 小时（交易时间：周一上午 08:50—11:30，周二至周五上午 09:00—11:30，周一至周五下午 13:30—15:30，周一至周五晚上 20:00—凌晨 02:30）。

虽然黄金 T+D 对标的是上海黄金交易所的价格，但上海黄金交易所的价格与全球金价波动息息相关，鉴于国际政治经济形势不确定性因素增加，出于保护投资者权益的考虑，自 2020 年底开始，各大银行已经停止黄金 T+D 的个人开户。

### 3. 黄金远期、期货、期权等

关于远期和期货的概念，我们之前讲到过，只是黄金远期和黄金期货交易的标的是黄金罢了。

期权是指可以在未来行使的某种权利，支付一定期权费后就能在未来某个特定日期或这个日期之前的任何时间，以某个固定价格买进或卖出一种资产的权利。

比如，小明花 1 元钱买了可以在明年 9 月 1 日前用 10 元 / 斤的价格购买苹果的权利。如果在这段时间内苹果价格涨到 11 元 / 斤，他就可以行使这个权利，用 10 元 / 斤买苹果，如果苹果价格一直低于 10 元 / 斤，他就可以不行使这个权利，损失的只是有限的 1 元钱，这就是期权。黄金期权把买卖的资产从苹果换成了黄金，其他逻辑相同。

### 4. 纸黄金

纸黄金是银行推出的一种个人凭证式黄金（10 克起投），投资者以赚取金价波动的差价为目的，通过银行账户进行黄金的买卖，它不涉及实物黄金的交割，属于虚拟黄金。

纸黄金的价格根据国际黄金市场的波动情况来报价，既可以看涨也可以看跌。对标国际市场并且可以双向交易，这也就意味着风险的加大。

> Tips：2020 年受国际经济环境的影响，贵金属价格波动剧烈，和黄金 T+D 一样，为保护投资者权益，国家开始陆续关停各家银行的纸黄金业务。目前银行普遍开展的是黄金积存业务。

### 5. 黄金积存

黄金积存业务是目前比较流行的黄金投资方式，通过在银行开立单独的黄金积存账户，个人投资者可以很方便地参与黄金的买卖、定投交易（1 克起投），从中赚取价格波动收益。

黄金积存和纸黄金不同，区别在于：黄金积存的报价来源是国内的上海黄金交易所，并且只能看涨不能看跌；在交割方面，纸黄金无法进行实物交割，而黄金积存账户里的钱可以用来兑换实物黄金。这些特性使得黄金积存相对纸黄金，价格波动更小，风险也更小。

　　方眉："我有办理银行的黄金积存，看好黄金涨势的话投资一点也是不错的，如果担心价格波动还可以做定投，买进卖出的价格折损很小。不像实物黄金，买的时候加上好多加工费，卖的时候价格低不说，还要验货、看凭证，流程太复杂。"

　　我："如果目的是赚取价格差，黄金积存确实会方便很多。"

　　徐晓岚："黄金积存兑换的实物黄金是不是你刚才说的 44 家供应商那里出来的标准金锭、金条？"

　　我："这个问题问得细，黄金积存兑换的实物黄金不是原料金，是银行的投资金条。相当于花钱买了银行的实物黄金产品。"

　　严飞："银行的投资金条也是原料金做的，如果这样就能买到原料金，那谁还买投资金条？刚才也不用说一大堆买原料金的注意事项了。"

### 6. 黄金 ETF

　　先讲一下什么是 ETF。

　　ETF 是 "Exchange Traded Funds"（交易所交易基金），它是一种可以在二级市场买卖的交易型开放式指数基金，通过"指数"两个字就可以知道它是被动型基金的一种。

　　它和前面我们说的其他被动型基金的区别是，ETF 像股票一样，是在交易所交易的，价格实时变动，流动性和灵活性更高，一旦存在价格差就会有人进行套利交易，适合短线操作，属于场内基金。其他的被动型基金不能在交易所交易，只能通过一级市场申购或赎回，是场外基金。

> **Tips：** 由于 ETF 可以进行套利、做短线、加杠杆，所以收益和风险都比场外基金要高。

　　如果投资者没有在交易所开通股票账户，还可以通过投资 ETF 联接基金来代替，它的出现就是为了方便普通投资者购买 ETF。所以 ETF 联接基金是跟踪 ETF 的基金，而 ETF 又是跟踪指数的基金，它们都尽可能地复制模仿被跟踪对象。

　　打个比方，ETF 就像去一家 A 品牌水饺店买水饺吃，ETF 联接基金就像买 A 品牌的速冻水饺，品牌都一样，要说区别，有，但是不大。

　　ETF 的种类很多，比如投资标的为股票、债券、货币的，分别属于股票 ETF、债券 ETF、货币 ETF。黄金 ETF 也是其中一种，全称"黄金交易型开放式基金"，是投资上海黄金交易所现货合约，追踪现货黄金价格波动的指数型基金，与它联接的基金属于黄金 ETF 联接基金。

黄金 ETF 的交易机制是 T+0，即当天买进可以当天卖出。

交易方式多样，既能在二级市场交易，也可以现金申赎或者拿现货合约申赎。

二级市场交易：开立证券交易账户后直接进行买卖，1 手（100 份基金份额）起购，适合个人投资者。

现金申赎：通过证券公司申购或赎回，30 万份基金份额起购，并以 30 万份的整数倍递增，适合机构投资者。

现货合约申赎：开立了黄金账户并且拥有现货合约的投资者，可以申购对应的基金份额。

黄金 ETF 与实物黄金的对应关系：黄金供应商在黄金 ETF 的基金公司那里寄售实物黄金，基金公司在证券交易所公开发行的黄金基金份额和所持有的实物黄金挂钩，一手 ETF 基金对应 1 克黄金，30 万份基金份额则正好对应 3 千克黄金。

投资者在基金存续期内可以通过二级市场自由交易，如果投资者不仅有证券交易账户，还拥有黄金账户（个人无法开立），则可以在赎回基金份额后兑换实物黄金（标准金锭），实物黄金 3 千克起兑。

没有开立证券交易账户的投资者可以选择它的兄弟——黄金 ETF 联接基金，直接打开手机支付宝、微信或基金类网站、App 就可以操作，1 元起购。

# 16.3　三思而创业

## 16.3.1　没那么简单

把钱花在创造事业上，这似乎超出了理财的范畴，但仔细琢磨，它难道不正是另一种形态的理财吗？

我："在座的有很多创业成功的老板，但最后这个话题的对象不是你们，而是千千万万想创业或正在创业路上的普通人。希望通过创业逻辑的交流，能让奋斗者们多得到点启发，多做对些选择。"

严飞："有钱人家的孩子，创业天生带资源、有人教、输得起，普通人起点低、试错成本高，真的要三思而创业。"

我："杜老板，你是从底层一直做到现在自己当老板，饭店能开 10 多年不倒就已经很成功了，能不能分享一下你的心得？"

苏鸿光带头鼓掌起哄，全场随即响起热烈的掌声。

"这里老板这么多，做得都比我大，怎么叫我说！"杜建国一边抓头皮一边站起来。

苏鸿光："这不特地给你表现的机会嘛！"

杜建国："我不做餐饮，其他的也不会啊！小时候不会读书，初中毕业就去学厨师了。厨师当了有10年，后来想多赚点钱就自己出来干了。前两年亏得很多，当时只会炒菜，不会管人，成本就控制不好。还好我肯学，哪里出问题就想办法解决，慢慢地，成本就控制住了，不行的人也被我换掉了。反正没什么秘密，就是管得要细一点，尤其要盯牢和成本开支有关的地方，再就是菜要做得好吃！"

严飞："杜老板，就是要像你这样的行内人才能把餐饮做起来，我以前和朋友合伙搞过餐饮，他做管理，我出钱入股，后来全亏了……唉，如果不懂这行就投钱进去，自己还不管，就算赚钱了也分不到钱。"

杜建国："出来自己做的厨师，很多也没做起来，有的是不会管人，有的控制不好成本，有的厨艺差，把客户口碑做坏了。反正我的总结是，如果饭店不大，老板自己炒菜还拿得出手的，这个是最好了。毕竟厨师最难管，把这块最核心的地方掌握在自己手上，心里就不慌了，再拉上自己人，把采购、财务管好，只要饭店的位置不是特别差，基本都能活下来。像你这样的小白进到我们这个行业，纯粹就一冤大头，下面的人不会服你的。比如你怎么管厨师？他自己本事差，口碑做不起来，就会找各种理由甩锅，你听他的还是不听他的？他随便怼怼你，你就没话了，因为你不懂。你把他开了，他又没事，大不了换个地方混，可你的饭店不能一天没有厨师吧？你说这生意怎么做！"

梁亭："开除他之前可以提前找厨师吗？而且饭店应该还有其他厨师吧？"

杜建国："小妹妹你想简单喽，他会影响别的厨师的心态，那些厨师也会跟你谈条件来影响你的心态。另外你别忘了，真的手艺好的厨师，人家开价也高，你那点利润全补贴给他了。就算一开始跟他谈的薪水不高，等你人气旺起来了，他肯定以为全是自己的功劳，会跟你重新谈条件的，你答应还是不答应？所以对于我们这种小买卖，一定要自己会核心技能。厨师走了也没事，换几个服务员都没关系。还有，跟人合伙就算真赚钱了，如果你不管事的话，你觉得他会跟你分多少钱？象征性能给你点已经算烧高香了，他们把成本做高，你又看不出来，而且餐饮这行很多都是现金过手的买卖，真实成本你根本没法完全掌控。"

严飞："梁亭，杜老板说的都的大实话，这些我都遇到过……"

我："这就是小型餐饮的管理困境，过度依赖某个岗位，会被反向'劫持'，相反夫妻饭馆反而成功率更高、生命力更顽强，一个采购烧菜、一个收银招待，赚个辛苦钱，等规模起来了再慢慢添加帮手。从这个行业的规模发展角度来看，传统餐饮一直在努力往标准化模式靠拢，而制定标准、落地执行、量化考核、复制推广又是一连串极其复杂的系统工程。总之对于个人来说，在决定创业前一定要多做调研，深入圈子里去体验和沟通，能够让你避开很多坑。这也是我让杜老板分享的原因，他就是圈子里的人，这些话他不说，你根本不知道还有这些道道。所以，现在很多年轻人想加盟开个什么店，最好的办法还是先去店里打工，把全部岗位都摸透了，把供应链和客户都打通了，把圈子混熟了，再决定自己适不适合单干。"

## 16.3.2　两种观点

关于创业，有两种观点。

一种观点：对于普通人，创业是唯一能让你的财富爆发式增长的途径，也是唯一能让你突破圈层的途径。

另一种观点：创业位列"败家排行榜"第一名，不该教人创业。

这两种观点谁对谁错？

都有道理，但前提是得"讲概率"。

第一种观点，在绝大多数情况下，逻辑是对的，打工的薪水有限，只有创业可以让收入突破瓶颈，实现财富自由。

小概率事件有两类：第一类是高级打工人，少数大型企业高管的收入对于普通人来说也是天文数字，不比创业成功的财富增长来得少；第二类是可商业化的专业人士或公众人士，比如金融投资家、体育明星、演艺明星等。

> **Tips：** 小概率事件毕竟是极少数，所以绝大多数情况下，创业是创富的唯一途径。

第二种观点对绝大多数人来说是有道理的，创业确实败家，确实伤元气，确实容易让人后悔。

有人把统计数据放到网上，显示 80% 的初创型公司活不过 3 年，活到 5 年的公司不足 7%，超过 10 岁的公司不到 2%。如果剔除关联公司、空壳公司，这个比例还要低。

所以，劝人不要创业，相当于拯救了 100 个人里面的 90 多个人。反过来对照下自己，你会不会是那 100 个创业人里能成功的三两个人？客观的自我评估显然更重要。

对上述两种观点的剖析，可以让我们在做选择时更加清晰简单：躺平？创业？还是攻专业？然后在三者里做排除法即可。

如果所在主业适合走专业路线并且收入天花板高，不妨优先考虑攻专业，不要惦记其他赛道；如果工作没技术含量、可替代性高，又不满足现状的，再评估是否要创业；如果选择躺平，记得和 10 年后、20 年后的你商量好，不要把未来的你坑了。

那么，如何评估自己适不适合创业？在这里给出一些底层逻辑供参考。

### 16.3.3 到底该不该创业？

要判断自己适不适合创业，首先要知道创业的本质是什么，以及为什么这么多人创业会失败。

**1. 创业的本质是什么？**

创业的本质是赚钱。

> Tips：这听上去像是废话，我们接着分析，赚钱的本质又是什么？

赚钱这事学校从来不教，因为学校"生产"的是社会需要的各层次的合格的劳动力；相反，网上却有很多自称是"老师"的人在教人如何创业、如何赚钱，让你云里雾里。表象的东西总是错综复杂的，内在的逻辑才值得我们多学多悟。

创业成不成功就看能不能赚到钱，能不能赚到钱就看卖不卖得掉产品。

做实体的看商品卖不卖得掉，做中介的看信息差有没有人要，搞研发的看产品有没有市场，当明星的看有没有流量买你的单，做学问的看知识能不能变现，甚至打工的也得看能不能把自己"卖"给公司。一切行为都指向两个字——销售。

实现销售是赚到钱的根本，也是商业运转的本质。

知道本质有什么用？可以拿来对照自己。判断自己适不适合销售，有没有销售意识，会不会组织生产或调动资源实现销售。

人们看待世界的视角可以分为 3 类：消费视角、销售视角、探究视角。

消费视角最普遍，这类人看到一家商店生意火爆，里面的商品吸引人，就想去看看或买点什么，他们是稳稳的大众消费群体。

适合创业的人，往往具有习惯性的销售视角，同样看到一家商店生意火爆，他们脑子里想的是它是怎么做到的：为什么人这么多？是产品好、服务好、营销好，还是地段好？火爆状态能持续多久？有没有什么瓶颈？最大风险是什么？每天销售额达到多少能保本？自己能不能复制一个？……如果你是这类人，先不说你创业会不会成功，至少说明你具有商业思维，能站在卖方角度思考。

探究视角的人喜欢挖掘事物的本质，善于从宏观、微观方面总结归纳。比如看到生意火爆的商店，他们脑子里想的可能是，哪些方面还能改进？为什么它比同行做得好？采取什么政策可以促进整个行业的发展？等等。他们对问题的思考和第二类人有部分重合，区别是他们思考的目的不是为了赚钱，而是满足求知欲或向他人输出经验、提供建议。

"如果从小家里不是做生意的，没有经商氛围，是不是就不适合创业了？"梁亭替自己问道。

我："可以后天培养销售视角或者说销售思维，与从小在商业环境中长大的人不同的是，普通人在培养销售视角时需要克服顽固的消费视角带来的思维惯性。享乐是轻松愉悦的，突然转换成创造价值的角色，需要考虑的问题多了，困难也增加了，人会有抵触心理。"

"那该怎么做呢？"梁亭追问。

我："靠你的野心！当你迫切地想要改变现状，想要追求财富的时候，改变视角的阻力就会小很多，然后有意识地锻炼自己的销售思维。这种东西不是靠教的。"

## 2. 为什么这么多人创业会失败？

答案在于 3 个字——食物链。

无论怎么教人创业、教人避坑，就总量来说，成功的概率还是不变，低得可怜。就像高考，最后考进清华北大的始终就那么几个人，为什么？真的不是大家不努力，而是名额有限！

多少只羊养活一匹狼是由食物链决定的，创业也一样。

消费者就那么多，每个行业都一人占了一个坑，你想通过创业挤进来分一杯羹，首先打压你的就是同行。"同行是冤家"这句话基于丛林法则，很让人生气，但你得面对现实而不是抱怨。

那么，知道原因了有什么用？那就看看自己是不是具有"与天斗与地斗，其乐无穷"的竞争意识！

有没有竞争特质在平时是可以比较容易看出来的，如果好胜心不强，就不合适折腾了。

综合以上，野心、销售视角、竞争意识是创业人的准入门槛，三者缺少任何一项都适合考虑创业了。

另外，我还梳理了 5 点不适合创业的人的特性，比较接地气，方便对照和回味。

（1）不喜欢现在的工作，想自己单干，这种人创业的心态不对，容易意气用事。

（2）听说干什么比较赚钱，就认为自己照做也能暴富，这种人好高骛远。

（3）不做详细的调研分析，拍脑袋做事，这种人太草率鲁莽。

（4）学习力不强、逆商不高、情商不高，这种人解决不了问题、控制不了场面。

（5）想法多、行动少或者做事犹豫拖沓，这种人成事不足、败事有余。

## 16.3.4 写给创业人

对于三思之后仍想创业或正在创业的人，我有几句话相赠，这些话基于众多创业失败者、成功者的经验、教训。

（1）把现金流放第一位。问一下自己，创业失败能承受的最大损失是什么？比如，能承受多少钱的亏损？ 10 万元、100 万元？还是将现在住的这套房子赔掉？甚至全赔光再背几百万元的债？有配偶的和配偶好好沟通，不要隐瞒，并得到对方的支持。如果出现了最大的损失你还能承受，孩子还能继续读书生活，那么你可以开始创业。但不要一次性把钱全投进去，分批投，预算从宽，做好多层安全垫。

（2）确保你的专业度在该行业中足够高。如果跨行创业务必谨慎，先找机会入行学习。你的对手是同行专家，没有把握战胜对手前，先潜心积累。

（3）初创时规模不宜太大，尽可能减少投入，模式跑起来再考虑扩规模。如果能引入投资就不要动用自己的钱，尽量用合作思维开展业务、节省成本。比如原来想买商铺做生意的，想办法改成租商铺，原来租商铺的，想办法在商铺里引入其他商家帮你分担房租，不但让自己的成本下降，还能带来跨界营销的效应。

（4）不管项目大小，都要充分调研并撰写商业计划书，内容越能落地越好，并且每一条都要留后手，做好预案。务实的商业计划书至少要能解答以下 9 个问题。

● 产品或服务的定位是什么？附判断依据。

● 核心竞争力是什么？能保持多久？

● 有没有竞争壁垒？用什么和同行竞争？

● 商业模式是什么？怎么验证有效性？如果模式有问题怎么办？

- 团队怎么建、怎么管？人员多久要到位？中间离职怎么办？怎么考核绩效？

- 现金流接不上怎么办？靠什么周转？

- 算财务细账，盈亏平衡点在哪里？怎么实现？成本怎么控制？

- 有没有现成客户？如何营销？销售额达不到预期怎么办？

- 如何吸收投资？怎么进行路演？资金用途有没有分阶段规划好？

（5）创业合伙人选得好，远比单打独斗成功率高，但选不好，远不如单打独斗内耗少。优秀的合伙人要具备的要素很多，格局、人脉、专业技术、资金等，这些要素不一定要在一个人身上体现。用传统的正向思维去寻找合伙人很难分辨不适合的人，因为每个人都会把自己包装成你想要的样子出现在你面前。可以用逆向思维来排除隐藏很深的 3 类人。

- 格局小。怎么看一个人是不是有格局，可以问他为什么想参与这个项目，如果对方第一反应是看好它能赚钱，或者在交流中强调了对收益的强烈兴趣，那么这类人往往把赚钱看得很重，一旦公司遇到困难，他很有可能第一个抽逃资金，为保全自己不择手段。如果他回答的是认同你这个人，或者本身对这项事业很看重，这种人可以深谈。

- 搬弄是非。创业本就九死一生，需要大家同心协力，如果有人在中间搬弄是非，你的公司会死得莫名其妙。怎么知道一个人喜不喜欢搬弄是非？看他平时是不是喜欢评论别人，今天说这个人开的什么车，应该是有钱的，明天说那个人讲话不礼貌、素质低，后天又说有个人做了什么事情，猜测他的真实意图是什么。这种人一定要离他远一点。

- 对人不对事。试着就一件事情和他吵一架，如果吵完架他对你这个人有了隔阂，就不宜合作。这种压力测试虽然管用，试过之后却容易让人失望。但即使失望，宁可一个人单干，也不要随便找人入伙。若吵完后，还能对事不对人，就事论事，会主动承认错误，这类人就可以深谈。

---

Tips: 总而言之，选择创业合伙人请遵循宁缺毋滥的原则，因为请神容易，送神难。

---

（6）确保所有协议、流程和行为合法合规。无论生意大小，法律可以是你的保镖，也可以是别人用来对付你的敌人，务必请一个**靠谱**、**负责**的法律顾问，这钱省不得。举个例子，不少创业者在接受投资方注资转账时手续极不严谨，协议含糊其辞不说，投资人转账时既没要求对方备注"投资款"，也没有在会计凭证上记录款项的投资属性，有的甚至打款账户都对不上或者干脆用个人账户收款。企业经营顺利还好，

一旦创业失败，对方否认款项的投资性质，就能以借款为由起诉你，要求还债，麻烦就来了。这仅仅是一个例子，更多惨痛教训的案例不计其数。

可能是创业的话题让在场的所有人产生了共鸣，也可能是这段日子的学习交流让彼此更加真诚、亲切，分享会结束后，大家不约而同地来到杜建国的饭店聚餐，用中国最传统的社交方式加深彼此间的友谊……

# 后记

理财学习暂告一个段落，但它对生活的影响始终在继续，值得欣慰的是，有缘相识的这些人过得都挺好。

严飞在工作之余和徐晓岚玩起了自媒体，把现实生活中的CP人设搬到了网上，粉丝有不少，几乎零成本的副业还真被他们搞出了名堂。

梁亭凭着自己"997"的努力，年纪轻轻就当上了葡萄酒进口商店的店长，同时也辞掉了舞蹈老师的兼职工作，说是要全身心投入天花板高的主业中去。接下来，唯一需要和家里人周旋的，就剩下结婚这件事。弟弟毕业后如愿成了一名小学体育老师，姐弟俩一直是他们全村人的骄傲。

杜建国在一年后终于追到了宋小默，别看他那副大老粗的憨样，花在老婆身上的心思却无极限，宠得宋小默隔三差五向徐晓岚炫耀收到的红玫瑰。谁说大叔不懂浪漫！

苏鸿光把他和老伴俩的财产打理得井井有条，在仔细规划养老金和理财收益之后，老两口开始了环游世界的旅行，追逐属于自己的诗和远方。

方眉最大的心事总算了了，宝贝儿子研究生毕业后顺利进入一家公募基金，就职行业研究岗，但她儿子自己心里清楚，接下来，唯一需要和家里人周旋的，也就剩下结婚这件事……

我嘛……幸福的人总是相似的！

没有坏消息，就是最大的好消息。